Le Facteur Cheval

Auteur du Palais (Reprod. interdite)

HAUTERIVES (Drôme). - Palais idéal (Façade Est, nº 1)

Ami de la nature,
Mais de naissance obscure,
Ce qui rend souvent la vie dure,
Je l'ai subi sans murmure.
L'Auteur du Palais.

Double page précédente :
façade est du Palais Idéal
avec ses trois géants et le Monument égyptien

Nils Tavernier

Le Facteur Cheval

Jusqu'au bout du rêve…

Flammarion

Du même auteur

Le Mystère des jumeaux (avec Marie-Noëlle Himbert). Préface d'Axel Kahn, Perrin, 2006.

L'Odyssée de la vie. Préface de René Frydman, Marabout, 2006.

Ouvrage publié avec le soutien de la Fondation d'entreprise La Poste. La Fondation d'entreprise La Poste favorise le développement humain et la proximité à travers l'écriture, pour tous, sur tout le territoire, et sous toutes ses formes. Elle s'engage en faveur de ceux qui sont exclus de la pratique, de la maîtrise et du plaisir de l'expression écrite. Elle favorise l'écriture vivante en dotant des prix qui la récompensent, en encourageant les jeunes talents qui associent texte et musique, en offrant un espace de découverte de la culture épistolaire élargie avec sa revue FloriLettres.

Enfin mécène de l'écriture épistolaire, elle soutient l'édition de correspondances et les manifestations qui les mettent en valeur.

www.fondationlaposte.org

fondation D'ENTREPRISE

ISBN : 978-2-0814-4017-3

Le Facteur Cheval ? Un fada* !

* Homme touché par les fées.

À Palais Imaginaire, dialogue imaginaire

— Messieurs les membres de la commission supérieure des Monuments historiques, M. Malraux, le ministre, vous demande de classer le Palais du Facteur Cheval.

— Vous rigolez, j'espère !

— Je suis on ne peut plus sérieux.

— Mais enfin, demandez à n'importe lequel d'entre nous nous ici. Ce… « palais », comme vous dites, n'est rien d'autre qu'un « affligeant ramassis d'insanités qui se brouillent dans une cervelle de rustre [1] » !

— Ce n'est pas l'avis de M. le ministre, et vous feriez mieux de vous exécuter.

— Depuis quand recevons-nous des ordres ? Avez-vous vu l'édifice de ce facteur, au moins ? « Le tout est absolument hideux [2] ! »

L'homme se tourne vers ses collègues.

— Dites-le-lui donc !

Les collègues lèvent les yeux au ciel.

— Une des choses les plus ridicules que j'aie jamais vues !

— Un « château de sable [3] » !

— Une « accumulation d'éléments hétéroclites rappelant les rocailles de banlieue du plus mauvais goût [4] » !

— De nombreux visiteurs ne sont pas de votre avis, messieurs, et pas des moindres !

— Mon Dieu, il va encore nous parler d'André Breton !

— À ses yeux, le Facteur était le « maître incontesté de l'architecture et de la sculpture médiumniques ».

— Pff ! Qu'est-ce qu'un poète connaît de l'architecture !

— Pablo Picasso trouve l'œuvre de Cheval tout aussi admirable, et il est souvent venu le voir ; quant à Max Ernst…

— Nous savons, oui, il s'en est inspiré pour l'un de ses tableaux !

— Et cela ne vous fait rien ?

— Nous parlons ici d'un classement aux Monuments historiques et, à nos yeux, ce palais relève plus de la « psychopathologie [5] » que de tout autre chose.

— Pierre Dalloz, pourtant, n'hésite pas à le décrire comme une « construction de rêve débordante d'imagination poétique et plastique [6] ».

— Pierre Dalloz ! Vous avez vu son âge !

— Le gâtisme le guette !

— Je ne suis pas de votre avis. D'ailleurs, tout à fait récemment, Gaëtan Picon a tenu à souligner « la remarquable valeur artistique et documentaire du Palais [7] », lui faisant d'ailleurs souhaiter une prompte intervention.

— Un idiot de plus !

— Un idiot qui est un des conseillers les plus écoutés du ministre.

— Un idiot quand même !

— Dois-je vous rappeler, messieurs, que le ministre en personne considère le Palais comme le « seul exemple en architecture d'art naïf[8] » !

— Il est sous influence !

— Mais enfin, messieurs, cette œuvre a pourtant été publiée dans le monde entier !

— Et alors ? Les spécialistes, c'est nous !

— Et si vous vous trompiez ? S'il s'agissait, en vérité, d'une « Divine Comédie naïve et raffinée, qu'on déchiffre avec émerveillement[9] » ?

— Assez !

— D'un « chef-d'œuvre en péril[10] » ?

— Non, mais où va-t-on !

— Dois-je vous rappeler que Jean Dutourd, en parlant du Facteur Cheval, évoque « un Jérôme Bosch du ciment, un Michel-Ange de la chaux lourde, un Fra Angelico[11]... »

— Plus un mot, voulez-vous, et allez dire à M. Malraux que, tant que nous serons là, jamais ce fatras de ciment et de cailloux ne sera classé !

— Il va falloir se soumettre, pourtant !

— Vous ne nous connaissez pas !

— Pas plus, semble-t-il, ne connaissez-vous Malraux !

À l'aune d'une polémique aussi enflammée, on est en droit de se demander quelle aurait été la réaction de celui qu'on appelle aujourd'hui le Facteur Cheval, lui, le fils de paysan qui, sous les quolibets des gens de son village, à l'âge de quarante-trois ans, en 1879, construisit, jour après jour, trente-trois années durant, un palais vu en songe, de 12 mètres de hauteur et de 26 mètres de longueur... Sans doute aurait-il haussé les épaules et passé son chemin – quoique, fier d'être l'objet de tant de passions, il se serait peut-être arrêté et, profitant d'une pause, après s'être désaltéré, se serait mis à nous raconter sa vie…

1

Naissance

Charmes-sur-l'Herbasse : un petit village du haut Dauphiné où vivent quelque huit cent soixante-deux âmes. En ce 19 avril 1836, il est 3 heures du matin et tout le monde dort, du moins presque. Au pied de la butte d'où s'élève l'imposant château féodal aux murs de 3 mètres d'épaisseur, un cri de femme provenant d'une petite ferme déchire le silence. À l'intérieur, des ombres se meuvent à la lumière de bougies. Dans la grande salle, François Cheval fait les cent pas, l'air anxieux. Un peu plus tôt, il a traversé en courant le village pour aller quérir la vieille qui fait office de sage-femme. Arrivée sur place, elle a demandé qu'il chauffe de l'eau, puis elle est entrée dans la chambre. Depuis, chaque seconde qui passe lui semble d'une lenteur infinie, et il ne sait comment retrouver son calme. Fort heureusement, son premier fils, tout juste âgé de quatre ans, dort à poings fermés. Comment fait-il pour ne pas entendre ? Un nouveau cri, suivi d'un autre. Plus angoissé que jamais, François Cheval s'approche de la porte qui le sépare du monde des femmes. Dans la même chambre, il y a deux ans, tout est allé si vite avec Marie Brenier, sa première épouse. Tout avait pourtant si bien commencé avec elle.

Le 22 février 1819, il a vingt-trois ans quand il l'épouse et elle en a vingt et un. Grâce à sa dot, il fait l'acquisition d'un terrain d'un hectare de terres aux Grands Verts [1], passant du statut de simple cultivateur à celui de « cultivateur propriétaire », ce qui, symboliquement, change tout en ce début de siècle où la propriété est non seulement un signe de réussite mais surtout un premier pas vers la pleine citoyenneté. Aussitôt, et suivant les usages du pays, il y bâtit sa propre ferme à deux croisées aux murs de pisé et de galets. À sa plus grande joie, en 1831, Marie donne naissance à un garçon qu'ils appellent François Victor. Mais lorsque, deux ans plus tard, Marie retombe enceinte, la scène vire au tragique. Fin octobre 1833, trois jours seulement après avoir donné naissance à une petite Marie-Froisine, Marie meurt à 4 heures de l'après-midi. François Cheval est si ébranlé que ce sont ses voisins, le cultivateur Pierre Morel et le marchand Joseph Roch, qui, le jour même, déclarent le décès en mairie [2]. Quelques jours plus tard, c'est au tour de la petite de succomber [3]. Comme il arrive malheureusement encore souvent dans les campagnes de ce début du XIXe siècle en France, François Cheval se retrouve, en moins de dix jours, veuf et privé de sa fille. Dans l'impossibilité de s'occuper tout seul à la fois des travaux des champs et d'un garçonnet de deux ans, il cherche à se remarier aussi vite que possible. Moins de trois mois après la double tragédie, c'est chose faite : le 14 janvier 1834, il épouse à Crépol l'« honnête Françoise Rose Sibert » âgée de vingt-sept ans, qui, en plus de sa garde-robe, apporte en dot « 24 mètres de toile, sa croix et ses boucles d'oreilles, trois habits de fleurets, un tour à filer, une brebis et son agneau, le tout amiablement estimé 200 F, plus la somme de 1 200 F provenant de même que son trousseau de ses épargnes [...], et 300 F de dot »[4]. C'est elle, Françoise Rose, qui, à présent, crie et râle dans la chambre. Elle qu'il a si peur de perdre, et pour de bonnes raisons ! Paris a beau s'être nouvellement doté d'un éclairage au gaz, nombre de femmes, en ces années, ne survivent pas à l'accouchement par manque d'hygiène et de connaissances médicales. Tendant l'oreille, François Cheval entend la vieille sage-femme murmurer en patois quelques incantations et prières. À la fenêtre, les premières lueurs de l'aube. Bientôt, le village va se réveiller... Dans la chambre, au moment même où le soleil se lève, un nouveau cri, mais plus aigu cette fois. La porte s'ouvre sur la vieille.

— Un fils !

— Et Françoise Rose ?

— Elle va bien.

Face au sourire édenté de la vieille, il voudrait se mettre à danser. Un fils né avec le premier rayon du jour naissant, c'est qu'il fera de grandes choses ! La vieille éclate de rire, mais François Cheval est on ne peut plus sérieux.

— Joseph Ferdinand Cheval, retiens bien ce nom, la vieille, et tu verras que j'ai raison !

Dans la chambre, il contemple, émerveillé, sa femme et son bébé. Oh, comme il voudrait les embrasser tous les deux, elle, ses joues encore rosies par le terrible effort, et lui, le petit bonhomme du soleil levant !

Dans le village qui s'éveille, la nouvelle circule de bouche en bouche. Il y a ceux qui se rendent aux champs, ceux qui s'occupent du bétail, ceux encore – une trentaine de femmes et d'enfants – qui partent travailler à l'usine à soie. Pas un ici qui ne connaisse François Cheval, et pour cause : Pierre Cheval, son père, et son grand-père sont tous deux natifs du village. Un village dont tous ici sont fiers en ce doux pays de la Drôme et dont les larges maisons fleuries au bâti en galets assemblés en arête de poissons et aux toits de tuiles roses ravissent les étrangers et les soldats de passage. Oui, il fait bon vivre à Charmes. Le soleil est au rendez-vous les trois quarts de l'année et, grâce aux routes de Grand-Serre et de Roybon qui le traversent de part en part, son accès est des plus faciles.

Alentour, au milieu d'un paysage de collines, ce sont de grandes fermes isolées et, sur quelques monticules, des châteaux et des tours médiévales qui, tels des gardiens d'un autre âge, veillent nuit et jour à ce qu'aucune horde ennemie ne déboule, d'un côté, de la chaîne des Alpes, de l'autre, du Massif central. Le long de ses pentes douces, on y cultive le blé, quelques arbres fruitiers, des noyers, des châtaigniers, des mûriers et de la vigne, laissant çà et là des forêts de hêtres et de chênes pousser sur les versants les plus raides. En contrebas, on trouve les jolis cours d'eau de l'Herbasse et de la Galaure où, les jours de grande chaleur, chacun aime à se rafraîchir.

En ce début de siècle, plus de vingt communes dont Ratières, Montchenu, Saint-Donat, Hauterives et Crépol entourent le village où l'échange des marchandises bat son plein. Les jours de foire et de marché, parmi la foule des vendeurs de bétail et des marchands de poteries, de drap, de truffes, d'huiles et de gibiers, on aurait peine à croire que le pays s'est ouvert au monde depuis fort peu. Jusqu'à la fin du XVIIIe siècle, pourtant, des collines granitiques empêchaient tout accès par le nord et, pour pénétrer la région en venant de Saint-Vallier, il fallait effectuer un grand détour par Beausemblant, ce qui rallongeait le voyage de plusieurs jours. Fort heureusement, en 1780, le comte Laurent de Montchenu, « maréchal des camps et armées du roy, ouvrit une brèche de cinquante mètres de longueur sur quatre de largeur dans ce massif même qui, depuis la Rochetaillée, permet l'accès de la vallée enchanteresse ». Ce travail de Romain méritait bien quelques vers. Les populations reconnaissantes surent les écrire sur la roche, et l'Histoire de les conserver si le Temps les détruisit : « Rassure-toi passant qui vois ces précipices/ Montchenu, dont le cœur humain/ Ne voulait pas que tu périsses/ Força ces hautes roches de t'ouvrir un chemin/ Ami des rois, ami des hommes/ Il a comblé de bien le pays où nous sommes/ Celui qui prit pour nous ce zèle paternel/ Mérite qu'on lui rende un hommage éternel [5]. »

C'est donc dans un pays très récemment ouvert que le petit Joseph Ferdinand Cheval naît. Un pays encore tout imprégné de ses traditions et de ses croyances, et où il est de règle de croire aux fées, aux sources miraculeuses, aux « roches qui dansent* », aux bons et mauvais sorts ainsi qu'à Dieu, bien sûr, la Vierge et tous les saints…

---

* Les « Roches qui dansent », ensemble de pierres considéré comme la septième merveille du Dauphiné.

Le château de Charmes-sur-l'Herbasse,
village natal du Facteur Cheval.

2

La France d'alors

François Cheval a quarante ans quand naît, en 1836, Joseph Ferdinand, son deuxième fils. En quatre décennies, le monde paysan dont il est issu a connu l'un des plus grands bouleversements de son histoire. Dans la nuit du 4 août 1789, une nouvelle loi abroge, en grande partie, le système féodal. Du jour au lendemain, c'en est fini de la mainmorte, de la servitude personnelle, des dîmes, des corvées, de la justice du seigneur (hallage, étalonnage), de son droit exclusif sur la chasse, jusqu'à son banc à l'église ! De mémoire de paysan, jamais on n'avait assisté à pareils changements, et encore moins avait-on pu imaginer telles choses possibles ! Quatre ans plus tard, par le décret du 17 juillet 1793, la Convention nationale franchit un nouveau cap en abolissant « sans aucune contrepartie ni indemnité » la totalité des privilèges féodaux, dont les fameuses rentes foncières perpétuelles ainsi que les champarts, cette taxe que le seigneur prélève sur les récoltes de ses paysans après la dîme due au clergé. Dans ces mois, un vent d'euphorie souffle sur le monde paysan qui, ravi, stupéfait, goûte, pour la toute première fois, à la liberté. Dans la Drôme, plus des trois quarts de la population s'avèrent favorables au serment constitutionnel. Aussi quand, en 1793, la Terreur s'abat sur une partie du territoire, l'ensemble du département est épargné. Durant les trois années de son règne, aucune exécution capitale n'a lieu dans la région. Avec un enthousiasme sans faille, la foule des petits paysans drômois assiste à la confiscation des biens de la noblesse et du clergé. Tous sont alors certains d'y trouver leur compte. Mais les lots redécoupés et remis en vente sont d'une taille si importante que seuls les bourgeois et les paysans les plus riches peuvent se les offrir, ce qu'à la vitesse de l'éclair ils ne manquent pas de faire, sans rien laisser aux plus pauvres.

Dépourvus, dans le même temps, des divers droits collectifs (jachère, glanage, etc.) qui allaient de pair avec les droits seigneuriaux, les plus démunis se retrouvent encore plus misérables qu'avant. C'est dire si leur espoir s'effondre ! Leur désillusion monte encore d'un cran quand, sous le Directoire (1795-1799), « le droit public renonce à fonder la citoyenneté sur le seul caractère universel et abstrait de la personne en lui adjoignant la notion de capacité qui suppose un minimum d'aisance [1] ». Cette fois, les paysans les plus nécessiteux ont compris. Non seulement cette Révolution ne leur donnera pas accès à la propriété, mais elle leur contestera l'essence même de cette citoyenneté qu'elle leur avait promise. Et, avec ça, les églises fermées, les curés en exil et leurs fermes pillées par des hordes de bandits qui profitent à loisir du désordre régnant ! François Cheval a cinq ans lorsque Napoléon prend le pouvoir. Comme la majorité des Français, ses parents ont fait une croix sur les folles espérances suscitées en eux par la Révolution. Avec l'Empereur, l'ordre revient enfin et, avec lui, la sacro-sainte sécurité des routes qui permet à nouveau l'échange des denrées. À la plus grande satisfaction de la majorité, Napoléon rétablit le culte catholique et organise le territoire français en communes et départements. Avec l'établissement des maires, des juges de paix, des brigades de gendarmerie, des sous-préfets et des préfets, chacun y voit désormais plus clair et sait à quelle porte frapper pour déposer une plainte ou faire une réclamation. En 1815, malgré le lourd tribut des conquêtes de l'Empereur (près d'un million de soldats morts, pour la plupart issus de la campagne), le monde paysan est massivement acquis à sa cause. Cette année-là, François Cheval a dix-neuf ans, et il doit tenir encore deux ans pour qu'on le considère majeur. Depuis son plus jeune âge, il travaille dans les fermes alentour, obsédé, comme ses parents, par le seul souci du pain.

Le 8 juillet 1815, après la chute de l'Empereur, Louis XVIII accède au trône de France. Pour devenir électeur, il faut désormais avoir trente ans et payer au moins 300 F d'impôts. Sur les 30 millions de Français recensés sur le territoire, seules 100 000 personnes réunissent ces deux conditions. Les idées de la Révolution sont bien loin, et le monde paysan connaît régulièrement la pauvreté et la faim. À cette époque, les techniques agraires ont peu évolué. D'une manière globale, sur l'ensemble du territoire, l'agriculture est vivrière. « Sa mission principale est d'assurer de la nourriture à une population qui vit dans la hantise de la famine[2]. » Le récent développement de la culture en plein champ de la pomme de terre et de la betterave à sucre est encore loin d'avoir atteint son apogée, et il suffit d'une mauvaise météo – sécheresse, pluies abondantes – pour qu'une disette, aussitôt, réapparaisse, comme celles de 1816 et de 1817. D'un coup, le prix du pain demi-blanc et du pain bis triple, celui du froment quadruple, celui de l'orge plus que quadruple ainsi que celui de l'avoine [3]. On imagine les conséquences dramatiques de la hausse de ces prix sur la vie quotidienne du petit paysan. Acculés, beaucoup d'entre eux partent, à cette époque, se faire embaucher comme ouvriers dans les grandes villes. L'industrie naissante y attire chaque année plus de monde. Les conditions de travail et de vie y sont très dures, et la misère règne dans ces nouveaux quartiers ouvriers. Il faudra attendre l'année 1841 pour qu'une loi interdise le travail aux enfants de moins de huit ans, c'est tout dire. Face au manque d'argent, d'autres préfèrent opter pour la migration saisonnière, ce qui a pour résultat de faire tripler l'effectif de certains cantons au moment des vendanges ou des moissons. Pour ceux enfin qui restent, la seule façon de contrer la misère et de ne pas avoir à payer une main-d'œuvre salariée au moment des récoltes est de faire le plus d'enfants possible. Entre 1830 et 1850, l'indice de natalité atteint les 8 %. Partout en France, on assiste à une expansion démographique qui ne cessera de croître jusqu'au milieu du XIXe siècle. Le petit village de Charmes d'où est natif François Cheval n'en est pas exempt, passant de 587 habitants en 1800 à 862 en 1836, soit près d'un tiers de plus en quelque trente ans, ce qui ne manquera pas de provoquer des problèmes de surpopulation et de chômage.

Le 9 août 1830, après le règne de Louis XVIII et celui, plus tumultueux, de Charles X, Louis-Philippe se fait proclamer « roi des Français ». François Cheval a trente-quatre ans et, comme la plupart des hommes de son village, la nouvelle le laisse de marbre. Il a vu défiler tant de régimes depuis le jour de sa naissance. Sa condition de paysan a-t-elle changé pour autant ?

Pour une fois, il se trompe. Fasciné par le modèle anglais, Louis-Philippe va chercher par tous les moyens à moderniser l'économie française. Là, il fait creuser des canaux et construire des routes ; là, il facilite l'investissement capitaliste et promeut l'essor de l'industrialisation ; là, il lance les premiers travaux du chemin de fer qui vont donner un formidable coup d'envoi aux grands complexes métallurgiques ; là encore, il augmente d'une façon considérable la diffusion de la presse. À partir de 1835 et jusqu'en 1845, plus de deux mille entreprises se créent chaque année [4]. Avec ce « roi bourgeois », les Français entrent dans une nouvelle ère qui, mue par une formidable volonté de décloisonnement et d'ouverture, ne jure que par les valeurs de la créativité et de la croissance. « Enrichissez-vous par le travail et par l'épargne », proclame Guizot. Tel est le mot d'ordre de cette nouvelle France. Une France qui, dès le 5 juillet 1830, part à la conquête d'Alger et qui, le 19 avril 1836, voit naître, au lever du jour, Joseph Ferdinand Cheval, celui qui, au jeu de l'innovation et de l'audace, gagnera toutes les palmes.

3

Les premières années

À peine Ferdinand a-t-il ouvert les yeux que, dès le lendemain, son père court le faire baptiser [1]. Sur ce chapitre, le concile de Trente (1545-1563) est on ne peut plus clair : « Le baptême est le seul sacrement qui lave l'enfant du péché originel. » Si, par malheur, l'enfant meurt sans l'avoir reçu, son âme errera dans les limbes sans jamais atteindre les portes du paradis. À Charmes, en 1836, on ne rigole pas avec ces choses-là, et comme il s'agit d'un acte qui peut attirer les foudres du diable et de toutes sortes de mauvais esprits, c'est au parrain (ici, Joseph Sibert, le grand-père) de porter l'enfant jusqu'à l'église, à la marraine (Françoise Mietton, sa femme) de le porter sur le chemin du retour. Il faut également « veiller à ce que le soleil soit levé, car la nuit est propice aux influences maléfiques ». Le père ? Il suit la petite troupe. La mère ? « La vieille tradition rurale veut qu'elle soit exclue de l'office car, après son accouchement, elle est considérée comme impure. Cette même tradition veut aussi qu'elle attende un certain nombre de jours (jusqu'à quarante !) avant de pouvoir partager le lit de son mari, quitter la maison, reprendre le travail, aller à l'église. Durant ces relevailles, elle ne doit pas non plus toucher le pain, ni aller chercher de l'eau au puits, qui se tarirait. » Dans l'église de Charmes, c'est le tout jeune abbé Offant qui baptise l'enfant auquel, comme le veut la tradition, on a donné le même prénom que son parrain. « Lorsque la cérémonie est achevée, il faut sortir de l'église par une autre porte que celle par laquelle on est entré et retourner chez soi par un autre chemin que celui que l'on a emprunté à l'aller. Cette précaution permet d'éviter de croiser des sorcières qui pourraient lancer un sort sur l'enfant [...]. À la sortie de l'église, le parrain jette des noisettes, des amandes, des pruneaux. Il doit se montrer très généreux, faute de quoi les invités lui lancent des injures sous forme de malédictions [2]. »

Comme on le voit, le petit Ferdinand Cheval entre de plain-pied dans le monde magique. Un monde qu'il n'aura de cesse, durant sa longue vie, de contacter.

Jusqu'à ses six ans, la vie de l'enfant est assez libre. Du fait de son incapacité à travailler et du risque, encore important, de le voir mourir de maladie, ses proches ne le considèrent pas encore tout à fait comme un membre de la famille. Ici et là, sous la surveillance de son demi-frère François Victor, son aîné de quatre ans, il aide comme il peut aux travaux des champs. Quand on n'a plus besoin de lui, il crapahute, ravi, à la découverte du monde. Avec les autres gamins de son âge, il passe son temps à se cacher dans les balmes, ces grottes naturelles ou excavées, aussi mystérieuses qu'étranges, dont les paysans se servent pour stocker leurs outils, pour conserver le vin. Aux beaux jours, il file jusqu'à l'Herbasse, la rivière qui, si joliment, serpente parmi les collines. Lors de ces escapades, il aime plus que tout contempler les reflets de l'eau, ses scintillements sur les pierres, la beauté des oiseaux, le vent qui soulève les feuilles.

L'été, les journées sont très longues, et le travail des moissons est si dur que les adultes prennent quatre repas au lieu des trois habituels. « Le premier, le dîner, se prend avant d'aller au travail ; on y mange de la soupe et un morceau de lard. Le second, le goûter, a lieu à midi ; on y mange du fromage ou des fruits. Le troisième, le petit goûter, se fait à 4 heures et consiste en un morceau de pain, le plus souvent noir. Le quatrième enfin est le souper que la femme a préparé ; on y mange de la soupe et du salé. Le vin est rare mais on s'en dédommage le dimanche au cabaret [3]. » Avec ses camarades, Ferdinand glane des noix et, avec un peu de chance, des pommes et des mûres dont il se régale. À la maison, il boit la soupe en y trempant une tranche de pain. Un pain fait de ce même blé que son père, sous ses yeux, a cultivé, moissonné avec sa faux, battu avec son fléau. À table, la viande est rare, ou alors les jours de fête. Dans le logis, il n'y a pas l'eau courante. Tous les jours, sa mère doit aller la chercher au puits. Dans la grande salle, il y a très peu de mobilier : une table à tréteaux qui, avec le temps, deviendra fixe, des tabourets qui deviendront des chaises, un ou deux coffres à rangements dans lesquels, tout à la fois, on fourre le linge en chanvre (très abondant), les cuillères, les couteaux, les bols, les outils. Si, à l'avenir, l'argent rentre, on les remplacera par des armoires. Dans la cheminée, on trouve suspendu à une tige un sabot plein de sel ainsi qu'une crémaillère, une poêle à frire et une ou deux marmites tout au plus. Sur le sol, aucun tapis, et sur les murs, nulle tapisserie, mais sans doute une Vierge ou un crucifix, quelques gravures et des miroirs. Du fait d'être bon marché et d'ajouter de la lumière aux pièces, ces derniers, vendus par des colporteurs, remportent un vif succès à cette époque. Aux fenêtres, des rideaux, non pas pour faire joli mais pour se protéger de l'humidité et du froid. Deux maux qui, trop souvent encore, amènent la fièvre et la maladie. Quand c'est le cas, on fait appel à un rebouteux ou alors au curé qui, en dernier recours, s'improvise médecin.

Dans la pièce du dessus (parfois celle d'à côté) on dort. Il n'y a pas de toilettes. Quand on a un besoin pressant, il faut se rendre dans la cour où l'on a aménagé des lieux d'aisance sommaires. Après le rude travail des champs ou les grandes cavalcades avec les camarades, on se débarbouille d'une simple ablution d'eau claire. Les vêtements imbibés de l'odeur des animaux et trempés de sueur ne sont changés qu'une fois par semaine, le même jour que la toilette plus étendue.

L'hiver, les journées sont plus courtes et le travail moins laborieux. Le soir venu, autour de la cheminée ou encore dans la grange, pour économiser le bois d'un feu, les voisins se rassemblent : c'est le temps de la veillée.

« Groupées par masses autour de trois ou quatre chandelles, quelques femmes cousaient, d'autres filaient, plusieurs restaient oisives, le cou tendu, la tête et les yeux tournés vers un vieux paysan qui racontait une histoire. La plupart des hommes se tenaient debout ou couchés sur des bottes de foin ; ces groupes profondément silencieux étaient à peine éclairés par les reflets vacillants des chandelles [...]. L'étendue de la grange, dont le haut restait sombre et noir, affaiblissait encore ces lueurs qui coloraient inégalement les têtes en produisant de pittoresques effets de clair-obscur. Ici brillaient le front brun et les yeux clairs d'une petite paysanne curieuse ; là, des bandes lumineuses découpaient les rudes fronts de quelques vieux hommes, et dessinaient fantasquement leurs vêtements usés ou décolorés. Tous ces gens attentifs, et divers dans leurs poses, exprimaient sur leurs physionomies immobiles l'entier abandon qu'ils faisaient de leur intelligence au conteur. C'était un tableau curieux où éclatait la prodigieuse influence exercée sur tous les esprits par la poésie. En exigeant de son narrateur un merveilleux toujours simple ou de l'impossible presque croyable, le paysan ne se montre-t-il pas ami de la plus pure poésie [4] ? »

C'est là, au milieu de ces hommes et de ces femmes qui, tout au long de l'année, travaillent, chantent, prient ensemble, que, tout ouïe, du haut de ses trois ans, de ses cinq ans, le petit Ferdinand tend l'oreille. Dans ce patois franco-provençal qui constitue sa première langue, un vieux conteur se lance en le fixant, espiègle.

— Qui, d'entre nous, connaît l'histoire d'Arthaud de Bathernay, seigneur, au Moyen Âge, du château de notre village ?

Les yeux tout ronds, notre petit bonhomme fixe l'homme qui, assuré de l'attention de l'enfant, poursuit.

— De son épouse, Catherine de Gast, il eut douze enfants !

Des rires fusent parmi l'assemblée, le conteur enchaîne.

— Dont le fameux Imbert, qui dut sa prodigieuse fortune à la rencontre qu'il fit…

Le conteur s'arrête pour s'adresser directement à Ferdinand.

— Sais-tu, toi, avec qui ?

Rouge de honte, Ferdinand secoue la tête. Pas question toutefois de filer. Il a bien trop envie de connaître la suite.

— Le devineras-tu jamais ? Avec le futur roi Louis XI, et sais-tu où ?

Plus mortifié que jamais, le petit secoue à nouveau la tête.

— À quelques pas de chez toi, figure-toi !

Les yeux écarquillés, Ferdinand cherche confirmation dans les yeux de ses parents. Et tous deux de lui sourire en hochant de la tête. Ça alors, un roi devant sa ferme ? ! Amusé par la stupeur de l'enfant, le conteur reprend.

— Depuis ce jour, Imbert devint son meilleur ami et, en échange, Louis XI le combla de richesses…

Puis c'est au tour d'un autre qui raconte la fameuse histoire de la Bossue, témoin, une nuit, d'un crime odieux dans une auberge. Au petit matin, elle déguerpit de l'endroit sans oser avertir la police, mais, de retour chez elle, voilà qu'atterrit dans sa poêle où elle fait cuire des œufs la jambe de la victime ! Vite, elle prévient son mari, qui lui affirme qu'elle se trompe et qu'il s'agit d'un chat, mais voilà l'autre jambe qui tombe, puis un bras, un deuxième bras, enfin la tête ! Face à tant de signes, elle surmonte sa peur et part tout raconter aux gendarmes. Les criminels sont arrêtés et, tranquillisée, l'âme de la victime peut enfin rejoindre Dieu… Ferdinand n'a pas le temps de souffler qu'un troisième raconte l'histoire de cette femme qui, par une nuit de pleine lune, aide une fée à accoucher, puis de cette autre qui, le jour de la Toussaint, croise une troupe de revenants [5]...

Cette nuit, ses rêves seront emplis de toutes sortes de créatures et, pour en être protégé, il récitera deux *Notre Père* à la place d'un. Car, en plus des rois et des êtres étranges qui hantent les soirées d'hiver, il y a le Christ et la Vierge célébrés chaque dimanche à l'église, sans oublier les saints, dont la litanie des fêtes parcourt toute l'année. « À la Saint-Marc, on fait bénir la graine des futurs cocons, à Mardi gras et à la Saint-Jean, on allume des feux, à Pâques, on cuit la pogne*, aux trois jours des Rogations précédant l'Ascension, on va en procession poser dans les champs ensemencés des croisettes formées de deux petits bâtons écorcés pour protéger le grain et l'amener à maturité, à la Pentecôte, on orne les charrues de rubans... À Treigneux, non loin de Charmes, on vénère saint Antoine pour la teigne, et à Saint-Martin-d'Août, plus près encore, l'huile de la lampe de la chapelle Sainte-Marguerite guérit, dit-on, de la maladie cutanée qui porte le nom de la sainte. À Hauterives, on prie saint Amédée, né au village au XIe siècle. Le pèlerinage de Notre-Dame-de-Chatenay à Lens-Lestang se fait pour les pertes de sang et celui de Notre-Dame de Tournai pour obtenir la pluie par temps de sécheresse ainsi que pour les nourrices qui n'ont plus ou pas assez de lait [6]... »

* Pâte levée du sud-est de la France, en forme de couronne, faite à partir de farine, œufs et beurre et parfumée à la fleur d'oranger.

Si, à cette époque, le rythme des saisons et de la vie quotidienne semble, de loin, se répéter depuis la nuit des temps, on oublie trop souvent qu'il est sans cesse scandé et magnifié par de multiples rituels et fêtes encore tout imprégnés de sens cosmique et de magie. Le petit Ferdinand en sera un des réceptacles les plus émerveillés.

4

Les années d'école

Bientôt, Ferdinand va avoir six ans et, à la suite de son frère aîné, il entre à l'école. Une décision qui en dit long sur l'état d'esprit de ses parents. En 1842, l'enseignement primaire est, en effet, très loin d'être universel en France. De nombreux fils de paysans n'en bénéficient pas ou alors, tout au plus, quelques mois par an, et ce malgré l'article 9 de la loi Guizot de 1833 exigeant que toute commune soit tenue, soit par elle-même, soit en se réunissant à une ou plusieurs communes voisines, d'entretenir au moins une école primaire élémentaire laïque ou religieuse, au libre choix de chacun. Oui, mais… Ce ne sera pas aux frais de l'État que ces écoles seront construites ni les maîtres rétribués, et, sauf cas d'indigence extrême, c'est le père de famille qui, chaque mois, devra verser au maître l'« écolage », une somme qui varie en fonction du niveau d'étude de l'enfant [1]. Une exigence qui en refrène plus d'un. Non seulement une partie des paysans ne voient pas les bénéfices immédiats que leurs enfants pourraient tirer de l'école, mais encore il leur est demandé de mettre la main à la poche. Certes, si la famille est trop pauvre, c'est alors au comité local composé du maire, du curé et de quelques autres notables que revient la tâche de pourvoir au coût de ses études. Il reste qu'envoyer l'enfant à l'école revient, pour le paysan, à se priver d'une main-d'œuvre gratuite, et tous ne sont pas prêts à faire ce sacrifice. Le père de Ferdinand, si. S'il est pauvre, sans être parmi les plus pauvres, ses deux fils ne figurent pas sur la liste des enfants indigents admis gratuitement à l'école [2]. Comme la majorité des parents, il doit donc verser 2,25 F par mois à l'instituteur pour la première classe, 1,50 F pour la deuxième, ce qui représente deux journées de salaire par mois pour ses deux fils [3]. Une vraie somme quand on sait qu'un petit cultivateur comme lui gagnait, au maximum, 400 F par an et que, pour nourrir une famille de cinq personnes, il fallait au moins débourser : 240 F pour le seul achat du pain, 50 F pour l'habillement, 30 F pour le lait, 7 F pour l'impôt, 5 F pour le sel, 6 F pour la viande [4]. Oui, à cette époque, c'était le budget de la nourriture qui absorbait la quasi-totalité des salaires et si, en étant propriétaire d'un terrain, on pouvait déduire les frais du pain en cultivant soi-même son blé, il fallait alors ajouter le coût des outils, celui de la charrue et de la bête ainsi que celui de toutes sortes de réparations (sabots, outils, toit de la maison, chaux...). Au vu du faible niveau des salaires, le coût de la vie était si élevé que la plupart des familles de petits paysans se retrouvaient endettées en fin d'année. Dans ces conditions, mettre ses enfants à l'école induisait d'importantes privations. Mais François Cheval y tient. Est-ce parce qu'il a, lui-même, bénéficié d'une instruction – sa signature, en bas de l'acte de naissance de son fils, nous prouve qu'il en a bel et bien reçu une – ou sa seule intuition qui le pousse à scolariser ses deux enfants ? Toujours est-il qu'il fait preuve ici d'une belle intelligence. Ferdinand Cheval n'a pas eu n'importe quel père, il est bon de le souligner.

Quand il entre à l'école de Charmes, 1 050 habitants sont recensés dans le village. Parmi eux, 86 garçons et 65 filles fréquentent l'école primaire élémentaire, les premiers sous l'égide d'un instituteur, les secondes avec la sœur Angèle*.

Comme premier maître, Ferdinand a M. Guinot, considéré par l'évêché comme un « parfait catholique [5] », puis, à l'âge de huit ans, M. Jean Debos, un jeune normalien formé à Rennes qui n'hésite pas à écrire au maire : « Il ne peut y avoir de plus grand bien que celui de l'instruction du peuple, puisque c'est elle qui l'ennoblit et qui l'éloigne d'autant plus de la brute qu'elle l'approche plus de la perfection divine [6]. »

Dans sa classe, ce dernier décompte quatorze élèves indigents et quatre autres qui jamais ne viennent. Auprès du maire, il déplore d'être bien loin d'atteindre les 1 200 F de revenus annuels qu'on lui a fait miroiter avant de venir s'installer alors que tout comme M. Nier, son prédécesseur, il enseigne aux enfants « la religion, la morale, la sagesse afin de les rendre bons sujets, utiles à la société, obéissants à leurs père et mère, fidèles à la patrie », soulignant, à ce propos, le « contentement des

---

* À la demande du curé de Charmes, c'est elle qui, en 1827, créa l'école des filles à Charmes. Elle faisait partie des congrégations du Sacré-Cœur de Jésus et du Saint-Cœur de Marie, dites « des Saints-Cœurs de Tournon » en Ardèche.

pères de famille tant du point de vue de la direction morale des enfants que des progrès qu'ils y font [7] ». Il réclame enfin qu'on lui alloue « cent francs extraordinairement [8] ».

À cette époque, en France, la condition des instituteurs était bien loin d'être enviable, et si la toute récente loi Guizot leur assurait un traitement fixe de 200 F annuel payé par la commune, à charge pour eux de réunir le reste. Or, pour vivre bourgeoisement, il fallait gagner 5 000 F et c'est à peine si l'on pouvait tenir un extérieur décent avec 1 000 F [9]. Pour arrondir ses fins de mois, Jean Debos n'a plus qu'une seule solution : admettre dans sa classe plus d'enfants qu'il ne le devrait, et qu'importe si sa décision ne plaît pas au comité local. Ils n'avaient qu'à mieux le dédommager.

En hiver, le voici donc chargé de plus de cent enfants – et il faut imaginer l'effarement du petit Ferdinand face à un tel nombre ! Dès les beaux jours, cependant, avec le retour annuel des gros travaux des champs (fenaison, moisson, vendange), l'effectif de la classe diminue de près de moitié. Debos a beau essayer de rappeler les parents à l'ordre, les enfants, absents en mai, ne réapparaissent pas avant le mois d'octobre… Sans doute Ferdinand fait-il partie de ceux qui, avec son frère, régulièrement, s'absentent. Pour preuve, sa mauvaise orthographe et sa difficulté, visible sur différents actes qu'il signera plus tard, à bien former les lettres de son nom.

Mais, pour l'heure, il chemine vers l'école. Une école qui, en 1842, se réduit à un simple… appartement dans une maison ! Face à tant d'exigüité, Jean Debos exige l'ouverture d'une salle supplémentaire : « Le nombre de tables de classe m'appartenant se compose de six ; l'hiver dernier je fus obligé d'en emprunter deux, ce qui fait huit, mais ce nombre remplissait l'appartement [10]. » Or il a trente élèves écrivains… Un vrai casse-tête pour lui. Ses protestations resteront sans effet. C'est que, parmi tous ses collègues, il n'est pas le plus mal loti.

Qu'on en juge au travers des situations que décrit P. Lorain dans son rapport en 1837 : « Souvent l'école se tient dans des granges humides, des salles basses, des caves où l'on est obligé de descendre en rampant, dans un local d'une petitesse incroyable. » Dans une salle de classe dans le Vaucluse : « Le jour y est si faible qu'on ne peut y tailler une plume. En deux mois et demi, les élèves ont perdu trente-neuf jours de travail à cause de l'obscurité et, en dix-neuf jours, l'école a perdu cinquante-quatre élèves qui se sont absentés par maladie. Aussi, l'aspect des enfants est triste comme le local humide qui les renferme [11]. »

Que le jeune maître de Ferdinand se le tienne donc pour dit. Le comité local ne lui obtiendra pas une salle supplémentaire. À l'image de l'instituteur du jeune Lavisse, il va donc devoir faire preuve de la plus haute discipline s'il veut obtenir le silence : « Pour les petites fautes, on était puni par l'agenouillement simple ; pour les grandes, par l'agenouillement avec une main levée portant une brique, ou bien par des coups de baguette [12]. »

Fort heureusement pour Ferdinand, les élèves ont droit à une semi-liberté les jours où, dans le village, on célèbre un mariage ou un enterrement. Et quelle joie alors pour notre petit bonhomme de pouvoir à nouveau gambader librement et contempler le monde ! Trop vite, malheureusement, il faut reprendre le chemin de la classe où, bon an mal an, il peine à écouter les leçons du maître. « Ce n'est qu'en grandissant, avouera-t-il plus tard, que me vint l'amour du travail et de la lecture [13]. » En attendant, il s'efforce, bon gré mal gré, d'oublier « son » patois, interdit à l'école. Et gare si un mot lui échappe ! Aussitôt, le maître lui tire les oreilles.

— Ici, jeune homme, c'est en français qu'on s'exprime !

Un français qui, à l'opposé de ces patois séparateurs, se veut l'unificateur d'une nation qui, par le biais de l'instruction primaire élémentaire, vise à l'instruction morale et religieuse du plus grand nombre ainsi qu'à l'apprentissage de la lecture, de l'écriture, des éléments de la langue française, du calcul et du système légal des poids et des mesures, comme le stipule l'article premier de la loi Guizot du 28 juin 1833.

Dix ans en arrière, le petit Ferdinand aurait été tenu d'apprendre à déchiffrer les lettres à partir de textes latins auxquels il n'aurait rien compris, mais – coup de chance – les nouvelles idées de Guizot sont, entre-temps, passées par là. En 1833, ce dernier fait distribuer quelque 250 000 exemplaires du *Petit Catéchisme historique* de Fleury, à partir duquel les enfants sont désormais invités à s'exercer à la lecture. Ce résumé de « l'Histoire Sainte et de la Doctrine Chrétienne » suivi d'un choix de « poésies sacrées, propres à orner la mémoire des enfants et à graver la loi de Dieu dans leur esprit et dans leur cœur », est un véritable best-seller de ces premiers temps de l'instruction qui, dans ces années, accorde une immense importance aux principes de la foi et à ceux de la morale. Deux ans plus tard, 500 000 exemplaires de l'*Alphabet et premier livre de lecture* sont également distribués sur tout le territoire. Car c'en était assez de voir chaque maître enseigner selon sa propre méthode, et la meilleure façon d'y remédier, c'était de composer des ouvrages communs destinés à communiquer et à répandre les premières connaissances ainsi que des idées utiles dans toutes les classes de la société et, particulièrement, parmi les nombreux habitants des communes rurales [14].

Aux côtés de ces deux incontournables, on trouve également l'*Imitation de Jésus-Christ* ainsi que l'*Histoire de la Bible* écrite par Boissard en 1813, la *Petite Arithmétique raisonnée* de Vernier (1858) et le fameux *Manuel de la citolégie* de Dupont (1re édition vers 1825) qui, en plus d'affirmer que « la création du monde remonte officiellement à cinq mille huit cent cinquante ans », n'hésite pas à stipuler : « La Suisse est bien loin d'ici », « Tous nos boulangers sont riches » ou « On construit de nouveaux ponts ».

Entre l'histoire des miracles de Jésus, celle des prouesses de Rome et du libéralisme moderne, Ferdinand apprend à distinguer les syllabes et à les épeler correctement. Quand il sera plus à l'aise, son maître lui fera déchiffrer quelques passages de *Simon de Nantua, ou le marchand forain,* cet ouvrage paru en 1818 qui obtint le prix du meilleur livre destiné à servir de lecture au peuple des villes et des campagnes : « Cette instruction fut le seul héritage que légua sa famille au père Simon.

Mais cet héritage vaut mieux que beaucoup d'argent ; car il procure les moyens d'en gagner, tandis que l'ignorance ne conduit qu'à le perdre. Il le savait bien, le père Simon, et il ne cessait de demander à tous ceux qu'il rencontrait : envoyez-vous vos enfants à l'école ? Ayez soin de les y envoyer : c'est le plus riche présent que vous puissiez leur faire. S'ils ne savent rien, ils auront toujours besoin des autres, et ils seront souvent dupes [15]. »

En tous les cas, une chose est sûre. Ferdinand ne saura former ses lettres qu'après avoir appris à lire. Écrire, à cette époque, exige une telle dextérité. La plume métallique n'a pas encore été inventée et, avant même de composer ses lignes, il faut savoir tailler et retailler sa plume d'oie. Une véritable gymnastique musculaire qui, en plus du prodige d'habileté que réclament les cursives, les rondes et les bâtardes, incite les maîtres à repousser au plus tard son dur apprentissage. Une seule exception : les tenants de la méthode simultanée qui enseignent en même temps les rudiments de la lecture et de l'écriture. Dans le bâtiment d'à côté, sœur Angèle applique cette dernière avec les filles, mais encore faut-il, pour que cette toute nouvelle méthode ait de bons résultats, n'avoir que peu d'élèves. Aussi Debos, avec ses cent gamins, y a-t-il renoncé et, suivant l'exemple de la majorité de ses collègues, pratique-t-il la bonne et vieille méthode individuelle. Un par un, il les fait venir auprès de lui pour une récitation, une vérification, une lecture. Si, ces jours-là, Ferdinand aime à lui déclamer quelques vers de poésie ou encore à lui réciter le nom des rois, il a encore bien du mal à déchiffrer les lettres. Difficile, en même temps, de se concentrer avec un estomac qui crie famine et une fatigue qui alourdit les paupières. C'est qu'avant de filer à l'école, il se lève très tôt pour aider ses parents à la ferme, renouvelant ce même effort tous les soirs, après avoir récité la prière et le *Salve Domine* qui clôt la journée d'école. Il fait si froid, en plus, dans la salle ! Vivement le jour où il n'aura plus besoin de s'y rendre et où, comme très bientôt François Victor, son frère aîné, il sera admis au clan des hommes.

5

Premier deuil

Encore quelques mois et Ferdinand aura dix ans. Tout seul, l'autre dimanche, il a osé s'approcher des hautes murailles du château de Charmes qui, de ses tours imposantes, domine la fermette où il vit aux Grands Verts. Le cœur battant, il s'est planté devant le donjon où il s'est imaginé bataillant contre mille ennemis. En traversant le parc, est-il passé devant la grotte de style romantique et les bassins, alimentés, depuis le XVIIIe siècle, par tout un système de captation et d'acheminement des eaux ? Avec la tour de la Ratière qui, plus loin, domine toute la plaine du haut de ses 15 mètres de hauteur, ce château est l'un des monuments qui le laissent le plus songeur. Combien de rois ont vécu ici ? Combien de fées ? Laissant planer son regard sur toute la vallée, il songe à tous ces pays qu'il n'a jamais vus et dont les noms reviennent dans la bouche des hommes instruits du village. Par eux, il apprend qu'Alger, cet ancien nid de corsaires, « n'est plus centré sur la colline, d'où ses hardis marins interrogeaient l'horizon du regard afin d'y chercher une proie à enlever » et que, « purifié par la civilisation, il s'étend aujourd'hui jusque dans la plaine et se fait de plus en plus grand pour mieux accueillir les enfants de la grande famille européenne »[1]. Il les entend parler également de Tahiti où, paraît-il, les naturels se mangent entre eux, des îles Marquises et de l'insurrection au Mexique contre les États-Unis. À la sortie de l'église, l'un d'eux a loué « le gaz hydrogène qui inonde de ses clartés toutes les villes de France[2] », tandis que son instituteur a fait état, journal en main, des fouilles de Ninive « qui ont mis au jour quinze cents mètres de sculptures et d'inscriptions cunéiformes, ici, des rois suivis d'eunuques et de gardes [...], là des chasses, des festins ou des batailles et des villes prises d'assaut[3] ». Aux dires de ce dernier, ces étonnantes sculptures couvrent quinze vastes salles et quatre façades extérieures. À se demander ce qu'étaient, en vérité, ces palais dont il reste de si magnifiques débris ? Il y a aussi cet auteur du nom de Balzac qui a écrit un livre sur les paysans et ce Dupont, ingénieur à Lyon, qui aurait mis au point « un système hydraulique ayant pour effet de distribuer dans la ville, à l'état le plus limpide, l'eau du Rhône qui est habituellement très trouble dans le fleuve[4] ». À l'instar du curé et des gens du village, Ferdinand accueille toutes ces nouvelles les yeux émerveillés. De mémoire d'homme, jamais on n'a tant progressé, et c'est signe que la France est porteuse de la plus haute civilisation. Tiens, encore hier, la mise en circulation de la ligne de chemin de fer entre Nîmes à Montpellier et, il y a une semaine, l'invention d'une machine qui, dit-on, achèverait en moins d'une heure une journée de travail d'une couturière[5] ! À ce train de découvertes et de progrès, le monde entier sera bientôt un paradis.

Par malheur, en 1845, la pomme de terre est frappée par un charançon, le phytophthora, et la récolte tombe au niveau de celle de 1832. Les paysans concernés espèrent s'en sortir en vendant « bien » leur blé, mais, suite à la sécheresse du printemps, la récolte de 1846 s'avère mauvaise sur l'ensemble du territoire. À la maison, les portions de nourriture chutent drastiquement, et on prie Dieu pour tenir jusqu'à l'année suivante. La situation est d'autant plus critique que le père de Ferdinand vient tout juste d'acquérir un terrain de l'autre côté du village, aux Griottes, où il est en train de bâtir leur future nouvelle ferme [6]. Dans ses calculs, il a prévu de rembourser cet achat avec la vente de la maison où ils habitent. Aussi, cette mauvaise récolte tombe on ne peut plus mal et, avec les gens du village, il implore Dieu de lui prêter secours. Mais après un hiver des plus rigoureux et malgré des processions organisées par l'abbé Offant, la récolte de 1847 s'avère pire encore que celle de 1846. Dès le mois de janvier, la hausse de plus de 20 % du prix du blé rend celui du pain inabordable. Partout en France, les ventres crient famine et, faute de nourriture, les animaux meurent dans les étables. Face au manque de réaction du pouvoir, la révolte bientôt gronde, d'autant plus qu'à cette crise de subsistance s'ajoute une crise industrielle qui aboutit à la mise au chômage d'une grande partie des ouvriers. Le 13 janvier 1847, à Buzançais, dans l'Indre, des groupes menaçants se répandent dans le village aux cris de : « Le blé à 3 francs [...] la journée à 30 sous ! » Dans le Nord et l'Est, des ouvriers cassent leurs machines, tandis qu'à Paris et en Normandie, des convois de céréales et des boulangeries sont pillés. À Roubaix, où plus de 60 % des ouvriers ont été mis au chômage, les grèves se multiplient… À Charmes ? Les hommes encore vaillants sont bien trop occupés à essayer de nourrir les leurs, et puis on est si loin du monde, ici. Suivant l'exemple de son père et de son frère, Ferdinand prie Dieu de toutes ses forces. Car, en plus d'avoir faim, sa maman est bien malade. Que ne donnerait-il pas pour lui procurer ce peu de viande dont elle aurait tant besoin, mais où trouver l'argent ?

Oubliant les heures de sommeil et les crampes d'estomac, François Cheval redouble d'efforts pour construire au plus vite sa nouvelle habitation. En ces temps de pénurie extrême, il réussit l'impensable, et toute la famille emménage. La nouveauté des lieux n'a malheureusement aucun effet sur l'état de son épouse et, sous les yeux désespérés de son petit garçon, son état, de jour en jour, s'aggrave.

Pendant ce temps, en France, la révolte contre le manque de réaction du roi Louis-Philippe ne cesse de croître et quand, enfin, il réagit en faisant importer du blé russe, il est trop tard… Mais, du haut de ses onze ans, Ferdinand est à mille lieues de ce tournant historique. Alors que, dehors, le printemps explose, il assiste, le visage ruisselant de larmes, aux derniers instants de sa mère. Nous sommes le 17 avril 1847. Françoise-Rose Sibert Cheval meurt à l'âge de quarante ans. Pour Ferdinand, le temps de l'enfance est révolu.

Au village, comme dans la quasi-totalité du sud du pays, c'est à la confrérie des Pénitents noirs que revient la charge de procéder à la toilette de la défunte, de l'habiller, de la mettre en bière, et, le jour des funérailles, de porter le cercueil en terre. Ces Pénitents, qui sont-ils ? Nées au XIIIe siècle sous l'impulsion de saint François d'Assise, ces sociétés s'adressent à tous les citoyens, célibataires ou mariés, nobles ou paysans, désireux de vivre une vie de charité et de piété. Au XIVe siècle, ils adoptent la longue tunique, dite le sac, la ceinture à corde, le capuchon percé de deux trous et taillé en forme de cône. « Cet habit exprime une forme de renonciation et se veut garant de l'égalité de chacun au sein du groupe. Quant au visage dissimulé, il assure l'anonymat de la charité et rappelle aux pénitents qu'ils ne sont que les instruments de Dieu [7]. » Leur vocation se traduit par la prise en charge des funérailles, l'accompagnement des malades, l'assistance aux prisonniers et aux condamnés à mort. Qu'ils soient pénitents blancs, rouges, bleus ou noirs, tous revendiquent le même champ d'action, même si, depuis la Grande Peste noire de 1347 où les Pénitents noirs se sont surpassés dans l'organisation des funérailles, on associe plus volontiers ces derniers à tout ce qui a trait à la mort.

Dans le village, le glas sonne. Escorté par l'abbé Offant, l'ensemble de la confrérie des Pénitents s'apprête à faire sortir le cercueil où repose la maman de Ferdinand [8]. Dans la ruelle, tous les habitants sont là. Les yeux mouillés de larmes, l'enfant embrasse une dernière fois le front tant aimé. Tête basse, mais fort comme le sont son père et son frère, il se résigne alors à suivre le cortège. Un cortège immense qui, grâce à la présence des Pénitents noirs et à la beauté de leurs chants, confère à ces funérailles un air de grande solennité. Au cimetière, après le discours de l'abbé, tous se rassemblent autour de victuailles qui, une fois n'est pas coutume, tiendront plus du symbole que de la réalité en cette triste année 1847.

Pour couronner le tout, Jean Debos, son instituteur, démissionne peu après [9]. En quelques mois, Ferdinand a l'impression d'avoir tout perdu et, à l'image des trois quarts du pays, il se sent terrassé par la douleur, la faim et la colère. Mais, bientôt, les événements vont s'accélérer à une telle vitesse que lui-même sera obligé de relever la tête. Car, pour le peuple, trop, c'est trop.

Après une succession de scandales politiques, Paris se couvre de barricades, Louis-Philippe abdique et l'éphémère Deuxième République est proclamée le 24 février 1848. L'impôt sur le sel est supprimé, le suffrage universel (masculin) est rétabli, la journée de travail est réduite à dix heures, l'esclavage est aboli et, pour la première fois, l'État organise des ateliers nationaux pour donner du travail aux chômeurs. Dans tout le pays souffle un vent d'allégresse. Ça y est, c'en est fini de la disette. L'argent va à nouveau couler. Le pain et le travail, abonder.

L'élan de liesse et de fraternité est tel que même François Cheval n'y résiste pas. Avec ce deuxième deuil, il a bien cru plonger, pourtant. Il lui devait tant, à sa Françoise Rose. Après la perte de sa Marie, il avait pu se relever et reconstruire une famille grâce à elle. Et voilà qu'elle l'abandonnait à son tour. Oh, il était loin d'être le seul dans ce cas. Au village, un mariage sur quatre était, en fait, une deuxième ou troisième noce ! Mais après ces deux années de cauchemar, le coup porté avait été d'une telle violence qu'il avait, quelque temps, sombré dans le désespoir. Et maintenant, cette toute jeune Deuxième République porteuse de tant de promesses. N'est-il pas temps pour lui de rejoindre, avec ses deux fils, l'immense procession qui se rend à la grand-messe de Pâques en ce dimanche matin du 23 avril 1848 ? Jamais l'abbé Offant n'a vu un tel monde, et comme il se réjouit d'avoir, la veille, exhorté les foules à venir saluer la résurrection du Seigneur avant d'aller… voter ! Car aujourd'hui, après l'église, un deuxième cortège s'organise, historique, celui-là : l'abbé, en tête, avec son entrain habituel et, à sa suite, tous les notables puis tous les villageois, enfants compris.

— Jusqu'où on va ?

— À 18 kilomètres, jusqu'au chef canton de Grand-Serre !

— Et pour quoi faire ?

— Ferdinand, combien de fois vas-tu nous le demander ! Mais pour aller voter, bon Dieu !

Et cette fois-ci, pas question, comme en 1792, de bouder le suffrage universel, même si ça n'est que pour élire de simples députés. Pour cette élection, on atteint le taux de 83 % de participation. Comme quoi, en si peu d'années, les temps et les mentalités ont bien changé. Tous ont tellement souffert. Un peu de jubilation et d'ivresse, ça ne se refuse pas.

Puis vient le mois de juin, avec le temps des adieux à l'école. Durant ces mois d'été, Ferdinand va être initié aux gros travaux des champs par son frère. Le soir, la fatigue est si écrasante qu'il finit, peu à peu, par oublier le manque des caresses maternelles. Quant aux sanglantes émeutes parisiennes de la fin juin – qui feront plus de 4 000 morts –, dues à la déception de l'extrême gauche de voir sortir gagnants les Républicains modérés, elles lui paraissent, sous la chaleur torride et la dureté de l'effort, quasi irréelles.

Et ainsi Ferdinand grandit. Dans la petite église de Charmes, tandis que, sur l'ensemble du territoire, le formidable vent d'enthousiasme fait place à celui de la déception, l'abbé Offant le prépare, avec son frère, aux sacrements de la communion et de la confirmation.

Le 10 décembre 1848, tandis que tous les Français de sexe masculin ayant plus de vingt et un ans se rendent de nouveau aux urnes pour élire le président de la toute jeune République, Ferdinand, lui, s'imprègne de la poésie des psaumes et de la douce folie des Évangiles.

Le résultat des élections ? Louis-Napoléon Bonaparte, bien sûr, qui porte le même nom que celui qui, cinquante ans plus tôt, avait eu le mérite de mettre fin aux dérives de la Révolution tout en préservant ses idées. Tel son prédécesseur, il va mettre fin aux balbutiements de cette jeune république. À une écrasante majorité, 5 millions et demi de Français l'ont élu président. De leur côté, les candidats républicains n'ont récolté que des miettes.

Même si, dans la Drôme, les résultats sont moins tranchés, la foule, comme partout ailleurs, jubile du résultat, certaine qu'avec un tel homme au pouvoir elle va, sous peu, retrouver la puissance et le faste des années d'Empire.

Premier deuil

En attendant, le 6 janvier 1849, le père de Ferdinand, cinquante-trois ans, se marie pour la troisième fois avec Marie-Rosalie Abel, une jeune femme sans le sou, âgée de trente-trois ans, et mère de deux enfants naturels de huit et de trois ans. Conscient de l'écart d'âge, François la dote « dans le cas où elle lui survivrait : du droit d'habiter pendant sa vie dans un des appartements qu'il possède, et d'une pension annuelle et viagère de 4 hectolitres de blé froment, 2 hectolitres de vin rouge de pays, 4 hectolitres de pommes de terre, 1 hectolitre, 50 de noix et 100 F en numéraires 10 [10] ».

D'un coup, la famille s'agrandit et, au vu des liens qui perdureront, la nouvelle semble plus que convenir à Ferdinand qui, le 13 mars 1849, va lui aussi franchir un grand pas en recevant le sacrement de la confirmation. Pour célébrer l'office, Monseigneur Chatrousse est venu tout exprès de Valence. Devant la foule très nombreuse, il fait signe à Ferdinand d'approcher. Le jeune garçon tremble tant qu'il doit faire un effort pour ne pas flancher. Enfin, il s'agenouille, et dans l'église, malgré la multitude, on n'entend pas une mouche voler. L'évêque lève alors les mains, les lui impose d'un geste solennel sur la tête :

— Ferdinand, sois marqué de l'Esprit-Saint, le don de Dieu.

Quand le jeune garçon se relève, tout lui paraît si beau. Est-ce parce qu'il est devenu un homme pour de bon, cette fois ?

6

Le clan des hommes

Homme, on peut dire qu'il l'est presque, maintenant que, chaque dimanche, il peut communier à l'église et aider tous les jours son père à la ferme. Car, pour lui, l'école, c'est fini. En un été, il est passé du statut de simple écolier à celui, ô combien plus valorisant à ses yeux, de cultivateur. Faux en main, il moissonne aux côtés de ceux qui, désormais, le traitent d'égal à égal. Cette marche vers la maturité est largement aidée par le mariage de son père. Avec l'arrivée, au sein de la famille, d'Antoine, huit ans, et de la petite Augustine, trois ans, Ferdinand n'est plus le petit dernier. Loin de leur en vouloir, il se lie volontiers avec eux. Surtout avec Antoine. En témoigne l'importance que ce dernier prendra, par la suite, dans la vie de Ferdinand ! Mais ne brûlons pas les étapes…

Pour le moment, il goûte à la vraie vie paysanne, à la beauté des pages des Évangiles et à la sève de Dieu. En témoignent, là aussi, des choix qu'il opérera par la suite et les multiples inscriptions qu'il laissera sur son Palais. Oui, Ferdinand a, tout au fond de lui, la sensibilité des grands mystiques. Parfois, d'ailleurs, il est si frappé par la beauté du monde qu'il reste, un court instant, pétrifié d'émotion. L'abbé Offant a très certainement vu cette qualité chez l'enfant et, quand le jeune garçon accourt pour prier ou encore pour participer à une procession, il n'hésite pas à l'approcher et à lui parler de Dieu et des Écritures. Car l'abbé est un homme spécial. Pour preuve, le culte qu'il rend à saint Jean-François Régis, ce jésuite surnommé « le marcheur de Dieu » et sur la tombe duquel, tout là-bas en Ardèche, il n'hésite pas à se rendre régulièrement… à pied [1] ! Tout au long du XVIIe siècle, ce saint n'hésita pas à parcourir, en plein hiver, les montagnes du Vivarais, des Cévennes et du Velay pour annoncer la Bonne Nouvelle aux paysans les plus pauvres. Il passait également son temps à visiter les hôpitaux et les prisons, et s'attira l'incompréhension la plus parfaite de ses contemporains en créant un refuge pour des prostituées repenties. Avec un tel guide spirituel, on est moins étonné d'apprendre l'extrême popularité dont jouissait l'abbé Offant, connu dans tout le pays pour « l'exquise bonté de son cœur [2] », et on se plaît à imaginer l'impact qu'il a eu sur un garçon aussi sensible que Ferdinand. Au village, sœur Angèle, qui fait la classe aux filles, force elle aussi l'admiration. N'appartient-elle pas à cette congrégation religieuse qui, en 1801, forma la toute première institutrice de France ? Et n'use-t-elle pas, avec un vrai temps d'avance, de la méthode simultanée avec ses élèves ? À cette époque, Charmes est doté de deux serviteurs de Dieu qui, loin de tout dogmatisme, sont animés, elle par un grand progressisme, lui par une foi véritable et l'amour du prochain. Deux voies, le progrès et la spiritualité, qui resteront à jamais indissociables dans le cœur de Ferdinand, quand bien même elles s'opposeront de plus en plus violemment tout au long du XIXe siècle, et qui, dès son adolescence, concourront à lui faire prendre conscience de deux réalités fondamentales : l'égalité de tous les hommes devant la mort et l'impératif, pour chacun d'eux, d'accomplir sur terre la mission spécifique et unique qui leur est donnée par Dieu.

Alors qu'en plein labour, il médite à ces grandes questions, la France, et plus particulièrement le département de la Drôme, est en pleine ébullition. Car depuis la victoire du clan de Louis-Napoléon Bonaparte aux élections législatives de mai 1849, des lois qui fâchent pleuvent. Le 19 juin 1849, le gouvernement interdit les réunions politiques ; le 27 juillet, il restreint la liberté de la presse ; le 15 mars 1850, par la loi Falloux, il favorise l'enseignement catholique ; et, comme si ce n'était pas assez, le 31 mai de la même année, il limite le suffrage universel aux seuls citoyens habitant depuis trois ans dans le même lieu de résidence. Une manière détournée d'exclure des listes électorales l'immense majorité des domestiques, des journaliers, des ouvriers et des artisans obligés de se déplacer pour trouver un travail. Aussi, quand, le 2 décembre 1851, Louis-Napoléon Bonaparte s'empare du pouvoir par un coup d'État, l'exaspération est à son comble, et plus que tout dans la Drôme, ce département déclaré en état de siège depuis les insurrections de 1849 provoquées par les partisans d'extrême gauche de la Nouvelle Montagne. Malgré la politique de fer menée depuis deux ans par le nouveau préfet Joseph Antoine Ferlay, la colère du petit peuple drômois éclate.

Dès le lendemain du coup d'État, les ouvriers de la ville de Crest, située à une cinquantaine de kilomètres seulement de Charmes, assaillent à coups de pierres la gendarmerie où s'est réfugié le maire. Les jours suivants, des milliers d'insurgés venus de toute la région affluent sur la petite ville, drapeau tricolore à la main, tandis qu'à Dieulefit, à Bourdeaux, à Saint-Marcel-lès-Sauzet, à Chavannes, des insurrections éclatent. À Charmes ? Aucun homme ne prend les armes. Est-ce dû à l'influence de l'abbé Offant ? À celle, plus directe, du préfet Ferlay ? Soulignons que ce dernier est né à Hauterives, un village situé à moins de 10 kilomètres de Charmes et que, dans le coin, Charles Augustin Ferlay, son frère, est le notaire auquel la plupart de gens font appel. Ajouté à cela le fait qu'ici, dans la Drôme des collines, les gens sont d'une nature moins belliqueuse que ceux de la plaine, en bas. D'où il ressort que pas plus François Cheval que l'un de ses deux fils ne viennent grossir les rangs des insurgés. La répression sera telle qu'on peut presque s'en féliciter.

En effet, dès le 9 décembre, Ferlay riposte par une véritable chasse à l'homme qui se solde par des milliers d'arrestations. Dans la seule tour du petit village de Crest, il fait entasser dans des conditions inhumaines plus de 450 personnes dont 6 femmes. En tout, plus de 1 600 personnes sont jugées. La plupart seront condamnés à la prison à vie ou déportées à Cayenne ou en Algérie.

Si, à l'image de François Cheval et de Ferdinand, la majorité des Drômois n'ont pas participé à ces troubles, la mémoire des violences exercées à l'encontre de ces pauvres insoumis n'est pas près de se dissiper. Après tout, que faisaient-ils de si mal, si ce n'est réclamer un peu plus de pain, un peu plus de liberté ? Pourquoi, alors, les avoir si brutalement matés ?

Du haut de ses quinze ans, Ferdinand bêche la terre avec une rage rentrée. Comme si, par essence, rien de bon ne pouvait sortir de cette caste des petits paysans dont il est issu et qu'il était normal d'user de la pire brutalité à l'égard de ceux, parmi elle, qui osaient aspirer à quelque chose de plus grand ! Ah, comme il voudrait les y voir, ces messieurs du gouvernement, à travailler la terre comme il le fait ! Trois heures à peine, et ils s'évanouiraient d'épuisement. Sans parler des trésors d'intelligence qu'il faut déployer pour tenir dans l'adversité. Mais que savent-ils du génie qu'impose la survie, eux qui n'ont jamais manqué de rien et qui, faisant fi de la parole de Dieu, se croient supérieurs à tous les autres hommes ? Quand donc, parmi eux, se lèvera celui qui, par son œuvre, les démentira ? Et si cet homme, c'était lui ? « Fils de paysan, paysan, je veux vivre et mourir pour prouver que dans ma catégorie il y a aussi des hommes de génie et d'énergie [3]. » Il secoue la tête et se met à rire. Tout de même, ces drôles d'idées qui lui passent par la tête ! Il n'est pas loin d'avoir raison, l'abbé, quand, dodelinant de la tête, il le surnomme le « doux rêveur » ! Mais là-bas son frère aîné l'appelle, et il doit laisser là ses réflexions. Le 15 juin 1852, dans moins de quelques semaines, son frère va épouser la journalière Rosalie Perrier. Aux champs, on travaille dur pour pouvoir offrir aux mariés un beau repas de noces.

Est-ce Ferdinand qui, le jour de la cérémonie, attrapera la jarretière de la mariée ? Si c'est le cas, alors, comme le veut le présage, il se mariera dans l'année, mais n'est-il pas encore un peu jeune pour cela ? Jamais, en tous les cas, il n'a autant chanté et dansé, mangé aussi ! C'est toutefois le cœur bien lourd qu'avec la foule des invités il accompagne les jeunes amoureux jusqu'à leur nouvelle habitation. Il l'aime tant, ce grand frère, et, jusqu'ici, il était si habitué à vivre avec lui. Son père aussi a du chagrin, quand bien même, riant avec les autres, il somme la jeune mariée de s'emparer du balai mis en travers de la porte, de le passer dans le logis avant d'y faire définitivement entrer son époux… Ou alors gare ! Ainsi le veut la tradition.

Deux ans plus tard, le 25 novembre 1854, une petite Victorine Rosalie Cheval naît. Ferdinand a dix-huit ans et, pour la première fois de sa vie, il devient oncle et… parrain [4]. Un choix qui en dit long sur les liens d'amour et de complicité qui existent entre les deux frères.

Ce temps de bonheur ne dure malheureusement pas. À peine deux mois plus tard, le 19 janvier 1855, François Cheval meurt à l'âge de cinquante-neuf ans, enlevé par une épidémie de fièvre muqueuse [5]. D'un coup, Ferdinand se retrouve orphelin. Sous ses pieds, le sol se dérobe. Sans la protection de cet homme qu'il aimait tant, que va-t-il devenir ? Et comment va-t-il faire pour garder la ferme, lui qui, au regard de la loi, n'est même pas encore majeur ? Et Antoine ? Et Augustine ? Et leur maman, la dernière épouse de son père ?

7

GAGNER SON PAIN À LA VILLE

Par une décision du 22 février 1855, le juge de paix de Saint-Donat-sur-l'Herbasse émancipe le dénommé Joseph Ferdinand Cheval. Afin d'assister et de conseiller le jeune garçon, le même juge lui désigne pour curateur Joseph Antoine Buret, un propriétaire voisin de son défunt père au bois de la Dame à Charmes, boulanger à Valence [1]. À la même date, sa belle-mère, Rosalie Abel, s'est déjà remariée, renonçant à la rente viagère à laquelle lui donnait droit son contrat de mariage contre la somme de 1 600 F payable immédiatement. Pour s'acquitter, les deux demi-frères Cheval vont devoir emprunter. Et, comme un malheur ne suffit pas, la crue de l'Herbasse, en mai 1855, dévaste les récoltes. En septembre, les deux frères sont tellement démunis qu'ils vendent « une pièce de terre de vingt ares de la succession paternelle [2] ». Cela ne suffit pas, et ils se retrouvent obligés d'emprunter à nouveau, cette fois la somme de 2 000 F, en mars 1856 [3]. À la vitesse grand V, l'étau de l'endettement se resserre. En travaillant comme des damnés, les deux frères pensent avoir encore une chance de s'en sortir. C'est sans compter sur une nouvelle crue, dévastatrice cette fois, qui, au mois de mai 1856, ravage tout le département, emportant sur son passage des terrains agricoles, des maisons et jusqu'à un barrage dans la plaine de Vizille. Pour les deux frères, c'est le coup de trop : Ferdinand n'a plus d'autre solution que d'aller supplier son curateur à Valence de le prendre comme garçon boulanger.

Juste avant son départ, il reçoit sa notification d'exemption du service militaire. Un service qui, à cette époque, dure sept ans et dont les conscrits sont enrôlés par tirage au sort. Sur le courrier qu'il a reçu, il peut lire qu'on l'exempte car il a « glande au cou, blessure au talon droit [4] ». Six mois plus tard, le même conseil de révision confirme sa décision en lui reconnaissant, en plus, « une cicatrice, une taille de 1 mètre 680 millimètres, un premier degré d'instruction [5] ». Pour une fois, Ferdinand est chanceux. C'est qu'en 1855, la paix règne et, bien plus que des soldats aptes à faire la guerre, on a besoin de civils pour la construction des voies de chemin de fer et des chemins vicinaux. Dans ce contexte, les exemptions pleuvent sans nul besoin, pour les uns et les autres, de verser les 2 800 F de droits d'exonération.

Il est temps de faire ses adieux. Avec une boule dans le ventre, Ferdinand embrasse son frère, sa belle-sœur, sa petite-nièce ainsi qu'Antoine Abel, venu exprès le saluer. Tiens, voilà même l'abbé qui lui souhaite bonne chance et les voisins du quartier des Griottes. Comme tous vont lui manquer ! Il aurait bien envie de renoncer tout à coup. N'est-ce pas pure folie de partir vivre dans une ville aussi grande ? Comment, parmi les innombrables rues qui sillonnent Valence, va-t-il savoir retrouver la boulangerie de son curateur ? À la pensée de ne plus pouvoir se rendre sur la tombe de son père, un sanglot comprime sa gorge. N'est-ce pas lui, en même temps, qui lui a toujours donné l'exemple de relever la tête ? Lui encore qui, à force de sacrifices, lui a permis d'apprendre à lire ? Que dirait-il s'il voyait son fils abandonner la dernière chance qui lui reste ? Non, décidément, il faut y aller et accepter de tout quitter.

Au tableau de recensement des jeunes gens de la classe de 1856, Ferdinand Cheval, au 31 décembre, est déclaré garçon boulanger résidant à Valence. Quelle a été sa réaction en arrivant dans cette cité de plus de 1 600 habitants ? À cette époque, la basse et la haute ville ont encore peu ou prou l'aspect qu'elles avaient au XVIe siècle, même si, depuis peu, la deuxième enceinte des remparts a été détruite et les fossés ont été transformés pour donner lieu à la fameuse promenade communément appelée « Le Cagnard ». Au moment où Ferdinand y débarque, le tout nouveau « macadam » commence à remplacer le pavé du faubourg Saunière, et le musée d'Art et d'Archéologie vient d'y être inauguré. Quant au PLM (Paris-Lyon-Marseille), il entrait un an plus tôt en gare sous les cris d'enthousiasme et de triomphe de la foule !

À cette époque, la ville de Valence concentre, avec Romans, plus de 36 % de la population ouvrière du département. Tous les jours, les Valentinois voient affluer des campagnes environnantes des petits paysans, comme lui, venus tenter leur chance. Pour la majorité d'entre eux, ils logent dans la ville basse aux ruelles sales et sombres et aux habitations insalubres. Par chance, Ferdinand logera, lui, rue Saint-Félix, dans la haute ville où se trouve la boulangerie de son curateur [6]. Une rue centrale située à quelques minutes de marche de la maison des Têtes, ce bijou de l'architecture Renaissance dont la façade extraordinairement sculptée laisse, aujourd'hui encore, plus d'un rêveur…

L'apprentissage du métier de boulanger est cependant bien difficile. Qu'on en juge par ces vers qui, à l'époque de Ferdinand, sont encore d'actualité : « Campé dessus mon four avec ma ratissoire/ J'endure autant de mal que dans un Purgatoire…/ Un corps comme le mien qui n'est point fait de fer/ Est par trop délicat pour un si rude enfer/ On n'a point fait pour nous l'ordre de la nature/ La nuit, temps de repos, est pour nous de torture…/ On commence chez nous dès le soir des journées/ On pétrit dès le soir la pâte des fournées/ Arrive qui voudra, faut, de nécessité/ Passer toutes les nuits dans la captivité…/ Entre tous les métiers j'ai bien choisi le pire/ Les autres compagnons n'ont souvent rien à faire/ Qu'un ouvrage arrêté, limité d'ordinaire/ n'ayant point d'autre mal quand on arrive au soir/ Qu'à se bien divertir, goguenarder, s'asseoir [7]. »

Depuis le XVIIIe siècle, ce n'est plus le maître boulanger ni son premier ouvrier, le *geindre*, qui pétrissent, mais le second ouvrier que devient Ferdinand. C'est lui encore qui tourne les pains et qui les met sur couche quand c'est le *geindre* qui les enfourne. De son côté, le *fornier* prépare le four, y place des bûches, y met le feu, porte le tout à bonne température, retire les braises et les cendres à l'aide du *fourgon*, nettoie enfin le four à l'aide de l'*escouvillon*.

Pétrir la pâte n'est pas une mince affaire, et l'opération requiert une vraie dextérité et une attention de tous les instants. Six temps distincts rythment sa réalisation. : la *délayure*, durant laquelle Ferdinand doit mélanger le levain dans une partie de l'eau destinée au pétrissage, de telle manière qu'aucun grumeau ne subsiste dans la masse ; la *frase*, où il ajoute à la pâte le reste de la farine destinée à composer la fournée ; la *contre-frase*, pendant laquelle il rassemble la pâte en la tournant et en la changeant de place avec rapidité, puis en la portant d'un bout à l'autre du pétrin. Gare à lui si dans cette partie du travail il se montre trop lent ou distrait, car la pâte serait alors manquée ! Puis vient le *découpage* où, plaçant ses mains sous la pâte, Ferdinand s'emploie au « tour » qui consiste à la tirer, la rapprocher, la retourner par gros pâtons pour enfin la jeter de droite à gauche et vice versa. Lorsque la pâte a reçu trois de ces « tours » et qu'elle a été portée dans le pétrin, il peut enfin passer à l'étape suivante : le *bassinage*. Ici, Ferdinand pratique plusieurs enfoncements dans la pâte pour y verser de l'eau où il a fait dissoudre du sel. Dès que cette dernière est absorbée, il donne à la pâte plusieurs tours. Il ne lui reste alors plus qu'un seul geste à réaliser : le *battement*. Cette toute dernière opération a pour but de donner à la pâte de la souplesse, de l'élasticité et de l'homogénéité. À cette étape, Ferdinand doit saisir des portions de pâte et les jeter, plusieurs fois de suite, avec force, sur les parois ou sur le fond du pétrin. Cette tâche est d'autant mieux accomplie que l'ouvrier chargé de la réaliser est courageux et vigoureux.

Lorsque ces six gestes sont accomplis, il convient de réunir la pâte travaillée, de la saupoudrer de farine et, enfin, de la recouvrir d'un linge [8]. Durant la journée, c'est encore lui, Ferdinand, qui brosse les pains à la sortie du four, qui va chercher l'eau à la pompe, qui porte la farine, qui charrie le bois, le fend et le met à sécher [9] ! Qu'ils soient deux ou trois aides n'y change pas grand-chose. L'apprentissage est harassant. Fort heureusement pour lui, il a été habitué, dès son plus jeune âge, au dur labeur des champs et il est de santé robuste. De plus, il éprouve une joie étonnante à transformer la farine et l'eau par le seul travail de la main, une quasi-jubilation même quand, de sa paume, il ressent que la pâte a atteint sa parfaite texture. Parfois, il lui vient des envies de lui donner des formes, comme celles de ces pâtisseries qu'il regarde faire avec admiration. Son curateur a très vite repéré l'intelligence et l'intuition de son protégé. Coup de chance pour lui ! Dans la boulangerie, les places sont chères, et on ne garde que les plus talentueux. Parvient-il, pour autant, à profiter de la ville et de sa foule cosmopolite ou travaille-t-il jusqu'à l'épuisement pour rembourser ses dettes et s'offrir la possibilité d'un retour ? La bonne nouvelle, c'est que, tout en étant logé, il touche 4 à 5 F par jour, soit quasiment le triple de ce qu'il gagnait à Charmes comme cultivateur. Depuis la nuit des temps, la boulangerie paie en effet très bien, allant même jusqu'à générer une vraie jalousie chez les gens du peuple. N'était-ce pas à cause des boulangers, ces « accapareurs de grains », qu'ils crevaient tous de faim ? Pas un, en même temps, qui ne les envie ou les admire [10].

Dans sa petite chambre, Ferdinand compte et recompte ses sous. À ce rythme, il n'aura bientôt plus de dettes, et pourquoi ne pas envisager de se faire boulanger lui-même ? Pour ouvrir un fonds, il suffit de demander une autorisation au maire et de verser une avance qui va de 2 000 F à 12 000 F à la Caisse de boulangerie. En calculant bien, dans les cinq ans à venir, ce serait chose faisable, et alors il se retrouverait riche. Allongé sur son lit, il se prend à imaginer tout ce qu'il achèterait : une maison, bien sûr, mais aussi des terres, et puis une robe pour sa filleule, une charrette, un bœuf. Mon Dieu, fasse que ses parents le voient de tout là-haut car ils peuvent être fiers.

Mais, en juillet 1857, son frère Victor, acculé à la faillite, n'a plus d'autre choix, pour sortir la tête de l'eau, que de lui vendre pour 3 040 F sa part de l'héritage paternel [11]. Si l'idée de devenir pleinement propriétaire ravit Ferdinand, il se retrouve toutefois si endetté qu'un mois plus tard, pour commencer à rembourser son frère, il emprunte 1 000 F à Joseph Marion, un propriétaire cultivateur de Charmes [12].

Est-ce pendant ces trajets qu'il tombe raide amoureux de la jeune Rosalie Revol, lors de l'enterrement de son père, l'aubergiste Jean-Louis Revol, en février 1856, à Hauterives ? Elle n'avait alors que quinze ans et, de retour à Valence, Ferdinand se dit que ce n'est pas sérieux. Durant les mois qui suivent, il ne parvient cependant pas à l'oublier. Ne devrait-il pas profiter d'un de ses voyages pour essayer de l'approcher et de connaître ses sentiments ? Elle est si jolie, Rosalie, son sourire est si doux.

8

Premier amour

Depuis qu'elle a parlé avec ce garçon, né à Charmes, de cinq ans son aîné, Rosalie n'est plus la même. Rouge de confusion, elle n'ose avouer à ses amies combien cette rencontre l'a tourneboulée. Est-ce donc cela être amoureuse ? Ferdinand (c'est son nom !) lui a raconté de si belles choses sur la ville de Valence : les jolies promenades au bord du Rhône où l'on a une vue splendide sur les montagnes du Vivarais, le pont suspendu qui traverse le fleuve réputé pour être d'un des plus beaux en France, les innombrables fabriques et boutiques de mouchoirs, de toiles peintes, de bonnets et de gants qui attirent foule de jolies filles comme elle, les brasseries où les bourgeois fument la pipe en lisant le journal et où les soldats paradent dans leurs beaux uniformes ; un peu plus loin, les tanneries, les corderies, les scieries où travaillent des milliers d'ouvriers venus de toutes les régions d'Italie et de France, sans oublier les Parisiens qui, les

Ci-contre, Rosalie Revol,
la première femme du Facteur Cheval.

yeux tout étonnés, découvrent pour la première fois la ville, à la descente du train… Comme Rosalie a aimé aussi lorsqu'il a cherché à la consoler de la perte de son père ! Lui aussi a connu cette douleur et, cependant, avec quelle dignité et quel courage il lui en a parlé.

De retour chez elle, elle a bien du mal à cacher son trouble à sa mère ; quant au curé, dans quel état se mettrait-il si elle osait lui en parler ? Elle n'a que seize ans et n'est pas en âge de se marier. Le lendemain, au lavoir, elle paraît si troublée que ses amies la taquinent d'une chansonnette bien connue dans le pays : « J'ai seize ans, ma mère/ J'ai seize ans passés. Vous ne songez guère/ À me marier/ Tu ferais mieux ma fille/ D'aller au couvent/ Pour apprendre à vivre/ Plus sagement/ Du couvent, ma mère/ Ne m'en parlez pas/ Car celui que j'aime/ Ne m'y laiss'rait pas/ Et à l'instant même/ Son amant passa/ Et d'un doux baiser/ Il la salua/ Bonjour, ma mignonne/ Mon p'tit cœur d'amour/ Reste-moi fidèle/ Jusqu'à mon retour/ Montez dans ma chambre/ Voici : l'escalier/ Nous causerons ensemble/ Et vive la liberté [1]. »

Bien avant que ses amies ne terminent, Rosalie fuit en courant. Pour rien au monde elle ne veut dévoiler son secret, pas plus, d'ailleurs, celui que lui a confié Ferdinand. Son curateur, lui a-t-il murmuré, est franc-maçon. Au début, elle n'a pas bien compris ce mot, mais quand Ferdinand, les yeux brillants d'excitation, lui a révélé les idées toutes républicaines de ces gens-là, elle est devenue pâle. Mon Dieu, mais n'était-ce pas dangereux de fréquenter de telles personnes ? Ferdinand s'est mis à rire. Vu son degré d'instruction, franc-maçon, lui ne pourra jamais l'être, aussi de quoi pourrait-il avoir peur ? Leurs idées, de plus, sont loin d'être mauvaises et, pour beaucoup, il les partage.

— Mais quelles idées ?

— Que les hommes sont tous égaux, par exemple.

— Oui, bien sûr.

— Et qu'il n'est pas juste que les ouvriers vivent si misérablement alors qu'ils travaillent aussi durement.

— Oui, je comprends.

Non, vraiment, il n'a rien à leur reprocher à ces francs-maçons, plutôt même le contraire ! Son curateur a été d'une telle bonté pour lui et, grâce à lui, il s'est ouvert à tant de choses.

— Sais-tu par exemple, Rosalie, ce qu'est un daguerréotype ?

— Mais… non.

— Eh bien, c'est l'image d'un paysage ou d'une personne que tu aimes fixée sur une sorte de papier…

Rosalie le regarde, les yeux écarquillés.

— Comment ça, sur un papier ?

— Je t'assure. Par exemple, si je voulais un souvenir de toi, je prendrais un appareil qui, d'un clic, me permettrait de conserver ton image et de l'imprimer sur un papier.

— Je ne peux pas te croire !

— Il le faut pourtant. Et tiens, à Douarnenez, en Bretagne, sais-tu qu'un capitaine a réussi l'exploit de planer dans les airs à bord d'une « barque ailée » ?

Face à l'air, à nouveau, stupéfait de Rosalie, il se met à rire. Lui, d'habitude si silencieux ! Jamais, de toute son existence, il n'a autant parlé !

Depuis qu'ils se sont quittés, Rosalie ne fait que penser à lui et, pour se donner toutes les chances de s'en faire aimer, mieux encore, de l'épouser [1], elle effeuille les marguerites, prie saint Nicolas et, comme toutes les filles des campagnes, chuchote son doux prénom aux plus belles pierres de la forêt... Son procédé semble efficace puisque, le 20 mai 1858, elle l'épouse à l'âge de dix-sept ans. Peu avant, Ferdinand a enterré sa vie de garçon. Au milieu de la nuit, ses amis de Charmes l'ont juché sur une charrette et transporté à travers le village en entonnant des hymnes religieux et des chants profanes tels que : « Si tu n'veux pas que ta femme t'em... » Après le grand tour, la fête s'est terminée par force cris, plaisanteries et chansons : le tout largement arrosé de vin [2].

Un mois avant le grand jour, il a offert à sa promise la bague de fiançailles ainsi que sa robe de mariage. En échange, Rosalie lui a donné la chemise de ses noces. Une coutume spécifique du Dauphiné veut également que le futur marié offre à sa future belle-mère sa robe de cérémonie !

Pour pouvoir acquérir tous ces présents, Ferdinand travaille jour et nuit à la boulangerie. Car, en plus, il doit payer le repas des noces – et quel repas ! Ce jour-là, on sert le vin à foison et on mange de la volaille et du cochon, ainsi que la traditionnelle pièce montée.

Enfin le grand jour arrive. Assistée de ses voisines et de ses amies, la mère de Rosalie a décoré l'entrée de sa maison de fleurs et de guirlandes de papier blanc. Dans le village, l'entrée des cafés est enguirlandée elle aussi.

En tête de cortège, Rosalie, toute de blanc vêtue, marche au bras de son frère aîné, suivie des proches et de tous les invités. C'est le marié qui clôt la marche, accompagné de sa future belle-mère.

Sur la route, la superstition veut que le cortège emprunte les grands chemins et évite les sentiers de traverse.

À l'intérieur de l'église, le prêtre remet aux deux époux un cierge qu'ils tiendront durant toute la cérémonie. À leur façon de se consumer (voire de s'éteindre !), on laisse entendre que « telle sera la vie du couple »... Si Ferdinand veut tenir les rênes du foyer, il doit poser un genou ou un pied sur un pan de la robe de Rosalie. Si, en revanche, c'est elle qui veut porter la culotte, alors, au moment de la remise des alliances, elle doit faire tout son possible pour que son futur époux ait les pires difficultés à lui glisser l'anneau au doigt. Juste derrière le couple se tiennent les témoins, dont Antoine Joseph Buret, le curateur de Ferdinand. C'est dire combien Ferdinand apprécie cet homme dont il est stipulé, sur l'acte de mariage, qu'il demeure, à cette date, à Charmes [3]. Est-ce à dire qu'il a fermé boutique ? Sur le même acte, Ferdinand est dit, lui aussi, demeurer à Charmes en tant que... cultivateur. Pour vivre auprès de sa belle, il a donc quitté le métier de la boulangerie et s'est réinstallé dans la ferme paternelle. Mais quid de l'argent qu'il doit à son frère et à Joseph Marion ? Les sommes sont si élevées qu'il ne peut avoir eu le temps de les réunir à Valence. Est-ce la bonne situation financière de Rosalie qui a su le convaincre de revenir à Charmes et de l'épouser ? Avec l'argent qu'elle doit très prochainement hériter de son père, il peut, en effet, dire adieu à tous ses problèmes. En sus, elle apporte en dot « un trousseau composé d'un bois de lit avec ses rideaux, d'une garde-robe, de six draps de lit et des linges et habillement à son usage, estimé à la somme de 200 francs[4] ». Sa belle-famille, de surcroît, lui a ouvert les bras malgré son peu de fortune. On peut dire qu'il est chanceux.

À la sortie de l'église, les mariés jettent sur les invités une pluie de friandises. Puis le cortège reprend sa marche mais, cette fois-ci, avec Rosalie et Ferdinand en tête[5]. Aux anges, ce dernier dévore du regard sa jeune épouse. Comme il est heureux aujourd'hui et comme l'avenir lui paraît doux !

Les choses ne s'avéreront cependant pas aussi simples. Après partage et adjudication, la succession du père de Rosalie est dévolue au profit de son frère, Joseph Revol, moyennant une contrepartie de 3 000 F qu'il doit à Rosalie. Or, loin de se libérer de son obligation, Joseph prendra dix ans avant de la rembourser ! En un éclair, Ferdinand se retrouve sur la paille. Un sacré coup dur pour le couple.

Après plusieurs nuits blanches et parce qu'il ne veut pas devenir un sujet d'inquiétude pour son épouse, Ferdinand finit par se résigner à vendre tous les biens qu'il possède à Charmes à Joseph Marion pour 5 000 F[6]. Adieu le domaine des Griottes et les souvenirs qu'il y avait avec son père et Victor, son frère. Sur cette somme, il ne touche toutefois que 1 000 F, avec la promesse d'être dédommagé plus tard. Un « plus tard » qui va durer des années, puisque c'est seulement en 1911 que Joseph Marion terminera de lui payer son dû ! D'ici là, il se sera produit d'innombrables événements qu'à cette heure Ferdinand Cheval ne peut pas imaginer ni même soupçonner.

Pour remédier à la misère, il finit par repartir en ville à la recherche d'une embauche. Les plus anciennes mémoires de Hauterives disent qu'il se serait arrêté à Lyon. Nous retrouvons sa trace le 9 novembre 1859 à travers une procuration faite devant notaire, et par laquelle Ferdinand, « actuellement ouvrier boulanger demeurant à Chasselay, département du Rhône », donne à sa femme le pouvoir de « compromettre, traiter, transiger, recevoir toutes les sommes qui lui sont dues, payer celles qu'il doit » [7].

Il faut attendre près d'un an pour retrouver la piste de Ferdinand Cheval, et ce grâce à un jugement du tribunal civil de Valence contre lui « au profit des époux Pierre Chatain et Anne Auzadia de Montchenu pour le paiement d'un billet du 2 janvier 1857 de 134,95 F et 47,93 F de frais [8] ». Sur cet acte daté du 5 novembre 1860, il est déclaré « boulanger et propriétaire à Hauterives », sans doute d'un bien qui appartient, en réalité, à sa femme. Peu avant, le même tribunal le déclare « absent » et « défaillant » [9], et Rosalie, « estivandière de son état », doit user de son pouvoir pour rembourser une quittance d'un montant de 256,78 F ; ce jour-là, elle déclare « ignorer le domicile de son époux [10] ». Où travaille-t-il pendant tous ces mois d'absence ? Dans quelle région ? Quelle ville ? Parvient-il à retourner quelque fois à Hauterives pour revoir Rosalie ? Sans doute, mais l'aller-retour coûte cher et, s'il veut avoir la chance de vivre définitivement un jour auprès d'elle, il doit réduire au minimum ses visites.

Dans le pays, il n'est pas le seul qui ait des difficultés dans ses affaires. Depuis quelques années, les maladies du ver à soie condamnent tous les cocons, poussant de plus en plus d'industriels à se tourner vers les marchés d'Orient. Les unes après les autres, les petites usines à soie ferment, laissant une masse d'ouvriers au chômage. Parmi eux, certains décident d'aller tenter leur chance en Algérie, où tant de Drômois ont gagné leurs galons durant les toutes premières années de conquête*. Ferdinand fait-il partie de ceux-là ?

Entre la fin décembre 1860 et le 23 octobre 1863, il ne figure ni sur les listes du dénombrement de la population de Hauterives (1861) ni sur celles de Chasselay. Nulle trace non plus de son nom sur un quelconque acte notarié. Sur près de trois années, nous perdons totalement sa trace. Faut-il pour autant en conclure qu'il est parti vivre en Algérie ?

« C'est le temps des terres promises aux colonies, des paradis exotiques, de la ruée vers l'or de Californie et d'Australie. Le partage des terres de l'Algérie conquise en 1830 attire une vague incessante d'émigrés. La traversée gratuite est accordée aux futurs colons et à leur famille. Sur la seule année 1857, quatre-vingt-seize familles se composant de deux cent quatorze personnes sont allées s'établir dans nos possessions d'Algérie… », rapporte le très officiel *Annuaire de la Drôme*[11]. À cette période, l'émigration reste cependant très contrôlée et, comme pour tous les déplacements hors du département, il faut un passeport pour partir. Dans ce contexte, comment expliquer que le nom de Ferdinand Cheval ne

* Les Drômois font partie des premiers contingents de 1830, en tant que militaires.

figure sur aucune liste ni aucun registre ? Est-ce à dire qu'il serait entré clandestinement en Algérie ? La chose est bien difficile à croire. Mais, pour quiconque connaît l'œuvre du futur Facteur Cheval, il y a quelque chose de si plaisant à l'imaginer s'éblouir là-bas qu'on est prêt à se raconter n'importe quoi : « Puis un beau jour, une irrésistible envie de courir le monde le fit s'embarquer à Marseille, comme apprenti boulanger. Pendant seize ans, il navigua. En 1871, las de bourlinguer sur les mers, il rentre au pays natal. Il se marie et endosse la tunique de facteur. Son horizon se borne désormais à sa tournée, mais il a vu l'Afrique, l'Australie, l'Extrême-Orient. Les Amériques, peut-être ? Nul ne le sait. Cheval est un taciturne, un solitaire. Il ne se confie pas. Déjà, à la fin des escales, lorsqu'il rejoignait ses compagnons au poste d'équipage, il ne trouvait rien à leur dire. Pouvait-il leur expliquer l'enchantement qui l'avait saisi devant le bas-relief d'un temple ou à l'ombre bleue d'une tour de mosquée [12] ? »

Oui, encore aujourd'hui, on aimerait pouvoir affirmer qu'il a vu, de ses yeux vu, ces « fées de l'Orient » qu'il aurait tant voulu, de son vivant, voir « fraterniser avec l'Occident »*. Pas le moindre signe, cependant, ne l'indique et tout porte plutôt à croire qu'à l'instar de milliers d'autres petits paysans, loin des palais sublimes et des sables d'Orient, il ait juste cherché, durant ces trois années, à gagner sa pauvre croûte, errant de ci, de là.

---

* Inscription sur la Galerie intérieure du Palais.

9

PÈRE !

Le 29 octobre 1863, après trois années sans traces, le nom de Ferdinand Cheval ressurgit sur un acte notarié par lequel il reçoit de Joseph Revol, le frère de son épouse, la somme de 850 F sur les 3 000 F qu'il doit à Rosalie, sa sœur [1]. Nous pourrions être en droit de nous demander pourquoi l'acte mentionne son nom et non celui de son épouse. Mais nous sommes en des temps où les femmes, très largement dépourvues de droits, ne pouvaient dépenser le moindre argent sans l'accord exprès de leur mari. La loi leur était si défavorable que leur mari pouvait même aller jusqu'à leur refuser un héritage qui leur était dû ! Bref, elles étaient pieds et poings liés et si, par malheur, elles tombaient sur un pingre, leur vie se réduisait à un cauchemar.

Sur ledit acte, à cette date, Ferdinand est « ouvrier boulanger à Chasselay tout en demeurant depuis quelque temps à Hauterives ». Deux informations qui viennent confirmer l'idée qu'il ne soit jamais parti tenter sa chance à l'étranger et que, comme bon nombre de paysans modestes de son temps, il ait gagné sa vie en exerçant plusieurs métiers. À la haute saison, il cherche à se faire embaucher comme faucheur. Le métier est si dur que le salaire est le triple de ce que reçoit, en temps normal, un cultivateur. Pour prolonger au maximum cet emploi rémunérateur, il remonte, au gré de l'avancement de l'été, vers les terres du nord où le blé pousse plus tardivement. Si, à l'automne, il ne trouve pas de poste en boulangerie, il peut tenter sa chance comme vendangeur, à condition de ne pas avoir peur des charges très lourdes et des journées de travail qui peuvent aller jusqu'à 14 heures. Puis viennent les froids de l'hiver, durant lesquels la terre se repose. Pour subvenir à ses besoins, le petit paysan comme Ferdinand se transforme en forgeron, en maréchal-ferrant, en sabotier, en maçon, en menuisier, ou encore, suivant son exemple, en boulanger. Tantôt il travaille pour le village moyennant un salaire en nature (de la nourriture, un outil, des vêtements), tantôt, comme le fait Ferdinand, il part pour la ville. Les plus handicapés ou les plus vieux ne sont pas en manque d'idées, et on les voit s'improviser tondeurs de chevaux et de mulets dans le haut Diois, tireurs de lait pour femme sevrant leur nourrisson, montreurs d'objets religieux en Lorraine et en Bourgogne, ramasseurs de pommes de pin, de bouses de vaches ou de sangsues en Sologne [2]. Car, à l'exception des vieillards et des enfants, il ne vient à l'idée de personne de rester oisif, et si l'argent manque au point qu'on ne peut s'offrir le luxe d'aller sur les routes, il reste alors la cueillette des fruits sauvages, le bûcheronnage, la chasse… Oui, à cette époque, le monde paysan est à mille lieues du cliché que nous en avons. Non seulement le petit cultivateur est polyvalent, mais, dès le début du XIXe siècle, avec la création des nouvelles routes et l'arrivée du chemin de fer, de plus en plus mobile. Nous ne sommes donc pas étonnés d'entendre Jean Roussière répondre au poète Frédéric Mistral qui lui demande ce qu'il sait faire : « Un peu de tout. J'ai été valet aux moulins à huile, muletier, carrier, garçon de labour, meunier, tondeur, faucheur lorsqu'il le faut, lutteur à l'occasion, émondeur de peuplier, un métier élevé, et même cureur de puits qui est le plus bas de tous [3]. » Idem du côté des femmes. À Hauterives, où vit Rosalie, la mine de lignite et la briqueterie emploient journellement, femmes et enfants. Certes, la paie n'y est pas haute, puisqu'on y touche 18 F seulement par mois mais le salaire des femmes atteint rarement celui des hommes et, comme on dit au village, c'est déjà ça. Pour celles qui n'ont pas trouvé de place à la mine, il y a le filage de la laine et du coton ou encore l'activité du décorticage des noix, le métier de lavandière, de lingère (Rosalie en est une), de nourrice enfin, sans oublier celui d'accoucheuse et de guérisseuse.

Quand Ferdinand reste à Hauterives, il dort, avec sa femme, chez sa belle-mère, dans l'appartement au-dessus du café que tenait son défunt mari. Voilà près de six ans que le couple s'est uni, et ni l'un ni l'autre ne gagne assez pour se payer un logement. Comme il leur tarde toutefois ! Mais encore faut-il avoir suffisamment économisé et être sûr, lors des saisons prochaines, de trouver un emploi. Chose ô combien difficile dans un contexte où, à cette période, partout en France, et plus particulièrement dans les campagnes, la courbe démographique atteint son apogée. Pour ne prendre qu'un exemple, Hauterives, en ce début d'année 1864, comptabilise 2 500 habitants contre 1 600 en 1800, soit une augmentation de près de 70 % de la population en moins d'un siècle ! Comment expliquer un tel phénomène ? Au fil de ces dernières années, la qualité de vie et, plus spécifiquement, celle de l'alimentation se sont considérablement améliorées. Là où, au début du XIXe siècle, la table d'un paysan n'offrait que du pain noir, la même table, soixante-dix ans plus tard, en offre du blanc avec davantage de viandes, de légumes et de fruits. Cette meilleure nourriture a un effet immédiat sur le taux de mortalité. D'un côté, les adultes meurent moins, de l'autre, les nouveau-nés survivent en plus grand nombre… D'où l'explosion démographique et, avec elle, celle d'un chômage auquel, pour la toute première fois, des millions de Français se trouvent confrontés. Sur la même période, les réseaux de chemin de fer et des routes se développent à des vitesses record. Le 9 mai 1864, la ligne Grenoble-Valence est ouverte au trafic. Elle permet trois allers-retours Valence-Grenoble et deux allers-retours Valence-Romans quotidiens. Le trajet Valence-Romans dure quarante-cinq minutes pour 1,25 F, tarif de peu inférieur à celui de la diligence[4]. D'année en année, le paysan se déplace de plus en plus fréquemment et toujours plus loin. Un changement dont on a peine à se figurer l'étendue des conséquences. Bouger plus loin, c'est croiser des univers, des personnes, des idées différentes, se charger, malgré soi, d'un nouveau regard sur le monde, d'une nouvelle langue presque.

En travaillant à Valence, à Lyon, à Chasselay, Ferdinand n'a pas pu ne pas entendre parler de l'intervention de l'armée française au Mexique en 1861, du protectorat sur le Cambodge en 1863, des affaires de l'Algérie et peut-être même, en 1862, de la parution du *Salammbô* de Flaubert, ainsi que de ce salon des Refusés, créé à Paris en 1863, où le peintre Édouard Manet a fait scandale avec son tableau *Le Déjeuner sur l'herbe*. Durant cette même période, les noms de Gérard de Nerval, de Victor Hugo, de Théophile Gautier, de Delacroix, de Gérôme inondent la presse et, associés aux leurs, celui de cet Orient si hautement désiré, fantasmé, adulé par tous. Dans les mêmes journaux, on s'extasie également devant les découvertes de la science. Il faut dire qu'il y en a tant. C'est à ne plus savoir où donner de la tête ! Le frein à air comprimé en 1860, le vélocipède à pédales, le marteau-piqueur pneumatique, le four électrique en 1861, la machine frigorifique à l'ammoniac en 1863… Ces « exploits » suscitent un tel engouement que la plupart des journaux leur offrent, en première page, une rubrique qui leur est spécialement consacrée.

Du plus misérable au plus puissant, pas un Français qui ne résiste à cette exaltation générale. Une exaltation qui donne à chacun envie de voir grand. De vivre grand. D'oser grand. Et, quand bien même il reste encore un certain nombre d'années à Ferdinand avant de totalement se révéler, le souffle de son siècle infuse, à son insu, dans ses veines. Au village, ce formidable élan de confiance a d'ailleurs déjà produit ses fruits. « Il ne faut pas croire que le pays de Hauterives se rouille, au contraire », écrit au mois de février 1863 un certain

Victor Faure à son ami André Lacroix qui, plus tard, jouera un grand rôle dans la vie de Ferdinand. « Il y a des curiosités plus que jamais. Vous avez à voir les mines qui prennent tous les jours de l'importance, le comte de Certeau fait toujours faire de nouvelles constructions. Nous avons deux églises neuves : celle de Saint-Germain qui est terminée depuis deux ans, et celle de Treigneux qui s'achève. Nous avons deux ou trois maisons en construction dans le village. Vous verrez que les changements accroissent et qu'un jour Hauterives sera une petite ville, quoi qu'en disent MM. les Serins. Carnaval a été peu bruyant. Les mascarades ne manquaient pas, on s'est assez amusé [5]. »

Mais là, Rosalie est enceinte. Ferdinand doit mettre les bouchées doubles. Il n'a franchement pas le temps de se prêter au jeu du rêve et, le 10 octobre 1864, la seule « nouveauté » qui lui importe, c'est d'être devenu le père d'un petit Victorin Joseph Ferdinand. Dans la maison, vite, on se dépêche d'emmailloter le nouveau-né et, comme le veut la tradition, de le coiffer d'un petit bonnet qu'on lui attache sous le menton. Ça y est, le curé est prévenu. Dans un instant, deux volées de cloches vont annoncer la bonne nouvelle à tout le village. Si Rosalie avait mis au monde une fille, on n'eût alors entendu qu'une seule volée. Fou de joie, Ferdinand regarde avec amour son petit garçon. Son émotion est si forte qu'il en oublie toutes les difficultés de ces dernières années. Et, en plus, Rosalie va bien ! Tiens, il voudrait tout à coup chanter une berceuse à son fils ou bien, non, lui conter quelques histoires extraordinaires de fées et de géants. Mais déjà, il doit repartir. Là-bas, en ville, un bon travail l'attend. On ne baptisera le petit que dans un mois, à son retour [6]. Un petit auquel il a quasiment donné le même prénom que celui de son demi-frère, gage irréfutable de l'affection profonde qu'il lui porte et, sans doute, du désir d'égayer son quotidien. Car pour ce frère, les affaires vont au plus mal. Parmi la liste des douze filles et des quatorze garçons admis gratuitement à l'école de Charmes pour cause d'indigence, ses cinq enfants y figurent, c'est dire [7]. Mais, au moins, il a l'amour de son cadet. Un amour qui ne se démentira jamais. Car tel est le cœur de Ferdinand. Aimant et fidèle.

L'âme légère, il reprend ainsi la route de la ville. Père, il est père ! annonce-t-il, tout sourire, aux voyageurs qu'il croise. Dans le journal, il apprend que le roi des Belges a été atteint sur le Rhin d'un gros rhume, ce qui le fait bien rire. Le vrai roi aujourd'hui, c'est son fils Victorin, et l'empereur, c'est lui.

Mais, à nouveau, son bonheur va être stoppé en plein élan. À peine un an plus tard, « Victorin Joseph Ferdinand Cheval, fils légitime de Ferdinand Cheval, boulanger, et de Rosalie Revol, domiciliés à Hauterives, décède le 28 du mois d'octobre [8] ». Là où, dans la maison, on n'entendait que rires et joie, ce ne sont plus que des larmes et du silence. Accablé, Ferdinand ne trouve même pas la force de consoler sa femme. Encore moins d'échanger avec ceux qui, dans le village, cherchent à le réconforter. Est-ce donc cela, la vie tant rêvée ? Ce chemin de ronces qui, sitôt évanoui, réapparaît avec rage ? La douleur de Rosalie est si grande qu'il ne se sent pas le cœur de la quitter à nouveau. Et puis, où trouver le courage de confectionner ces petits pains quand Victorin n'est plus là pour s'en émerveiller ?

Pris de pitié, quelques voisins de village l'embauchent dans leur ferme un jour par-ci, un jour par-là, et c'est ainsi qu'en 1866 Ferdinand quitte définitivement la boulangerie pour désormais « journoyer », comme on disait alors, soit travailler à la journée, ici aux champs, là à l'usine. Mais que faire d'autre lorsque tout saigne à l'intérieur ?

Les mois passent et, au fil des veillées, des processions avec l'abbé Offant, des marchés et des foires de Grand-Serre et de Saint-Donat, la douleur du deuil doucement s'estompe. Au mois de février de l'année suivante, Rosalie tombe à nouveau enceinte.

Malgré tout, quand Ferdinand Cyrille, son deuxième fils, naît le 18 novembre 1866, Ferdinand, trente ans, ne parvient pas à sourire comme avec son premier. Et quand Rosalie le lui passe, c'est avec appréhension qu'il le découvre. Va-t-il mourir lui aussi ?

Le jour du baptême, il désigne, cette fois-ci, Antoine Abel comme son parrain. Antoine Abel ? Mais oui, l'enfant naturel de la troisième femme de son père et sur lequel Ferdinand a veillé six années durant comme sur un frère. Un Antoine âgé de vingt-cinq ans aujourd'hui et animé d'une très grande foi, comme le montre l'éducation qu'il va donner à ses futurs enfants qui, tous, deviendront prêtres. En choisissant ce parrain, Ferdinand montre combien sa foi est intacte, combien également il est attaché à sa famille, une image qui contredit en tout point celle de ce « solitaire exalté [9] », « fort peu sentimental [10] », « replié sur lui-même et taciturne [11] » qu'une grande partie des journalistes et quelques-uns de ses biographes se plairont à construire après sa mort. Mais nous n'en sommes pas encore là. Le petit Cyrille vient à l'instant d'être baptisé, et, comme le veut la coutume, le parrain Antoine Abel donne un baiser à Marie Revol, la marraine, sa « commère », afin d'éviter à l'enfant de bégayer. Un baiser qui emmènera ces deux-là loin puisque, trois ans plus tard, sous les yeux ravis de Rosalie et de Ferdinand, ils s'épouseront.

10

Facteur !

Les années passent. Nous sommes en 1867. Si, jusqu'ici, Ferdinand est parvenu à gagner assez pour nourrir les siens, sa situation reste des plus fragiles. Non seulement, avec le peu qu'il gagne, il n'a toujours pas de quoi offrir à sa petite famille un logement, mais, à la moindre crise politique ou catastrophe climatique, il se retrouve chômeur, et qui alors pour payer le pain, le bois, la viande et les vêtements ?

La précarité de son emploi le préoccupe assez pour le pousser à tenter sa chance du côté de l'administration des Postes, où le métier de facteur bénéficie d'un salaire fixe. Pour ce faire, mieux vaut ne pas avoir dépassé les trente-cinq ans (il en a trente et un), avoir de bonnes aptitudes physiques et « être exact, actif, d'une grande discrétion, poli, honnête [1] ». Un article du *Règlement relatif au personnel des facteurs* de 1853 souligne, de fait, que « les sujets à préposer seront pris parmi les hommes sachant lire et

Ci-contre, un facteur rural en tenue d'hiver à la fin du XIXe siècle.

écrire, sobres, de bonne conduite, offrant toutes les garanties morales que demandent les missions de confiance, de préférence parmi les anciens militaires… »

Les demandes sont nombreuses, mais pour une fois la chance joue en faveur de Ferdinand. Le bureau de distribution de Hauterives est installé dans une maison qui appartient à des Revol liés, par cousinage, à Rosalie, son épouse. Par solidarité familiale, ceux-ci le recommandent chaudement. Une recommandation qui vaut de l'or quand on sait qui ils sont. Ne reste plus que le certificat de bonne moralité que Ferdinand doit réclamer au maire. Le bon époux et père de famille qu'il est n'a aucune peine à l'obtenir.

C'est ainsi que, le 12 juillet 1867, le nommé Joseph Ferdinand Cheval entre définitivement dans l'administration des Postes en prêtant serment : « Je jure de remplir fidèlement mes fonctions, de garder et observer exactement la foi due au secret des lettres, et de dénoncer aux Tribunaux toutes les contraventions qui viendraient à ma connaissance. » Un serment rendu obligatoire par l'Assemblée constituante du 10 juillet 1791.

Depuis cette date, le métier a considérablement évolué. Jusqu'au début du XIXe siècle, les habitants des campagnes n'avaient, en effet, accès à aucun service de distribution. Pour remédier à ce manque, le roi Charles X édicte, le 10 juin 1829, la loi dite Sapey ordonnant que, dès le premier avril 1830, chaque commune soit dotée d'un service de Poste. À partir de cette date, le courrier doit être distribué au moins tous les deux jours partout en France jusque dans les coins les plus reculés.

En un temps record, l'administration doit faire installer 35 000 boîtes aux lettres sur tout le territoire et recruter 5 000 agents. En 1832, une nouvelle circulaire exige que le courrier soit distribué quotidiennement. À nouveau, l'administration doit recruter en masse. En 1836, elle embauche 7 900 facteurs, en 1863, plus de 15 000 et à la veille de la Première Guerre mondiale, 23 229 !

Initiée par Étienne Arago, le directeur des Postes, une deuxième réforme va bouleverser la donne : celle, en 1848, de l'institution d'un tarif unique. Jusque-là, le paiement du port était réglé par le destinataire et non par l'expéditeur. Lorsqu'on envoyait du courrier, c'était pour répondre à une demande, non pour donner des nouvelles ou pour en réclamer. Avec ce changement de paradigme, l'administration table sur une augmentation du trafic. Le tarif de la lettre simple, quelle que soit la distance, est alors fixé à 20 centimes pour une lettre de moins de 7,50 grammes. Cette unification tarifaire se concrétise en 1849 par un timbre (le premier qui voit le jour en France) que l'on colle sur la lettre : le Cérès. Étienne Arago aura vu juste. Sa réforme va connaître un tel succès qu'en un an le trafic postal passe de 122 millions à 158 millions de plis par an !

On comprend mieux, dans ce contexte, la facilité avec laquelle Ferdinand est embauché malgré son faible degré d'instruction. Certes, des gens qui savent lire, on en trouvait des milliers en 1867, mais encore fallait-il, parmi cette foule, dénicher ceux capables d'endurer huit à dix heures de marche par jour avec, parfois, de lourdes charges (calendriers, revues universelles, journaux !), ceux encore que la perspective de ne pas avoir droit à un seul jour de congé n'effrayait pas. « La vie de cet humble agent est tout un poème, triste ou gai, qui se déroule au milieu des grands aspects de la nature [...]. En été, c'est le soleil ardent, la poussière brûlante, les pluies d'orage qui détrempent les chemins et grossissent les torrents ; en hiver, c'est la bise âpre et froide, les sentiers perdus sous la neige et les nuits promptes à venir[2]. » En plus des longues distances qui pouvaient leur faire parcourir jusqu'à 35-40 kilomètres par jour, c'était encore à eux qu'incombait la tâche d'entretenir et d'installer les boîtes aux lettres disséminées sur leur trajet. Et pas question de gagner du temps en remettant une partie du courrier à des connaissances croisées en chemin, ou encore en le jetant dans quelque fourré. Le facteur rural est l'objet de la plus haute surveillance. Par le biais d'une lettre timbre placée dans les boîtes de sa tournée, le receveur des Postes vérifie tous les soirs que son bulletin de parcours comporte toutes les empreintes. Gare s'il trouvait à y redire car, aussitôt, la sanction tomberait, soit par une retenue sur salaire, soit par une suspension, soit, carrément, par une révocation. À toutes ces difficultés, il faut ajouter un salaire des plus modestes qui varie selon la distance parcourue. En 1867, le facteur rural est payé 6 centimes du kilomètre. À ce rythme, son salaire annuel moyen s'élève à environ 460 F, soit un peu plus de la moitié de celui d'un gendarme à cheval, qui reçoit 750 F. En juillet 1868, Stéphen Liégeard, député de la Moselle, fait remarquer à la tribune que le facteur rural, « avec son 1,52 F quotidien, est moins bien payé qu'un terrassier ou un employé d'usine qualifié [3] ». De quoi en refréner plus d'un.

« Courir, toujours courir ; s'arrêter, le nez en l'air, pour voir si le maître prend tel sentier ; être mal reçu par le chien du riche ; recevoir des bourrades de la part des villageois ; être crotté jusqu'aux oreilles et rentrer au logis fort tard pour se lever le lendemain avant le soleil ; tel était le sort que même le chien n'envierait pas [4] ! »

Cette masse d'inconvénients ne change pas la décision de Ferdinand. C'est dire combien son avenir devait être incertain.

Quand, en juillet 1867, il rentre dans les Postes, son fils n'a pas encore un an. Si minime soit son salaire, il est fixe et il tombe tous les mois. Grâce à lui, son petit garçon ne connaîtra jamais l'humiliation que subissent les enfants de son frère aîné dont, chaque année, le nom est reporté sur la liste des petits indigents. De plus, n'est-il pas le plus beau des hommes dans son nouvel uniforme : sa blouse en toile bleue, garnie de deux rangées de petits boutons, sa ceinture en cuir noir avec boucle sur le devant, ses pantalon et guêtres en drap gris de fer en hiver et en treillis l'été, sa casquette, enfin, en drap vert ?

À la maison, les yeux de Rosalie pétillent d'admiration.

— Et ta plaque, montre voir un peu.

— Oui, mais attention, hein ! Faut pas la salir.

— Là, ce dessin, c'est quoi ?

— Les armes de la France, pardi.

— Et les lettres ici ?

— Elles disent : « Direction générale des Postes ». Comme ça, tout le monde sait qui je suis et que j'ai ce travail pour de vrai.

Un travail que Ferdinand va exercer tout d'abord à Anneyron, un village situé dans la plaine, à 15 kilomètres de Hauterives, moyennant un salaire annuel de 360 F. Un an plus tard, en mars 1868, il obtient la tournée de Peyrins, situé beaucoup plus loin, près de Romans, mais moyennant, cette fois-ci, un salaire annuel de 510 F. Ce poste est « tellement difficile à remplir que beaucoup de jeunes gens forts et actifs ont dû renoncer à l'occuper [5] ». Fin 1868, il est muté à 28 kilomètres de chez lui, sur Bourg-en-Péage, l'un des principaux centres industriels de la soie, de la chapellerie et du cuir qui, avec la ville voisine de Romans, assure du travail à des milliers d'ouvriers.

Est-ce parmi les fumées des usines qu'il a ce rêve étrange ou, quelques mois plus tôt, au bord de la Savasse, à Peyrins ? « À présent voici mon étrange histoire [...]. J'avais bâti dans un rêve un palais, un château, ou des grottes, je ne peux pas bien vous l'exprimer ; mais c'était si joli, si pittoresque que dix ans après il avait resté [*sic*] gravé dans ma mémoire, que je n'avais jamais pu me l'arracher [6]. » Pour la première fois depuis longtemps, Ferdinand peut relâcher la pression. Au fil de la marche, le vieux cours des rêveries d'enfance reprend son fil. Et là, surgi de nulle part, ce Palais merveilleux qui émerge. Un Palais qu'il trouve si éblouissant qu'il en gardera la mémoire dix années durant. En attendant, au gré du vent et du chant des oiseaux, il en ouvre les portes chaque jour, en songe. Et que de beautés il y découvre. Que de désirs et d'envies.

À Hauterives, pendant ce temps, Rosalie et le petit le réclament. Ah, ça, comme il aimerait entendre plus souvent leurs rires ! Au même moment, le maire s'inquiète de difficultés rencontrées par son service postal : « les lettres à distribuer sont plus nombreuses et les abonnements aux journaux prennent de l'extension » ; or la commune n'a qu'un seul facteur pour 2 500 habitants disséminés sur un territoire de plus de 10 000 sétérées*, 4 000 hectares « coupés par des ravins et des torrents infranchissables l'hiver [7] ». Depuis vingt-deux ans, le facteur Pierre Cotte accomplit du mieux qu'il peut sa tournée de presque 44 kilomètres ! Une tournée qu'il ne peut, de surcroît, entamer qu'à partir de 11 heures du matin, heure à laquelle le courrier parvient à Hauterives. Pour desservir tout ce monde, Pierre Cotte est obligé, certains jours, de se faire aider par sa femme et son fils. Face à une telle charge, le conseil municipal est d'avis de créer un second poste, car « il est impossible que l'homme le plus fort et le plus vigoureux puisse distribuer autant dans une demi-journée [8] ».

Cette nouvelle tombe on ne peut mieux pour Ferdinand qui, le 1er mars 1869, se voit affecter chez lui, à Hauterives, dans un bureau de poste situé à quelques mètres de sa Rosalie et de Cyrille, son petit garçon, qui va sur ses deux ans. Pour un salaire annuel de 450 francs,

* Sétérée : un tiers d'hectare (surface qu'on ensemence avec 50 kg de blé).

il obtient la tournée de Tersanne, longue de 32 kilomètres, quand Pierre Cotte effectue, de son côté, la tournée qui dessert le Châtelard, la propriété du général Miribel qui, dans quelques mois, va jouer un très grand rôle dans la vie politique française. Mais laissons là les crises et la guerre à venir. Ferdinand est si heureux de retrouver sa petite famille. Et comme une bonne nouvelle n'arrive pas seule, il annonce, très fier, à Rosalie que ça y est, il a économisé assez pour pouvoir acheter à son collègue, Pierre Cotte, l'are de terre qui donne sur la Grande-Rue, à deux pas du bureau de poste.

Le 25 avril 1869, Ferdinand fait une demande de construction d'une maison auprès des Ponts et Chaussées. « Vu la pétition en date du 25 avril 1869 [...] par laquelle le sieur Cheval Ferdinand demande l'autorisation de construire une maison sur un emplacement qu'il possède dans la traverse de Hauterives route départementale n° 6 de Montélimar à Beaurepaire [...] *Art. 1er*. Le pétitionnaire est autorisé à exécuter les travaux. Le mur de face de la maison projetée sera établi selon une ligne droite. La saillie des échafaudages ou le dépôt des matériaux ne dépasseront pas 1,50 mètre, et leur durée n'excédera pas un mois, à partir du commencement des travaux. Signé, le conducteur principal mention d'ingénieur [9]. » Aussitôt, Ferdinand s'attelle aux travaux et, aidé par la famille et les proches, bâtit une maison en galets roux de la Galaure. *Sa* première maison avec Rosalie. *Son* premier chez lui.

De quoi oublier le grondement de colère des ouvriers de Romans et de Bourg-en-Péage qui, en raison de leurs conditions de vie misérable, multiplient les grèves un peu partout. Et ne pas accorder trop d'attention aux élections législatives du 7 juin 1869 qui divisent le pays en deux. D'un côté, les campagnes votent massivement pour l'Empire ; de l'autre, quasiment toutes les grandes villes et… fait exceptionnel, le département de la Drôme (campagnes incluses !) se prononcent pour les forces d'opposition. Une fracture qui n'est pas près de se combler.

11

Le deuil

Alors que Ferdinand goûte, pour la première fois, au bonheur de rentrer *chez lui*, et que l'autorité de Napoléon III – passablement remise en cause lors des dernières élections législatives – sort formidablement renforcée d'un plébiscite qui lui donne 7 336 000 de oui contre 1 560 000 de non, le pays est au bord de basculer dans le chaos*. En effet, à la suite d'une bataille diplomatique autour de la succession du trône d'Espagne, la France, poussée à bout par une ruse de Bismarck, déclare la guerre à la Prusse le 19 juillet 1870**. C'était oublier combien l'armée française était peu préparée à un conflit européen, combien elle était encore loin de se remettre

* Le 8 mai 1870, le peuple devait répondre par oui ou par non à la question suivante : « Le peuple approuve les réformes libérales opérées par l'Empereur avec le concours des grands corps de l'État, et ratifie le sénatus-consulte du 20 avril 1870. »

** Bismarck adresse aux chancelleries étrangères, à travers la dépêche d'Ems, un récit délibérément tronqué de l'entretien entre Guillaume de Prusse et l'ambassadeur de France qui laissait croire à un congédiement humiliant de l'ambassadeur. Choquée, la France réagit sans délai.

du désastre de la toute récente expédition au Mexique. Dès le 2 septembre, Napoléon III est fait prisonnier à Sedan et, le 4 septembre, le Second Empire tombe au profit de la Troisième République. Mais, le 19 septembre, Paris est assiégée par les Prussiens et si, le 7 octobre, Gambetta parvient à s'en enfuir à bord d'un ballon, dès le 28 janvier 1871, la capitale tombe aux mains de l'ennemi. Le 26 février, le nouveau gouvernement de Jules Dufaure signe des préliminaires de paix, mais le peuple de Paris se révolte et, le 18 mars, c'est l'insurrection, la Commune de Paris…

Si le Facteur Cheval a bien du mal à se reconnaître en ces nouveaux révolutionnaires – si extrémistes, si urbains –, c'est qu'à l'instar de la majorité des Français il se sent soutenu par le régime en place. Certes, tout avait mal commencé avec le coup d'État de 1851, mais, depuis lors, l'économie du pays n'a-t-elle pas connu une expansion extraordinaire ? Jamais, de mémoire d'homme, l'agriculture n'a fait de tels progrès, et avec elle le commerce, l'industrie, la gloire militaire ! De son côté, il est vrai, Ferdinand a vu les ouvriers vivre dans des conditions affreuses, et lui-même a été confronté à la violence du chômage. Malgré cela, il reste redevable à l'Empereur. Avec lui, l'ordre et la stabilité règnent depuis des années dans le pays et, dans la plupart des maisons, on mange mieux, on gagne mieux. Le sacro-saint droit à la propriété acquis par la Révolution a, de plus, été préservé, ainsi que la si chère devise : « Liberté, Égalité, Fraternité ». D'autre part, à Hauterives, tout le monde est sous la coupe du « clan Ferlay », dont les trois frères – tous natifs du village – sont, le premier, le notaire, le deuxième, depuis 1869, le maire, le troisième enfin, depuis 1850, le très bonapartiste préfet de la Drôme. Aussi l'annonce, à Paris, de l'exécution des deux généraux Lecomte et Clément-Thomas par une foule déchaînée de communards suscite-t-elle chez lui comme dans tout le pays un mouvement de rejet. Va-t-on revenir aux pires temps de la Terreur ?

Au même moment, le vignoble français est touché de plein fouet par le phylloxéra, un puceron venu d'Amérique dont la piqûre tue inexorablement les ceps en trois ans. La propagation de l'épidémie est telle qu'en moins de dix ans la quasi-totalité du vignoble français va mourir. Des régions entières sont ruinées. Au village, Ferdinand voit des dizaines de connaissances se retrouver, du jour au lendemain, à la rue. Parmi elles, des gens riches qui, hier encore, se pensaient tout-puissants. Le pouvoir n'est décidément qu'une illusion et tout passe. « Souviens-toi, homme/ Que tu n'es que poussière/ Ton âme seule est immortelle*. »

Un adage qui va malheureusement s'avérer de toute actualité pour Ferdinand. Après quatorze années d'union, Rosalie meurt dans son domicile à 11 heures du matin le 7 avril 1873, à l'âge de trente-deux ans [1]. Atterré, Ferdinand se fait accompagner de Joseph Revol, le frère de Rosalie, pour déclarer le décès le jour même en mairie. En disparaissant, Rosalie laisse derrière elle un petit garçon de sept ans et un homme dévasté, incapable de veiller sur lui. Il faut cependant trouver une solution, et c'est Antoine Abel, le parrain de l'enfant, marié depuis deux

* Inscription de J.-F. Cheval sur son Palais, façade ouest.

ans à la sœur de Rosalie, qui propose de le prendre chez lui, à Saint-Uze. Encore sous le choc, Ferdinand accepte, mais quand vient l'instant de la séparation avec son petit garçon, le moment est des plus difficiles. Cyrille aimerait tellement rester auprès de son papa. Mais comment est-ce que Ferdinand pourrait l'élever en étant sur les chemins et les routes huit à dix heures par jour ? Quant à se remarier au plus vite comme l'avait fait son père, non, il n'en n'a pas la force. Il l'aimait tant, sa Rosalie.

Dorénavant, à la maison, ce n'est plus que silence et larmes rentrées. Comme du temps où il portait le deuil de son premier fils, des voisins passent avec un mot de réconfort et, pour certains, avec du pain, des œufs, quelques légumes. Ferdinand n'a pas le cœur à manger. Ni à se confier, d'ailleurs. Et encore moins à rire ou à jouer. Alors, il se donne tout entier à son travail de facteur, partant, dès l'aube, à travers les vignes dévastées, les forêts, les prés, les combes, les torrents. Oui, il n'y a désormais plus qu'ici, dans ce temple de la nature, qu'il trouve encore la force de tenir debout et d'aller de l'avant. Parmi le chant des oiseaux. Sous les pluies et les rafales de vent qui fouettent la peau des joues jusqu'au sang.

Grâce au fameux emprunt contracté auprès des citoyens, la France peut payer son tribut à la Prusse, qui l'a vaincue, et se libérer enfin de l'occupant le 16 septembre 1873. L'argent versé à l'ennemi a toutefois laissé un goût d'amertume et un désir de revanche en chacun. Non contents d'avoir vidé les caisses du pays par leur demande exorbitante, les Prussiens ont, en plus, raflé l'Alsace et la Lorraine. Une annexion que les Français ne sont pas près de leur pardonner et qui, dans les années à venir, explique le souffle patriotique qui anime les écrits de tout genre et de tout style.

Pendant ce temps, Ferdinand s'enferre dans la plus haute solitude. Au village, ce ne sont pas les sollicitations de mariage qui manquent, pourtant ! La plaie de deuil a cependant bien du mal à se refermer, et il passe son chemin sans daigner répondre à aucune d'elles. Son fils ? Saint-Uze est à moins de quatre heures de marche, et il s'y rend parfois pour l'embrasser. D'autres fois, c'est Antoine et sa femme qui toquent à la porte avec le petit. À l'école, l'enfant excelle et sa santé est bonne. Deux nouvelles qui réchauffent le cœur de Ferdinand et qui lui font penser qu'il a pris la meilleure des décisions pour cet enfant face auquel il se sent si démuni.

Le 18 octobre 1875, il devient le parrain de Jean Marie Léon Abel, le premier enfant biologique d'Antoine Abel et de Marie Revol. Ce détail confirme sa bonne entente avec la famille d'adoption de son fils Cyrille. Avec eux aux commandes, ce dernier reçoit la meilleure des éducations : exigeante à la fois sur le plan de la foi et dans le domaine intellectuel. Une certitude qui le rassure hautement.

Le manque de Rosalie est cependant trop vaste, et Ferdinand ne parvient pas à colmater la plaie. Est-ce à sa demande que sa hiérarchie le mute le 1er août 1876 à Saint-Rambert-d'Albon ? Cette petite commune de 1 261 habitants située sur la rive gauche du Rhône se trouve à 60 kilomètres au sud de Lyon. Depuis le 17 janvier 1855, le PLM (Paris-Lyon-Marseille) s'y arrête, permettant à ceux qui le souhaitent de rejoindre Marseille et même la capitale en un temps record. Pendant près de deux ans, Ferdinand y accomplit sa tournée pour un salaire annuel de 480 F. Dans ce nouvel environnement où rien ne lui rappelle sa vie avec Rosalie, la douleur des souvenirs s'étiole et il remonte peu à peu la pente. Quand une affaire le presse à Hauterives ou à Saint-Uze pour voir son fils, trois heures de marche suffisent, une broutille au regard des dix heures qu'il accomplit chaque jour.

Le reste du temps, il distribue aux uns et aux autres leur courrier, tombant parfois, tiens !, sur une de ces cartes postales pré-timbrées dont la mise en circulation date du 15 janvier 1873. Si, à cette époque, elles ne sont pas encore illustrées, le tampon de certaines indique qu'elles proviennent d'Algérie, ce qui ne manque pas de le laisser rêveur. Ah, que n'a-t-il six ans et non quarante et un, car alors c'est avec une passion certaine qu'il retournerait à l'école. Tant de choses l'interrogent et l'éblouissent dans ces magazines auxquels sont abonnés certains de ses clients. Dès qu'il a un moment, il ne peut plus se passer d'en feuilleter les pages, et notamment celles de la revue *Musée des familles* qui, dans l'esprit de son propre créateur, se veut un « Louvre populaire », celles encore du *Monde illustré* qui, chaque semaine, lui en apprend tellement sur l'actualité ; celles, enfin, du *Magasin pittoresque*, cette revue encyclopédique dont il aimerait en apprendre par cœur toutes les pages ! En 1877, il distribue très certainement *Le Tour de la France par deux enfants* de G. Bruno (pseudonyme d'Augustine Fouillée), qui vient de paraître et qui se vendra à plus de 8 millions d'exemplaires. Après la mort de leur père, deux orphelins âgés de quatorze et sept ans partent à la recherche d'un oncle paternel habitant Marseille. En chemin, tous deux découvrent les innombrables richesses du patrimoine français. De multiples rencontres les initient au monde industriel, aux techniques agricoles, à l'économie politique, aux valeurs de l'hygiène, des impôts, de l'honnêteté, du travail et de l'instruction. Ici et là, on leur enseigne la vie de grands soldats – Vercingétorix, du Guesclin, Bayard, Jeanne d'Arc, Thiers –, ainsi que celle d'hommes d'exception – Vauban, Buffon, Descartes, le physicien Fresnel, Carnot, Monge, Philippe de Gérard, Niepce, Daguerre – grâce auxquels tant de progrès ont été accomplis.

Ferdinand dévore ces pages avec avidité. Au fil des images et des récits, il se rend compte qu'il appartient à une nation qui a enfanté une formidable armée de génies. Combien il aimerait porter, avec eux tous, le flambeau de cette patrie rayonnante ! Mais par quelle œuvre le ferait-il, lui, fils de paysan ? En même temps, n'a-t-il pas lu, dans cet ouvrage, que Monge était fils d'un rémouleur, Jacquart d'un ouvrier tisseur, Colbert d'un simple marchand de drap ? Sans parler de Ricou, cet incroyable paysan du Finistère devenu, à force de volonté, un grand poète : « Avec la patience d'un prisonnier, Ricou revint sur ses ébauches grossières jusqu'à en user les aspérités. À la longue, chacune d'entre elles prit une forme mieux arrêtée : le vers, solidement enchâssé dans le récit, chatoya comme un diamant bien taillé : tout s'anima, tout se teignit d'un coloris poétique[2]. »

Et lui, Ferdinand ? Va-t-il mourir sans avoir rien accompli ? Mais qu'a-t-il à offrir au monde ?

Quelques mois plus tard, s'ouvre à Paris, sur la butte de Chaillot et sur le Champ-de-Mars, l'Exposition universelle de 1878. Pour l'occasion, l'architecte Gabriel

40 CENTIMES LE NUMERO
PARIS ET DÉPARTEMENTS
Les abonnements partent du 1er & du 16 de chaque mois.

…IX DE L'ABONNEMENT

	Paris et Départements.	Europe
…	22 fr. »	23 »
…ois.	11 fr. 50	12 »
…mois.	6 fr. »	6 50

…olonies et pays d'outre-mer,
… port en sus suivant les tarifs.

LA COLLECTION DU JOURNAL
JUSQU'A CE JOUR
Contient plus de 15,000 gravures
Prix du volume broché.. 10 fr. »
— relié... 12 fr. 50
Facilités de payement
aux acquéreurs de la collection.

L'UNIVERS ILLUSTRÉ

Calmann Lévy, éditeur.
Ancienne Maison Michel Lévy frères,
rue Auber, 3, place de l'Opéra.
Toutes les lettres doivent être affranchies.

21e Année. — No 1214 — 29 Juin 1878.
LE JOURNAL PARAIT TOUS LES SAMEDIS
TH. DE LANGEAC, rédacteur en chef.

Rédaction et administration :
Rue Auber, no 3, place de l'Opéra.
Vente au numéro et abonnements :
à la Librairie Nouvelle, boulevard des Italiens, 15.

Prix de ce numéro avec le supplément : 60 centimes.

EXPOSITION UNIVERSELLE. — LE PAVILLON CHINOIS DU TROCADERO. — Voir page 410.

L'Exposition universelle de 1878 vue par *L'Univers illustré*.

Davioud a construit le Palais du Trocadéro, également appelé le Palais mauresque ou le Palais de pierres. C'est, avec faste, dans ces murs que le tout nouveau président Mac Mahon reçoit les ambassadeurs et les princes étrangers. En face, sous l'immense verrière du Champ-de-Mars, 53 000 exposants venus du monde entier présentent les trésors de leur nation. Dans la section française, les visiteurs découvrent, ébahis, la lumière que produit l'électricité et dans le parc, à quelques mètres, l'énorme tête de la statue de la Liberté. Dans les jardins du Trocadéro, la foule immense se presse pour voir l'aquarium d'eau douce, le bazar égyptien ou encore pour s'asseoir aux tables du restaurant espagnol. Ferdinand a-t-il vu de ses yeux ces splendeurs ? À la date du 1er mai 1878, jour d'ouverture de l'Exposition, il travaille depuis deux semaines à la gare de Lyon comme chargeur de courrier sur la ligne du PLM moyennant un salaire de… 1 000 F ! A-t-il résisté à la tentation ? Dans les rues, dans les journaux, tous ne font que parler d'elle. La défaite de Sedan n'est pas lointaine et, selon les mots de Zola, « monter une exposition de cette importance sept ans seulement après "l'année terrible", c'était presque une gageure » ; il poursuit : « c'est une résurrection miraculeuse dont s'étonnent les peuples voisins. Le sol fertile de la France, l'extraordinaire activité de la nation, les énormes ressources dont nous disposons ont accompli ce miracle »[3]. Ainsi, « sous un ciel plombé, tout Paris regarda passer, cocardier et revanchard, les 101e, 102e, 103e et 107e de ligne. Le Trocadéro, illustré d'oriflammes, dominait une manière d'Angkor baroque, conçu par un charcutier délirant, une foule de barbus aux huit reflets passés au pétrole. Au Champ-de-Mars, des académiciens se confondaient avec des préfets égarés… les Turcs et les Zouaves ressemblaient à des cartes à jouer tandis que se côtoyaient des Égyptiens, des Marocains, des Persans, des Chinois et des Cosaques [4] ».

Ferdinand fait-il partie des 16 millions de personnes venues visiter l'Exposition ? Quoi qu'il en soit, il n'a pas pu ne pas en entendre parler, ne pas en admirer les comptes rendus en textes et en images. À moins d'un an du lancement de son propre Palais, il s'est très certainement extasié de toutes ces nouvelles formes d'architecture exposées par les innombrables pavillons étrangers et, au vu de ce qu'il va bientôt créer, a sans doute été fortement impressionné par les sculptures décoratives de style mudéjar et les curieuses colonnes renflées faites de bouteilles du pavillon du Portugal.

Fin mai 1878, Ferdinand se sent enfin prêt au retour et, le 1er juin, il redemande un poste à Hauterives. Sans grande difficulté, il reçoit sa mutation définitive pour la tournée de Tersanne, moyennant un salaire de 570 F. Il ne le sait pas encore, mais sa vie est à l'aube de prendre l'un des tournants les plus stupéfiants du siècle.

12

Révélation, naissance

À peine de retour, Ferdinand reprend la route de sa tournée qui l'emmène jusqu'aux hauteurs du hameau de Tersanne. Pour l'atteindre, il lui faut, chaque jour, traverser « un pays de ruisseaux, de rivières et de vallonnements aux pentes souvent rapides et faciles à dégrader [1] ». Vers Charmes, Bathernay et Montchenu, « les écarts ne sont pas tous accessibles et la nature tourmentée des terrains sablonneux, sans arbres ni verdure, y offre un contraste frappant avec les belles vallées de la Vermeille et de la Galaure où les peupliers qui élèvent fièrement leurs têtes, au milieu des vertes prairies, font oublier les pins et les genièvres rabougris dans les solitudes que nous pourrions appeler un désert [2] ». Durant ces longues heures de marche où rien ne le distrait sinon la beauté des éléments de la nature, Ferdinand retrouve le fil de son vieux rêve. « Facteur rural, comme mes 27 000 camarades je déambulais chaque jour de Hauterives à Tersanne (dans une région où la mer a laissé des traces évidentes de son séjour), courant tantôt dans la neige et la glace, tantôt dans la campagne fleurie. Que faire, en marchant perpétuellement dans le même décor,

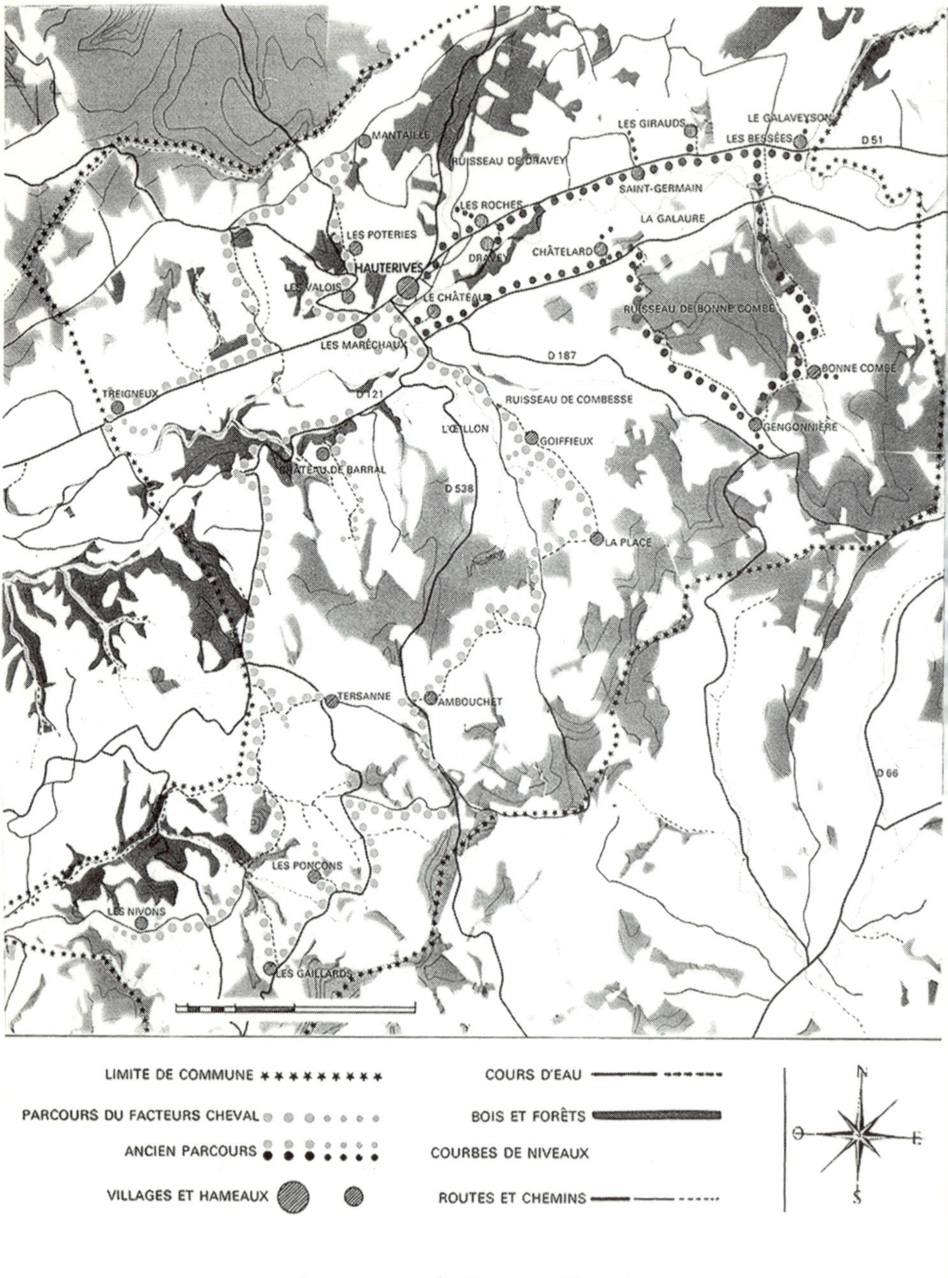

La tournée du Facteur Cheval.

DJAGGERNAT.

Voy. t. Ier, p. 41; t. XX, p. 206.

Musée du Louvre. — Modèle du temple indien de Djaggernat. — Dessin de Thérond.

Ce modèle réduit du célèbre temple indien de Djaggernat, à Puri, est conservé au Louvre, dans la salle du Musée de marine où sont rassemblés les objets d'art, armes, instruments et costumes de l'Asie, de l'Océanie et de l'Amérique. C'est un don de la Société asiatique. La réduction a été faite sur une échelle qui permet de se rendre compte des divisions intérieures de l'édifice. L'espace compris entre la tour ou pyramide d'entrée, qui a seulement cinq étages, et la dernière qui en a onze, est divisé en deux parties : la première est un vaste bâtiment carré sur la plate-forme duquel on remarque un petit dôme, une petite pyramide précédée d'une sorte de terrasse gardée par deux animaux sculptés (ours ou lions); à côté, une ouverture qui laisse apercevoir deux hippopotames sur le sommet d'un édifice intérieur; au delà est une troisième pyramide. La seconde partie de l'enceinte est une cour où l'on voit un grand poteau doré portant une cloche également dorée; dans un coin, un petit temple circulaire dont le dôme est soutenu par des colonnes et qui semble être un lieu de prédication ou d'enseignement; enfin, on voit plusieurs chapelles et autres petits bâtiments dont il est difficile de déterminer la destination, mais qui servent sans doute de logements aux prêtres et aux baya-

Page intérieure du *Magasin pittoresque*.

à moins que l'on ne songe ? C'est justement ce que je faisais ; je songeais. Et à quoi ? me demanderont mes lecteurs. Eh bien ! Pour distraire mes pensées, je construisais, en rêve, un palais féerique dépassant l'imagination, tout ce que le génie d'un humble peut concevoir, (avec grottes, tours, jardins, châteaux, musées et sculptures), cherchant à faire renaître toutes les anciennes architectures des temps primitifs [3]... »

Arrivé à Tersanne, il mange souvent grâce aux familles qui lui mettent sa ration sur la table [4]. À l'extrémité de sa tournée, au quartier des Nivons, c'est Marie-Philomène Richaud, quarante ans, la veuve en première noce du tailleur Félix Pupat, qui lui offre de plus en plus souvent là un peu d'eau, là un bon morceau de fromage. L'échange, au début des plus courtois, glisse tant et si bien vers quelque chose de plus intime que tous les deux finissent par s'épouser devant le maire de Hauterives le 28 septembre 1878. Pour témoins, ils ont le cantonnier, André Paquien, quarante-sept ans, le garde champêtre Auguste Orval, trente-trois ans, le boulanger Jean Faure, cinquante-six ans, Francisque Levert enfin, quarante-deux ans, le receveur des Postes, patron de Ferdinand. Bien loin de l'image d'un homme coupé du monde que tant de biographes ont voulu donner du Facteur Cheval, celui-ci s'avère bien au contraire des plus intégré à la vie de son village, comme le montre la liste de ses témoins [5].

Orpheline de père depuis l'âge de neuf ans, Marie-Philomène a si peu fréquenté l'école qu'elle ne peut signer l'acte de son mariage. Sans enfants, tailleuse de profession, elle apporte en dot, en plus de sa petite propriété de deux hectares aux Nivons : « 1 000 F de numéraires ainsi qu'une commode, un lit garni, une montre en argent, vingt-quatre draps de lit, douze serviettes, une nappe, et des linges et vêtements à son usage personnel [6]. »

Le soir des noces, elle migre à Hauterives dans la maison de son nouvel époux, située en face du bureau de distribution et « composée d'un rez-de-chaussée et d'un premier étage avec galetas au-dessus, en mitoyenneté au couchant avec Antoine Bayard, galocher, Jean Vergier, sabotier au levant, avec Pierre Cotte, vendeur du terrain [7] ». Sans doute y a-t-il eu discussion avant qu'elle n'en franchisse le pas. N'était-ce pas dans cette même maison que Ferdinand avait vécu avec Rosalie, sa première femme, et que celle-ci était morte ? Mais un peu de patience. Dès que ses économies le lui permettront, Ferdinand achètera, promis !, un nouveau terrain pour y bâtir *leur* maison. Son portefeuille se porte au mieux, en témoigne l'argent qu'il a prêté à de nombreuses personnes du village ces derniers temps, et il n'est pas loin du but. Pour la rassurer plus encore, il lui laisse, un mois plus tard, l'usufruit de tous les biens qui composeront sa succession par une donation entre vifs [8].

La vie reprend. Une nouvelle vie, heureuse enfin. Quand Ferdinand rentre chez lui, il sait que la douce présence de Philomène l'attend. Et avec quel bonheur il goûte à ces instants de retrouvailles. Avec elle, un mot, un regard suffit. Il entre. Il époussette ses vêtements. Et tous les deux dînent, aussi surpris qu'heureux de se retrouver là, ensemble. Chacun a vécu si seul et si replié sur lui-même ces dernières années. Jamais plus, pensaient-ils, ils n'auraient droit à une telle joie. Leurs yeux se croisent. Ils voudraient rire, ils voudraient pleurer. Au lieu de cela, il lui caresse la main et elle lui sert du vin. Chaque seconde est précieuse. Dehors, il pense à elle sur les chemins. Et elle à lui, en train de coudre à la fenêtre.

Le 23 janvier 1879, Ferdinand fait l'acquisition pour 240 F d'une parcelle de pré de 4 ares 16 centiares au quartier du Moulin[9]. « Il s'agit d'un terrain enclavé parmi les propriétés voisines comprenant deux accès par un chemin de 1 mètre de large reliant l'ancien chemin du village de Hauterives au moulin [...]. Au sud-ouest de ce terrain se trouve implanté un canal d'arrosage permettant la distribution de l'eau sur les terrains situés de part et d'autre du chemin de passage[10]. » L'un de ses voisins n'est autre que le cabaretier Joseph Revol, son ex-beau-frère. Compte-t-il construire une nouvelle maison sur ce nouveau terrain ou y faire juste pousser des légumes en attendant de pouvoir acheter un lopin plus grand ?

En avril, Philomène lui annonce qu'elle n'a plus ses règles depuis trois mois. Ferdinand ne sait pas comment prendre la nouvelle. La mort a emporté son premier enfant, l'infortune lui a pris son second. Qu'en sera-t-il de celui-là ? Mais Philomène est trop heureuse pour se soucier de l'anxiété de son mari. Enfin, elle va devenir mère. Un vrai miracle quand on pense à son âge.

Dehors, c'est le printemps. Par les chemins et les combes, Ferdinand contemple, ébloui, la force suprême de la vie qui, partout, jaillit, explose. Le temps d'une pause, il regarde, couché sur le dos, les nuages se faire et se défaire dans le ciel azur. Et si Philomène venait à mourir ? S'il se retrouvait à nouveau seul au monde ?

Une semaine ne s'est pas écoulée depuis qu'elle lui a appris qu'elle était enceinte, qu'à un quart de lieue, avant d'arriver à Tersanne, son pied accroche quelque chose qui l'envoie rouler quelques mètres plus loin. « Je voulus en connaître la cause. Je fus très surpris de voir que j'avais fait sortir de terre une pierre à la forme si bizarre, à la fois si pittoresque que je regardais autour de moi. Je vis qu'elle n'était pas seule. Je la pris et l'enveloppai dans mon mouchoir de poche et je l'apportai soigneusement, me promettant bien de profiter des moments que mon service me laisserait libres pour en faire provision [11]. » Cette « pierre d'achoppement [12] », était une « pierre molasse, travaillée par les eaux et endurcie par la force des temps [...], aussi dure que les cailloux ; elle représentait une sculpture aussi bizarre qu'il est impossible à l'homme de l'imiter ; elle représentait toute espèce d'animaux, toute espèce de caricatures [...]. Voilà qu'au bout de quinze ans, au moment où j'avais à peu près oublié mon rêve, que j'y pensais le moins du monde, c'est mon pied qui me le fait rappeler. Je me suis dit : puisque la nature veut faire la sculpture, moi je ferai la maçonnerie et l'architecture [13] ».

Ce jour-là, « j'avais alors dépassé depuis trois ans ce grand équinoxe de la vie qu'on appelle quarantaine. Un âge qui n'est plus celui des folles entreprises et des Châteaux en Espagne [14] ». Et pourtant, avec la force des plus grandes illuminations, Ferdinand est secoué de part en part. D'un coup, il revoit le Palais de ses songes, et c'est comme s'il comprenait enfin la raison pour laquelle Dieu l'a fait naître. Pour construire de ses mains cette vision somptueuse. Pour l'édifier. Pour la donner à voir au monde comme lui la voit, sublime, depuis de si nombreuses années. Enfin, il comprend comment accéder à la cour des grands. En rendant visible aux yeux de tous cette œuvre de féerie. Une création qui, par sa seule vue, ravivera, chez le plus humble, le moins instruit, les espoirs les plus fous et qui unira tous les hommes.

Dès le lendemain, Ferdinand repasse au même endroit pour chercher de nouvelles pierres. « À partir de ce moment, je n'eus plus de repos matin et soir [...]. Quelquefois je faisais 5 à 6 kilomètres et quand ma charge était faite je la portais sur mon dos [...]. Je vous dirai aussi que ma tournée de facteur était de plus de 30 kilomètres par jour et que j'en parcourais des douzaines avec mon panier plein de pierres sur le dos, ce qui représentait une quarantaine de kilos chaque fois [15]. »

Les jours qui suivent, il parcourt ainsi les ravins, les coteaux, les endroits les plus arides, faisant ici et là des petits tas de pierres que, le soir, il retourne chercher. « Les plus proches étaient à environs de 4 et 5 kilomètres, quelquefois jusqu'à 10 kilomètres ; d'autres fois, je partais à 2 ou 3 heures du matin [16]. » À la maison, Philomène s'interroge. Ferdinand la tromperait-il avec une autre ? Le voilà qui, chaque nuit, repart on ne sait où et revient tout trempé de sueur. Est-ce l'enfant qu'elle porte qui le fait ainsi fuir ? Un soir, n'y tenant plus, elle exige une explication. Sans dire un mot, Ferdinand lui fait signe de le suivre. En entrant dans le potager, Philomène se retient de pousser un cri d'effroi à la vue des tas de cailloux et de roches, hauts de presque 1 mètre, et des énormes trous qui crevassent toutes les plantations. Qu'est-ce que cela veut dire ? Est-il devenu fou ? Et voici maintenant qu'il lui parle d'un palais vu en rêve et qu'il veut construire…

— Comment ça, un palais ?

— Le plus beau du monde, Philomène. Tu verras.

— Mais enfin… et le potager et les légumes ?

— Les légumes, c'est fini. On les achètera.

La chose est si incroyable que Philomène ne trouve pas les mots pour lui répondre. Le lendemain, une amie la rassure. Ce coup de folie passera à son homme dès que leur enfant naîtra.

— Dis-toi même que c'est une chance qu'il ne se soit pas mis à la boisson, car alors…

Oui, elle a mille fois raison, se dit Philomène en rentrant. Qui, de toutes les façons, a jamais entendu parler dans le monde d'un facteur bâtisseur de palais ? C'est idiot. Il n'y a pas lieu de s'inquiéter. Dans moins de six mois, à la naissance de l'enfant, Ferdinand aura tout oublié. En attendant, laissons-le se soulager les nerfs avec cette folle pensée.

13

Un palais, une princesse…

Tandis que le ventre de Philomène s'arrondit, les nombreuses pierres rapportées par Ferdinand s'amoncellent dans le jardin. Mille fois, Philomène s'est vue aller le chercher pour lui ordonner de revenir à la maison. Mille fois une intuition mystérieuse l'a arrêtée dans son élan. Non, décidément, il valait mieux attendre que cette toquade s'arrête sans se poser de questions. Elle a toutefois réclamé une chose à Ferdinand : qu'il cesse d'utiliser ses mouchoirs pour envelopper ses cailloux car en voilà plus de douze revenus tout déchirés. Ce seul mot a suffi, et combien cette « obéissance » a rassuré Philomène ! C'est que son mari n'a pas complètement perdu la boule. En attendant, le voici ramenant au jardin un énième panier de pierres. Ce soir, c'est nuit de pleine lune, et Ferdinand a décidé de commencer son œuvre. Son cœur bat à tout rompre. Voilà des jours qu'il hésite à se lancer. Ce songe qu'il porte est si grandiose. N'est-ce pas pure folie que de s'y jeter ? « Mon projet ainsi conçu devenait pour moi presque irréalisable. Du rêve à la réalité, la distance est grande, n'ayant jamais touché ni la truelle du maçon, ni le ciseau, ni l'ébauchoir, et j'ignorais absolument les règles de l'architecture [1]. » « Je me traitais moi-même de fou, d'insensé [...]. Je ne le disais à personne par crainte d'être tourné en ridicule, et je me trouvais aussi ridicule moi-même [2]. »

Cette nuit pourtant, il va franchir le pas en commençant par sculpter une cascade au beau milieu de ce qui constituerait, plus tard, *son* monument.

Son modèle ? Les jardins italiens peut-être qui, depuis peu, sont redevenus très à la mode avec leurs grottes artificielles, leurs temples, leurs tombeaux couverts d'inscriptions, leurs sentences morales, leurs multiples cascades… En 1842, *Le Magasin pittoresque* consacre un long article sur les grottes de Buontalenti, à côté du jardin de Boboli, à Florence. À sa lecture, tant de détails et de décors coïncident avec ceux dont Ferdinand parera les façades de son futur Palais qu'on a peine à croire qu'il n'ait pas lu ces lignes : « La Grotte du Déluge est la première qui s'offre à la vue ; elle est ainsi nommée à cause de la quantité d'eau qu'elle fait jaillir non seulement du plafond mais des murs et même du pavé. Dans cette grotte, plus encore que dans toutes les autres, on a prodigué les surprises et les mystifications. Tantôt des sièges commodes vous invitent à vous asseoir, et, s'affaissant sous votre poids, vous plongent dans un bain inattendu ; tantôt un escalier paraît conduire vers quelque objet de curiosité ; mais à peine y avez-vous posé le pied qu'un jet d'eau se démasque et vient vous frapper par derrière. Là, c'est une sirène qui semble vous appeler, et qui vous inonde à l'improviste ; plus loin, c'est un triton qui tire des sons d'une conque marine, et qui tout à coup vous envoie des bouffées d'eau en roulant des yeux d'une manière grotesque […]. Dans un autre tableau, Buontalenti a voulu exprimer le passage de la barbarie à la civilisation. On y voit des chasseurs qui galopent après des animaux sauvages, on entend le son des cors, l'aboiement lointain des chiens. Sur le devant de la scène, un berger garde son troupeau en faisant sonner sa cornemuse [3]. »

En matière de jeux d'eau, Ferdinand avait très certainement aussi en tête ceux du parc du château de Charmes, situé à deux pas de la ferme où il est né et dont tous les bassins étaient alimentés en eau. Mais la cascade, c'est aussi la rivière de la Galaure qui, à certains endroits, bondit de roche en roche, ainsi que les fontaines de tout le pays où, chaque jour, les femmes se rendent pour remplir leurs cruches. Plus que toute chose, enfin, la cascade, c'est l'eau. Une eau vive qui lave, rénove, purifie, et qui, dans la vision de Ferdinand, jaillit de toute part de son Palais.

Oui, l'eau est source de vie, et c'est ainsi qu'il appellera cette première cascade qu'il va façonner de ses mains. Car l'eau, on la vénère, ici. À moins de 2 kilomètres de Hauterives, tout le village ne se rend-il pas, chaque mois de septembre, en pèlerinage au sanctuaire de Notre-Dame-des-Mères à Bonnecombe, où la légende veut que tout près de la chapelle coule une source où les femmes gauloises atteintes de stérilité venaient s'abreuver tous les ans ? Juste après leur mariage, Philomène s'y est rendue elle aussi, afin que Dieu lui offre la chance, à quarante ans passés, de porter un enfant. Et Dieu l'a exaucée par le pouvoir de l'eau, la force de l'eau. Mais comment sculpter ce débordement ?

Au départ, Ferdinand ne sait pas très bien où il va. Il procède par agglutination. Il a ses cailloux, il a ses pierres. Il sait qu'il peut les assembler avec du ciment pour donner cet effet rocaille qu'on retrouve à Versailles ou encore dans ce château baroque des îles Borromées. Il ferme les yeux. Il retrouve peu à peu les gestes de la main du boulanger qu'il a été et qui triturait, pressait la pâte pour enfin la « monter » comme une pièce montée. Tout est pure sensation. Pur *feeling*. Entre les doigts de Ferdinand se forme peu à peu la vasque d'un bassin. La roche qu'il a choisie est bosselée, et elle ressemble étrangement à une éponge. C'est exactement cela qu'il veut. Que tout prenne ici l'aspect d'une immense pierre éponge. Comme si la nature continuait d'agir. Comme si elle n'en finissait pas, intérieurement, de s'écouler telle l'impression qu'elle donne dans ces dépôts de lave qui, en un quart de seconde, sont passés de l'état liquide à l'état solide. Nul besoin d'avoir une connaissance géologique affinée pour deviner le processus à l'œuvre. Il suffit pour cela d'avoir l'œil. Un œil dont Ferdinand est doté depuis toujours et qui lui fait voir, là, dans le moindre caillou, là dans une stalactite, toutes les étapes par lesquelles la matière est passée depuis des milliers d'années, toutes celles à venir. Dans la nature, rien n'est figé. Tout se métamorphose. Et c'est l'impression générale qu'il veut donner à travers la réalisation de cette première cascade. La pierre molasse qu'on trouve partout dans le pays n'a-t-elle pas été, il y a vingt millions d'années, le sable d'une mer disparue aujourd'hui ? Un sable qui, s'agglomérant par couches successives de calcaire, a fini par donner cette pierre siliceuse aux teintes chaudes oscillant entre le jaune et le gris, et que tout un chacun utilise dans la région pour le bâti des maisons ? C'est un de ces géologues amateurs qui fréquentent la combe de l'Œillon, du côté de Hauterives, qui lui a expliqué ces choses. Il paraîtrait même que l'un d'eux aurait recueilli plus de quatre-vingt-quatre espèces de petites coquilles marines ! De quoi donner des idées à Ferdinand qui, à son tour, va en faire usage. Une façon pour lui d'ornementer *sa* cascade et *son* bassin, mais également de saluer l'immense travail de la nature en transformant la pierre en un quasi-corail. Car tout doit évoquer l'eau. Une eau qui non seulement relie les temps, mais qui foisonne, déborde au point de laisser croire qu'à l'instar des gerbes ou des geysers, la pierre « pousse », plus vibrante, plus vivante que jamais. Devant cette Source de Vie, il ne veut pas que le spectateur se trouve face à une architecture au sens « Renaissant » du mot (figée, rationnelle, avec le sens d'un rapport des formes) mais face à une structure organique qui est littéralement en train de croître sous ses yeux, telles les plus belles concrétions stalagmitiques. Par pulsations successives, *ça* s'élève, *ça* grandit, *ça* devient ! Le tout d'une façon si naturelle que chacun, en la découvrant, doit être assez surpris pour se demander s'il n'a pas affaire à une création de la nature elle-même

À la maison, Philomène ne parvient pas à contenir son anxiété.

— C'est ridicule ! Tout va s'effondrer. Tu n'es pas maçon !

— Philomène, je sais faire du pain. Mélanger de la chaux et de l'eau n'est pas plus compliqué.

— Tu es fou ! Tu vas nous faire mourir... Tout ce ciment, en plus, sais-tu combien il nous en coûte ? Qu'est-ce qu'on va manger maintenant ? Des cailloux ? Arrête ça, Ferdinand. Arrête [4] !

Mais depuis que ses mains ont retrouvé la joie de modeler et de pétrir la terre humide et que ses doigts, dans cet agglomérat, peuvent, si librement enfin, chercher forme, matière, aspect, contour, Ferdinand se sent si heureux que pour rien au monde il ne s'arrêterait. Mais comment expliquer un tel sentiment de plénitude à Philomène, qui se sent si délaissée ? Chaque nuit, il ne rentre plus chez lui que pour dormir quatre petites heures. Il a tant encore à apprendre. À édifier.

Bientôt, l'enfant va naître. Dans son bout de jardin, Ferdinand a passé toutes les nuits de l'été à sculpter son bassin. Aujourd'hui pourtant, quelque chose manque. Il regarde les pierres qu'il a rapportées. Pendant de longues minutes, il contemple leurs formes. N'y a-t-il pas ici des myriades d'animaux cachés ? Celle-ci, par exemple, il suffirait de lui ajouter ces deux cailloux et l'on jurerait se trouver face à Mignonne, sa chienne, et celle-là, avec un œil supplémentaire, ne serait-elle pas un aigle ? Celle-ci, juste à côté, mais oui, le petit d'une hirondelle !

Sous les rayons de la lune, il se prend à rire tout seul. Depuis qu'il est enfant, il ne cesse de les « voir », ces animaux fantastiques surgissant, là, de la torsion d'une branche, là, de la faille d'une roche, là, de l'érosion d'une pente, là, de l'étrange disposition de trois brindilles au sol. N'est-ce même pas à eux qu'il ose parfois s'adresser pour leur confier ses peines ? Eux, ce règne animal en devenir que la nature, partout autour de lui, façonne.

Et s'il parachevait ce que la nature n'a pas eu le temps d'accomplir ?

Au moment où cette pensée le traverse, Ferdinand ne sait pas à quel point il rejoint, sans le savoir, la puissance de la vision alchimique. *Ars supra natura* : l'art qui vient accomplir la nature. Une pensée qui a si puissamment irrigué tout l'art occidental qu'elle fera écrire à Michel-Ange : « Sculpter, c'est révéler la forme en intention dans la nature. » Une phrase qu'aurait pu écrire Ferdinand, tant elle correspond à la conception qu'il a de l'art.

La nuit, à présent, est tombée. Il parcourt du regard les tas de pierres qui l'entourent, s'arrête sur une molasse qu'il a ramassée non loin de Saint-Martin-d'Août il y a quelques jours. Ses formes oblongues s'enchâssant les unes dans les autres, cette succession de vagues minérales, ce jeu de forces à l'œuvre, c'est un lièvre : il le voit ! Il se penche. Il la ramasse en ployant sous l'effort tant elle est lourde. Il la positionne sur le bord du bassin. Il la fait tenir en équilibre avec quelques cailloux placés à sa base. Il commence à gâcher son mortier, en recouvre les cailloux de soutien. Ça tiendra… Il prend du recul, contemple encore une fois la molasse, plonge son petit couteau à bout rond dans le mortier et, par touches successives, agglutine des petites masses au sommet de la pierre. Ça y est, la tête du lièvre est là qui le regarde. La pierre devient muscle, l'animal tressaille ! Face à une telle réussite, Ferdinand exulte. Ce lièvre, il voudrait l'embrasser, tant la joie l'envahit ! Ah ça, mais il va en mettre partout, des animaux. À tel point qu'on entendra leurs cris se mêler au chant cristallin des eaux. Oui, son Palais sera de toute féerie et ceux qui le regarderont seront, comme lui ce soir, transportés par un souffle d'émerveillement qui les consolera de tous les deuils.

Le lendemain, au réveil, il déchante d'un coup en découvrant à ses côtés, dans le lit, une Philomène secouée par des contractions d'une violence inouïe. Pris de panique, il se lève d'un bond et file chercher la vieille voisine qui aide aux accouchements. Enfin ! Il l'a trouvée, et toutes les deux sont maintenant dans la pièce d'à côté. Mais que de râles et de cris ! Tel son père, cinquante-six ans avant, il se mord les poings d'angoisse en faisant sa tournée ce jour-là, promettant à Dieu, si Philomène survit, toutes sortes de choses insensées : d'être le meilleur des hommes pour elle, de se confesser, de terminer son Palais, d'y bâtir un autel à saint Amédée et puis, tiens ! à la Vierge, aux quatre Évangélistes, d'y faire une crèche aussi, une crèche merveilleuse…

— Mais à la condition que Philomène vive, hein ? Et puis l'enfant aussi, d'accord ?

Il est 7 heures du soir et il n'a plus qu'un petit kilomètre à parcourir pour terminer sa tournée. Il dévale les pentes quand il aperçoit Pierre Thibaud, la nouvelle recrue, courir à sa rencontre.

— Tout s'est bien passé. Ta femme va bien ! C'est une fille !

Ci-contre, portrait de Ferdinand, Philomène et Alice.

— Une fille ?

— Félicitations, Cheval ! Te voilà un homme heureux !

Nous sommes le 11 octobre 1879. Dès le lendemain, à 7 heures du matin, Ferdinand déclare la naissance d'Alice Marie Philomène Cheval en présence de Jean-Michel Pangon, le maire de Hauterives, ainsi que de deux témoins qui ne sont autres que ses collègues, Pierre Thibaud, vingt-neuf ans, facteur, et François Francisque Levert, receveur des Postes, âgé comme lui de quarante-trois ans [5]. Dans le village, il n'y a eu qu'une seule volée de cloches. Et tous de le féliciter, au long de sa tournée, de lui offrir, là, un verre de vin, là, quelques fruits.

Dès le lendemain, c'est le baptême. En lisant l'acte, on découvre – oh, surprise ! – que le parrain choisi pour l'enfant n'est autre que Cyrille, son demi-frère [6]. Avec une certaine fierté, et devant l'admiration de tous, il signe l'acte « Cyrille Cheval » de sa plus belle écriture. Un choix qui laisse entendre combien, malgré la distance, Ferdinand est resté proche de son garçon et combien il est animé du désir de rapprocher ses deux enfants.

Sur le chemin du retour, Ferdinand contemple le ciel. Une fille, il n'en revient toujours pas. Si petite, si fragile dans les bras de Philomène. Mais a-t-il seulement le droit de la regarder ? Elle lui paraît si lumineuse, si belle. Une émotion pareille, d'où est-ce qu'elle lui arrive ? Il voudrait pleurer tant il est bouleversé, fuir aussi peut-être, ce qu'il fait d'ailleurs, par les chemins, le jour, et dans son jardin, là-bas, face à son « œuvre », la nuit. A-t-il seulement le droit d'aimer pareille princesse ? Qu'a-t-il à lui offrir, lui, si modeste ? Et si… depuis ce jour où son pied a buté contre la pierre, il n'avait été qu'inspiré par elle, Mélusine du ciel, Shéhérazade du cœur, petite reine du monde ? Si, oui, c'était rien que pour elle, la splendeur de ce Palais ? Pour éblouir ses yeux en amande et ses menottes couleur de lait ? Mais Dieu, est-ce possible d'aimer si puissamment ?

14

ÉCLOSION D'UN ARTISTE

Le soir à la nuit close
Quand le genre humain se repose
Je travaille à mon Palais
De mes peines nul ne le saura jamais*.

À la maison, Ferdinand Cheval contemple, songeur, sa petite Alice qui dort à poings fermés. Chaque jour qui passe voit son amour grandir pour elle. Un amour qui excuse tout le reste aux yeux de Philomène, si comblée, d'un côté, d'être devenue maman, si touchée, d'autre part, de voir combien son « Cheval » fond devant la petite. Jalouse ? Oh ça non ! Elle a eu si peur, les premières semaines, de ne pas le voir s'attacher à sa fille. Un jour, elle a même cru ne jamais le revoir tant il était resté tard à travailler à son « château ». Puis tout s'était dénoué. Cela avait commencé par un regard entre lui et l'enfant. Ce jour-là, elle avait vu Ferdinand esquisser un sourire et tressaillir. Armée d'une soudaine confiance, elle lui avait alors tendu la petite, prétextant une course urgente à faire. Comme son cœur avait battu tandis

* Inscription sur la façade est du Palais.

qu'elle s'éloignait à grands pas de la maison ! Mais à son retour, miracle. Elle les avait trouvés tous deux si absorbés à se contempler qu'aucun des deux n'avait frémi, à son apparition, ni même bougé la tête. Depuis ce jour, Ferdinand ne jurait que par Alice, s'inquiétant de la moindre rougeur sur sa peau, du moindre de ses pleurs.

Face à une telle complicité, certaines épouses se seraient senties délaissées. Mais Philomène ne fait pas partie de celles-là. Avec elle, Ferdinand reste des plus doux et, à sa manière – bien drôle, il est vrai ! –, elle devine, là, dans l'un de ses gestes, là, dans l'une de ses attentions pour elle, combien il l'aime.

Certes, depuis qu'il s'est mis en tête de construire ce Palais, elle ne le voit plus guère. Elle a toutefois très vite trouvé la parade. Pourquoi, en effet, se lamenter de son absence alors qu'il effectue ses travaux à moins de 200 mètres de la maison ? Un soir, elle a jeté dans un panier quelques pommes et des noix, puis elle a soulevé Alice, l'a enroulée dans une couverture épaisse et est sortie. Cinq petites minutes de marche le long de la Grande-Rue ont suffi. Avec la discrétion d'un chat, elle s'est approchée de l'échafaudage de fortune tout de rondins, de ficelles et de planches, découvrant, au sommet, la silhouette de Ferdinand, une bougie à la main, le visage éclairé par les rayons de lune. À leur vue, il a été si surpris qu'il a failli en lâcher son couteau. Une fois en bas, Philomène et lui se sont regardés comme au premier jour, devant la ferme, à Nivons. Elle lui a alors tendu le panier et, après s'être grossièrement essuyé les mains, Ferdinand a croqué dans une pomme, riant de découvrir Alice, les yeux tout ébahis.

Quelques minutes plus tard, Philomène n'a pu réprimer un cri d'admiration en prenant un peu de recul, À vue d'œil, l'étrange cascade de son Cheval atteignait bien les 3 mètres et tout tenait ! Si elle ne comprenait toujours rien à l'obsession de son mari, elle la trouvait si têtue qu'elle commençait, malgré elle, à la prendre au sérieux, voire à y prendre goût.

Depuis cette étrange nuit, Philomène vient régulièrement rendre visite à Ferdinand. Chaque fois avec Alice. Chaque fois avec des pommes. Parfois, quand le temps le permet, toutes deux restent jusqu'à minuit passé à veiller sur « leur » homme, et avec quel plaisir Ferdinand sent leurs yeux, dans son dos, fixés sur lui.

Si, au village, certaines femmes se demandent comment Philomène fait pour vivre avec un homme qui « jamais ne part à la chasse avec leurs maris, jamais ne joue aux boules avec eux sur la place de l'église, jamais ne joue aux cartes ni ne se rend aux fêtes [1] », elle leur répond, très sûre d'elle-même, qu'à défaut de ces plaisirs, il lui procure la joie d'être l'un des hommes les plus intègres et les plus doux qu'elle ait connus. Depuis leur première rencontre, jamais elle ne l'a entendu dire une parole plus haute que l'autre ni élever la voix ou faire une sottise. Bref, en tout point, il était un homme d'aplomb au caractère en or [2].

Pourtant, depuis un certain temps, il ne paraît plus à l'église. Est-ce parce qu'il s'est fâché avec le curé de Hauterives, comme le mentionnent certains biographes ? Les raisons qu'ils donnent sont disparates et peu claires. Pour les uns, ce serait dû au départ de son fils Cyrille, quatorze ans, du petit séminaire, pour les autres, ce serait lié au mauvais comportement du prêtre de Hauterives, comportement qui aurait divisé le village [3]. Et il est vrai qu'au jour du baptême d'Alice, c'est Berthalin, le vicaire, et non Louis Buis, le curé, qui signe l'acte [4]. Pour d'autres encore, la chose paraît des plus normales : à Hauterives, c'était considéré comme dévirilisant d'aller à la messe ou encore de faire des pèlerinages. Un vrai truc de bonne femme. Les hommes allaient au café et ils priaient chez eux.

En revanche, tous les témoignages se recoupent pour dire que Ferdinand, que tous nomment « le Facteur Cheval » ou encore « le Père Cheval », n'a pas perdu la foi, à preuve les multiples inscriptions sur son Palais qui font référence à Dieu et à la Bible. « Le dimanche, lorsque la cloche sonne, il prend son missel et se met en prières [5]. »

Voilà deux ans maintenant qu'il a commencé son monument. Nous sommes en 1881. Le 12 mai, le Protectorat français en Tunisie est institué, par le traité du Bardo ; le 16 juin, la loi Jules Ferry rend l'enseignement primaire public et gratuit ; le 29 juillet, la loi sur la liberté de la presse est promulguée. La Troisième République est en pleine ébullition. Pasteur a découvert le principe du vaccin il y a tout juste deux ans, et Rodin vient d'achever son *Penseur*.

Dans le jardin, la Source de Vie est sur le point d'être achevée. Haute désormais de près de 7 mètres, elle présente un mélange absolument fascinant de « modelages protubérants d'oiseaux, branchages, tourelles, balcons, esplanades, chemins ; de personnages sans aucun rapport de proportion entre eux qui se côtoient, se croisent en tous sens ; des précipices, des gouffres, des forêts », le tout réalisé avec une profusion de matériaux : « tufs, grès, silex, concrétions calcaires, mâchefer, coquillages », et même (innovation absolue pour l'époque !) « des armatures de natures les plus diverses : tiges et fil de fer, buses en terre cuite, tuyaux de poêle, poteries »[6]. En approchant, on a le vertige, tant l'œil est submergé par une foule de détails qui, au fur et à mesure qu'on avance, semblent se démultiplier à l'infini. Entre le fronton triangulaire du sommet et le bassin primordial dressé à près d'un mètre du sol s'étagent, dans le plus grand désordre et sans aucune hiérarchie, des dizaines de niches de grandeurs inégales dans lesquelles on découvre, là, une sorte d'arbre-pieuvre, là, un nid d'hirondelles, un lavoir et des laveuses, là, un cœur de pierre, et même un aigle jaillissant de nulle part, là encore, une mère et ses deux enfants et, un peu plus loin, le visage d'un homme chauve au sourire énigmatique, ici enfin, au bord du tout premier bassin, le fameux lièvre ainsi que Mignonne… Le tout ruisselant de cailloux et de décors en tuf.

On imagine la stupeur des habitants du village face à une telle création. Si, les premiers mois, ils n'ont rien dit, c'est que tous ont pensé que Cheval construisait une fontaine. Mais pourquoi la faire aussi haute et si richement parée, et puis, l'eau, hein, où était-elle, l'eau ?

C'est alors que les langues se délièrent dans le pays et les environs, l'opinion fut vite faite : « il a une abeille dans le chapeau, comme on dit dans le pays » ou encore « c'est un pauvre fou qui remplit son jardin de pierres »[7].

« Un jour, mon chef me dit :

— Cheval, sais-tu que tout le monde dans la région pense que tu es cinglé ?

— Pourquoi ? demandai-je.

— Eh bien, ils disent que tu parles de construire un palais, et au lieu de cultiver ton potager, tu le remplis sans arrêt de vieilles pierres.

— Eh bien, chef, si cela est un signe de folie je pense que je dois être un peu loufoque. Il y a des gens qui prennent leur plaisir à pêcher dans la rivière, d'autres jouent aux cartes au café du village, d'autres jouent au palet : c'est mon plaisir à moi de ramasser des pierres dans le but de construire une sorte de palais d'exposition à visiter. Tout le monde ne trouve pas de détente de la même façon.

Le chef rit et répondit :

— Eh bien, je suppose que tu as raison [...] [8]. »

« En effet on était bien porté à croire que cela résultait d'une imagination malade. L'on riait, l'on me blâmait, l'on me critiquait, mais comme ce genre d'aliénation n'était ni contagieuse ni dangereuse on ne crut pas utile d'aller chercher quelques docteurs aliénistes et je pus alors me livrer à ma passion en toute liberté malgré tout, n'écoutant pas les railleries de la foule car je savais que de tout temps elle tourna en dérision et même persécuta les hommes qu'elle ne comprit pas [9]. »

Si certains, en effet, ne se gênent pas de le critiquer, ils sont loin, pour autant, de constituer la majorité. Car, avant tout, Ferdinand est leur facteur, celui par qui la lettre providentielle arrive, celui encore qui leur remet leurs journaux, leurs imprimés, leur carte-mandat.

Mieux vaut donc ne pas se fâcher avec lui. Du reste, l'a-t-on jamais vu rater une journée de travail ou arriver en retard à cause de sa folie ? Jamais. Du coup, lorsqu'il surgit au détour d'un chemin ou encore, muni de sa brouette, dans la Grande-Rue, on le salue et on lui demande de ses nouvelles sans jamais aborder l'épineuse question de « son » Palais, et ce n'est qu'une fois qu'il a tout à fait disparu que certains se permettent de glousser.

Ferdinand a tant de choses à réaliser qu'il se moque bien de ces railleries. Lui, ce qu'il veut avant tout, c'est l'achever, son œuvre. Et quand il voit l'immensité du chantier qu'il lui reste à accomplir ! Aussi grandiose soit sa Source de Vie, elle ne représentera, au final, qu'un détail du monument à venir. Vite, il doit se dépêcher ou il n'aura jamais assez de temps pour finir.

« Je commençai une grotte et une seconde cascade de manière que ma grotte se trouve entre les deux. C'est ce qui forme tout le milieu du monument [10]. »

« Semblable au tracé d'une écriture [11] », Ferdinand prolonge son monument en l'étirant sur plus de 10 mètres à la droite de sa Source de Vie. Il commence par créer, à 2 mètres de hauteur, une première arcade d'environ 1 mètre de large qui s'appuie, d'un côté, sur le mur latéral de la Source de Vie, de l'autre, sur un mur qu'il construit. Ce sera l'entrée de la Grotte Saint-Amédée. Dans un deuxième temps, il crée, 4 mètres plus loin, une deuxième arcade, tout aussi profonde, qui, elle, donnera naissance à la Source de la Sagesse.

Nous sommes en 1882, et Ferdinand Cheval va prendre trois ans pour achever l'idée qu'il a en tête. Une idée extrêmement précise, comme le prouve l'unique esquisse qu'on a retrouvée de lui. Elle est formée de six dessins assemblés bord à bord qui donnent à « voir » la totalité de la façade est à laquelle il travaille. Parmi ces six dessins, le plus ancien correspond à ce que Ferdinand nomme lui-même « le milieu du monument », et quelle stupeur de voir que tout ici, ou presque, coïncide ! Face à une telle découverte, « une relecture politique et artistique s'impose [...]. Il n'est plus possible aujourd'hui de réduire sa trajectoire à celle d'un excentrique, relégué au mieux dans un coin de l'art naïf ou de l'art brut [12] » ; définitivement, « l'absence des arches supérieures et du dais triangulaire qui enveloppera la *Source de Vie,* et la modification de certains détails figuratifs permettent de considérer ce dessin comme un véritable *plan* de travail, élaboré sans doute au moment de la réalisation du *bassin* et de la première *cascade,* quand l'ordonnance symétrique de l'ouvrage s'imposa [...]. Assises et fondations sont figurées par des épaississements noirs, mais on ne peut localiser le *tombeau égyptien,* et encore moins son excavation souterraine commencée en 1882, ainsi que le précise une inscription à l'entrée du caveau. Le Facteur Cheval exécuta donc ce *dessin* probablement peu avant [13] ».

Avec ce dessin sous les yeux, nous prenons conscience d'à quel point Ferdinand sait ce qu'il veut et où il va. Dès l'origine, tout est d'une précision éclatante, et c'est comme si la vision reçue en songe avait mûri en lui des années durant. Au gré de l'avancement de son travail, celle-ci va, certes, subir de réelles modifications. Il n'empêche. À contempler ces planches, l'âme du Palais est là. Et quel geste audacieux de la part de ce fils de paysan que de projeter ainsi son œuvre sur le papier. N'en déplaise à messieurs ces bourgeois qui, dans les paysans, ne voient que des rustres incapables de la moindre abstraction, le voici, lui, l'homme de « naissance obscure* », propulsé par ce seul dessin au plus haut rang des architectes et des artistes. Une façon de prouver au monde qu'« à cœur vaillant rien d'impossible** » et que « Tout ce que tu vois/ Passant/ Est l'œuvre d'un paysan*** ».

Par cette esquisse un changement radical s'opère en Ferdinand, qui le fait passer du statut de rêveur à celui de concepteur. Jusqu'à présent, nous avions affaire à un contemplatif, à un amoureux de la nature, des cailloux, des formes, qui collecte ses trésors. Quand il commence sa Source de Vie, il ne cherche qu'une chose : rendre hommage à ses trouvailles. Sa collection de pierres s'auto-engendre comme édifice. C'est un travail qui se fait au fur et à mesure, dans l'inspiration du moment ou alors à très court terme. Bien sûr, il a reçu la vision de son Palais, mais c'était sans doute plus la vision d'une atmosphère, d'une féerie, d'une masse que celle d'un ordonnancement précis de formes. Il a « vu » son Palais dans sa totalité mais pas dans le détail de sa composition. Avec cette esquisse, Ferdinand passe à un autre stade : « Moi aussi, je suis un artiste », ose-t-il se dire. Un artiste qui a une conception d'ensemble de son œuvre, un

* Inscription sur la façade nord du Palais.

** Inscription sur la façade est du Palais (empruntée à Jacques Cœur).

*** Inscription sur la façade est du Palais.

projet, qui élabore l'unité d'une composition. Pour lui, dorénavant, le temps est orienté : d'abord la conception, puis la réalisation qui s'étalera, il le sait, sur plusieurs années alors que, jusqu'ici, il n'a travaillé qu'au coup par coup en avançant à tâtons, tel un enfant qui chercherait sur un piano les notes d'une musique inouïe entendue en rêve. Aujourd'hui, tout est différent : après deux ans de travail et d'essais répétés, non seulement Ferdinand connaît les notes, mais il a cerné son propre solfège. Il peut écrire sa partition. Une partition qui va le conduire au chef-d'œuvre.

15

UN ARTISTE… ARCHITECTE

Alice a cinq ans. Nous sommes en 1884. Ferdinand est sur le point d'achever « le milieu de son monument ». Il a terminé la Grotte Saint-Amédée et la Source de la Sagesse, les a reliées par un ensemble de niches et d'arcades. Sous l'une de celles-ci, il a construit un petit escalier tournant qui mène à une miniterrasse s'appuyant sur la voûte de la grotte. Est-ce pour sa petite fille qui passe de plus en plus de temps à le regarder travailler et qui l'encourage de ses rires ? Entre eux, la complicité ne fait que s'accroître. Elle applaudit à toutes les inventions de son père, et son émerveillement fait fondre le cœur de Ferdinand. Si, en plus de ses dix heures quotidiennes de tournée, il est capable, chaque nuit, de travailler dix heures supplémentaire sans un seul jour de repos, c'est pour ressusciter en tous cette âme et ce regard de l'enfant qui, seul, voit la beauté du monde.

Sa tête bouillonne de mille idées qui s'additionnent les unes aux autres, au point parfois de le tenir éveillé deux jours de suite. Au-dessus des voûtes, il construit une succession d'entablements surmontés eux-mêmes de

ce qu'on pourrait appeler des clochetons qui se décomposent en bulbes et en potiches. Dans l'ornementation de ces derniers, on retrouve l'influence baroque des pots et cratères romains des jardins italiens, mais aussi une influence russe (les clochers à bulbe des églises orthodoxes), voire, dans l'accumulation verticale des détails qui les composent, une lointaine parenté avec le décorum des temples khmers que tous les Français découvrent, à cette époque, grâce à la récente conquête de l'Indochine.

Ainsi, cette première façade « n'est pas plane et unie […], elle offre aux regards étonnés, dans mille petits palais variés, tout un monde bizarre, grotesque et original de plantes et d'animaux, de figures de toutes sortes [1] ». À première vue, rien ne semble tenir, tant l'impression générale que donne à voir cette grotte au milieu de ces deux Sources de Vie et de la Sagesse semble désordonnée et branlante. Mais qu'importe. Ferdinand y croit, et tant pis si le premier mouvement de cette façade stupéfie quiconque par l'accumulation hors norme d'objets et de décorations qui s'y présentent. Sur une longueur de plus de 10 mètres et une hauteur qui oscille entre 5 et 7 mètres, la voilà qui nous subjugue tant elle apparaît impossible. À croire que des dieux se sont amusés à jeter du ciel des coffres entiers de cailloux, de pierres, de sculptures, de vasques, d'obélisques, de rubans, de couronnes qui, chacun, au gré du vent, sont

Ci-contre, Cheval sur son échafaudage, sculptant les figuiers de Barbaric au-dessus du Temple hindou, vers 1894.

venus, peu à peu, « former » cette façade des plus inouïes et face à laquelle l'œil se demande s'il n'hallucine pas. Tout dégringole et s'élève dans un même mouvement. Tout penche, tout jaillit, tout s'entortille et s'agenouille.

Mais, dans la grotte, le saint est à l'abri. Un saint que Ferdinand n'a pas choisi au hasard. Amédée, seigneur de Hauterives, abandonna le monde en 1119 pour entrer dans l'ordre de Cîteaux : « Grand seigneur dauphinois, humble moine cistercien, mort en 1150, Amédée ne signifie pas autre chose qu'Amant de Dieu [...]. Il prit le premier, parmi les moines de Bonnevaux, la charge et la peine de construire une nouvelle abbaye : au diocèse de Viviers, au milieu des montagnes, dans une vallée très retirée, lieu auquel l'Antiquité avait donné le nom de Manse d'Adam, *Mansiada,* le monastère de Mazan à Montpezat en Ardèche. Il fonda aussi en divers temps les monastères de Montpeyroux à Puy-Guillaume en Puy-de-Dôme, et ceux de Léoncel près de Valence, là où la rivière de Lionne prend sa source, et de Tamié en Savoie, à Plancherine [2]. » Pour ce grand seigneur qui s'est mis au service des plus humbles et auquel on doit tant de monastères, Ferdinand a bâti un écrin qui ressemble en tout point à ces grottes baptisées balmes qui ponctuent toute la vallée de l'Herbasse et où il s'est tant amusé à se cacher, enfant. Dans ces cavités naturelles et parfois creusées à mains d'hommes, les paysans stockent leur matériel agricole, leurs réserves de fruits, de légumes et de vin ou s'en servent comme écuries. À deux pas de la ferme où il est né, deux de ces balmes s'ouvraient à flanc de colline. Notons aussi que, parmi les sept merveilles du Dauphiné, on trouve les grottes de Sassenage, domaine de la fée Mélusine, gage de prospérité et de fécondité, et ses *pierres ophtalmiques* qui fortifient la vue… Ainsi, pour Ferdinand, bâtir une telle grotte pour y poser la figure d'un saint s'inscrit tout à la fois dans une tradition de magie et de piété. Il y dispose un autel qu'il pare de nombreux coquillages. À la fois pour vénérer Amédée mais aussi pour éblouir les yeux d'Alice.

Toujours dans le même esprit, Ferdinand enchâsse le buste de Socrate dans une niche. Un Socrate considéré, en cette fin du XIXe siècle, comme le fondateur de la philosophie occidentale. Ce père tutélaire de la *sophia* en fait le digne voisin de la Source de la Sagesse. Ferdinand a, sans doute, découvert sa vie dans *Le Magasin pittoresque* : « Laid et pauvre et de plus persécuté, il voulait révéler à ses jeunes concitoyens leur propre génie, en "accouchant" tous les esprits de ce qu'il y avait de bon en eux. Il vivait au sein de l'infini, l'œil fixé sur ce qui ne se voit pas. Condamné à mort par ses ennemis, il but la ciguë en l'année 400 av. J.-C. [3]. »

Socrate comme Amédée ont tous deux cherché la lumière parmi les gens du peuple. Un détail qui n'a pas échappé à Ferdinand et qui lui a donné envie de les honorer.

Voilà, le « milieu du monument » est achevé. Trois mouvements de vie l'emportent : la fécondité, l'amour de Dieu, la sagesse. S'y accole un quatrième né dès 1882, qui, à l'opposé des trois autres, s'adresse, lui, à la mort. Une mort qui hante Ferdinand tant elle lui a déjà arraché de nombreux êtres chers : sa mère à onze ans, son père à vingt-neuf ans, son premier fils à trente ans, sa première femme à trente-sept ans… Or comment encore tisser un lien avec ceux-là ? Comment leur chuchoter les mots qu'il n'a pas eu le temps de leur souffler ? Comment, oui, défier cette mort qui, parfois, si vite, emporte sans même donner le temps de dire adieu ?

> Souviens-toi homme
> Que tu n'est [*sic*] que poussière
> Ton âme seule est immortelle*.

Atteindre l'immortalité de l'âme, mais grâce à quelle passerelle sinon celle, sublime, de l'édification de ce Palais ? Toutefois, à l'instar de la magicienne des *Mille et Une Nuits*, Ferdinand en veut plus. Dans le livre célèbre, l'amant de celle-ci meurt des suites d'une blessure. Folle de douleur, elle demande la permission au jeune roi des îles Noires « de faire bâtir le lieu de sa sépulture dans l'enceinte du palais, où elle veut, dit-elle, demeurer jusqu'à la fin de ses jours. Je le lui permis, et elle fit bâtir un palais superbe avec un dôme qu'on peut voir d'ici : elle l'appela le palais des Larmes. Quand il fut achevé, elle y fit porter son amant… ». Dans un autre conte, la foule demande que le corps des deux amants, le Prince de Perse et Schemselnihar, « qui n'avaient qu'un cœur jusqu'à leur mort, n'eussent qu'un même tombeau [4] ».

Ferdinand n'élève pas seulement son Palais dans le but d'unir l'âme de tous les hommes en une ronde fraternelle et égalitaire, mais aussi avec l'intention d'en faire un extraordinaire mausolée qui gardera son corps et celui de Philomène, une fois que tous deux auront trépassé. Par-delà la mort, il veut rester uni au songe, à l'amour et à

* Inscription sur la Galerie intérieure du Palais.

la féerie, là où « les morts ne sont pas des absents, mais des invisibles* », là où le « songe devient réalité** ».

Ainsi, très peu de temps après avoir entamé la construction du Palais, « j'avais commencé un tombeau druide mais le manque de l'espèce de pierre m'a empêché de le finir[5] ». « De plus en plus enchanté de mon travail ; l'idée me vint ensuite qu'avec mes petites boules rondes que j'avais trouvées à Saint-Germain, à Treigneux ainsi qu'à Saint-Martin je pourrais me faire un tombeau dont le style serait seul au monde et me faire enterrer dans le rocher à la mode des rois Pharaons et dont la forme serait égyptienne[6]. » À droite de la Source de la Sagesse, il se met alors à creuser la terre à 3 mètres de profondeur, « et dans la terre j'ai formé une espèce de rocher et dans ce rocher j'ai creusé des cercueils. Ces cercueils sont recouverts de dalles qu'on enlève à volonté, fermés eux-mêmes par une porte en pierre avec une seconde en fer[7] ».

C'est sur ce caveau souterrain qu'il décide d'élever son Monument égyptien (dit, parfois, Tombeau hindou), « dont la largeur a 12 pieds [3,65 m] et la longueur 15 [4, 57 m]. Le monument est supporté par huit murailles dont la forme des pierres est des plus pittoresque. Les façades du levant ainsi que celles du nord sont supportées chacune par quatre colonnes qui soutiennent les dentelures du monument. Au milieu, une jolie couronne de pierres faites avec des petites boules rondes[8] ».

* Inscription sur la façade est du Palais, à l'entrée du Tombeau égyptien (sentence empruntée à Saint-Augustin, façade est).

** Inscription sur la façade ouest du Palais.

La construction de ces colonnes montre à quel point Ferdinand est passé à « autre chose ». Jusqu'ici, on a plutôt affaire à des structures organiques ascendantes qui n'ont pas grand-chose à voir avec le registre de la colonne. Mais Ferdinand a pris confiance et, regardant les gravures, il semble soudain se dire : « Pourquoi pas moi ? » À son savoir-faire de sculpteur, il ajoute son savoir-faire d'architecte afin d'obtenir pour la première fois une structure avec des rapports d'horizontalité et de verticalité, de rythmes aussi, parfaitement coordonnés. Chaque colonne monte progressivement et identiquement vers le ciel, et chacune est segmentée par une série d'entablements (horizontalités) qui, par le jeu des contraires, affermit le mouvement général d'ascension. À chaque interruption, la forme de la colonne change : ici s'évasant, ici s'arrondissant, et c'est comme si quelque chose d'interne à elles toutes les poussait vers le ciel, cette fois-ci d'une manière extrêmement organisée, contrairement à ce qu'il a fait jusqu'à présent. Il les pare chacune de petites boules rondes, ce qui accentue leur féminité. Ce sont de belles et généreuses colonnes qui ressemblent fort peu à ces colonnes égyptiennes que supposerait le titre du monument. Qu'importe. L'effet est grandiose. Lorsque Ferdinand contemple les gravures et les daguerréotypes des temples égyptiens dont la mode faisait alors fureur, c'est bien plus leur magnificence que les détails concrets de leurs architectures qui retient son œil. Par ce geste, il rejoint le fantasme de son siècle sur l'Égypte. Fantasme démultiplié lors de la conquête de l'Égypte par Bonaparte en 1798, et relayé par le décryptage des hiéroglyphes par Champollion en 1822, la découverte du temple d'Horus par Mariette à Edfou en 1860, la parution du *Roman de la momie,* l'un des grands best-sellers de Théophile Gautier en 1858 : « La princesse me conduisit devant une montagne de granit rose où se trouvait une ouverture étroite et basse […]. C'était des corridors taillés dans le roc vif ; les murs, couverts de panneaux de hiéroglyphes et de processions allégoriques, avaient dû occuper des milliers de bras pendant des milliers d'années […], prodigieux travail que nul œil vivant ne devait voir, interminables légendes de granit que les morts avaient seuls le temps de lire pendant l'éternité […]. Enfin nous débouchâmes dans une salle si vaste, si énorme, si démesurée que l'on ne pouvait en apercevoir les bornes […]. Je vis, assis sur des trônes, les rois des races souterraines : c'étaient de grands vieillards secs, ridés, parcheminés, noirs de naphte et de bitume, coiffés de pschents d'or, bardés de pectoraux et de hausse-cols constellés de pierreries avec des yeux d'une fixité de sphinx et de longues barbes blanchies par la neige des siècles. Derrière eux, leurs peuples embaumés se tenaient debout […], derrière les peuples miaulaient, battaient de l'aile et ricanaient les chats, les ibis et les crocodiles contemporains rendus plus monstrueux encore par leur emmaillotage de bandelettes [9]. »

Après l'édification de ces huit colonnes, sur les façades est et nord, le « temple » est loin d'être fini, et il semblerait qu'à cet endroit, l'imaginaire de Ferdinand s'ouvre à tous les possibles. Au fantasme égyptien s'ajoute soudain un autre rêve : celui de rassembler toutes les religions et tous les peuples. Sur des entablements de style hindouiste il crée la Grotte de la Vierge Marie, entourée des quatre Évangélistes. Dans un style médiéval chrétien, il surmonte la grotte d'un calvaire avec des anges soutenant des couronnes. Plus haut encore, il pose une urne mortuaire, hommage rendu à la civilisation romaine. La juxtaposition de tous ces étagements évoque l'architecture khmère dont le chef-d'œuvre Angkor-Vat vient d'être redécouvert dans les forêts du Cambodge par l'École française d'Extrême-Orient, et dont les images impressionnent les foules. Pour y accéder, il bâtit un escalier tournant, frère du grand escalier en colimaçon du château de Blois, dessiné par Léonard de Vinci, joyau de la Renaissance.

Il termine, au sommet, par un petit génie sans doute en référence au Génie de la Bastille, qu'on appelle également Génie de la Liberté, sculpté l'année de sa naissance (1836) en hommage aux Trois Glorieuses de la Révolution de juillet 1830. Placer ce Génie « qui éclaire le monde [10] » à la pointe de ce monument indique combien Ferdinand est sensible à cette lumière de la connaissance que ces grandes civilisations antiques et modernes ont contribué à allumer. C'est grâce à elles toutes que l'humanité chemine vers un avenir radieux. Grâce à elles toutes encore que lui, ce fils de paysan, peut aujourd'hui accomplir son prodige et que sa petite fille Alice peut aller à l'école gratuite de la République.

Comme pour matérialiser un passage entre sa première réalisation (la Source de Vie) et ce Génie qui éclaire le monde, Ferdinand crée une série d'arcs-boutants. Après les horizontalités et les verticalités du Temple égyptien, il s'essaie ici au troisième état de l'architecture : l'oblique. Une oblique ascendante, ici, sur laquelle Ferdinand pose des pèlerins qui, eux aussi, s'élèvent pour rejoindre la Connaissance… Le pèlerin, c'est lui, Cheval, qui va de la Source de Vie à la Sagesse. Par une intuition géniale, il retrouve l'ancien savoir gothique de l'arc : cette tension de forces qui se manifeste dans la forme, ce jeu de poids et contrepoids qui, seul, permet l'élévation.

Enfin, pour parachever son œuvre, il vient enclore, juste au-dessus de son caveau, « une crèche avec toute espèce de coquillages qui font un effet éblouissant [11] ». La mort est ainsi abolie et transcendée par la vie renaissante.

« Mon tombeau mesure 10 mètres 50 de hauteur, 5 mètres de longueur, et 4 de largeur. J'ai mis sept ans pour le bâtir [12]. » Sept années durant lesquelles il s'est passé tant de choses. Tout d'abord, cette toute première mention publique du Palais dans un ouvrage paru en 1886, et où l'auteur, Michel-Joseph Bordas, évoque, à Hauterives, l'existence d'« un monument commencé depuis sept ans et d'une forme originale et absolument moderne [13] ». Certes, il ne s'agit que d'une petite ligne, mais quelle fierté pour Ferdinand ! Ce jour-là, il a relu dix fois le passage avant d'oser le lire à haute voix à Philomène et à Alice, tant il avait l'impression de rêver. Et avec quels cris d'admiration elles ont reçu chaque mot ! La nouvelle a tôt fait de circuler au village. Une ligne de M. Bordas, c'était quelque chose, tout de même. Car tous connaissent cet ancien clerc de notaire qui, depuis peu, s'est retiré dans sa belle ferme de Viry, pas loin de Saint-Martin-d'Août. Une bâtisse devant laquelle Ferdinand passe tous les jours lors de sa tournée et qui, sans aucun doute, lui a permis de rencontrer ce passionné d'archéologie et de… pèlerinages. Joseph Bordas est-il allé jusqu'à lui montrer sa bibliothèque ? Une chose est sûre. Au fil des conversations, ce curieux a voulu en savoir plus sur ce Palais, et l'impression qu'il en a eue a été suffisamment forte pour qu'il trouve nécessaire d'en parler. Un bonheur inouï pour Ferdinand, qui y a vu un superbe signe d'encouragement.

Autre grand moment de bonheur : l'entrée d'Alice à l'école quelques mois auparavant. Une école devenue, depuis peu, obligatoire et gratuite pour tous et où, en moins d'un an, elle a appris à lire et à écrire sous les yeux ébahis de son père. Le 19 octobre 1887, c'est au tour de son fils de franchir une étape importante. Ce jour-là, Cyrille devient majeur. À cette occasion, Ferdinand lui restitue la somme rondelette de 3 430,80 F ! Un an ne s'est pas écoulé que, le 6 novembre 1888, Ferdinand acquiert auprès de ses voisins, M. et Mme Noirs, une nouvelle parcelle de 8 ares 99 centiares, située au nord de la première, pour la somme de 1 000 F [14]. C'est sur celle-ci qu'il construira dans sept ans sa prochaine demeure. Quatre mois s'écoulent et le voici rédigeant de sa plus belle écriture (sans doute celle de Cyrille, son fils) une demande qu'il adresse au préfet de la Drôme :

> « Monsieur le Préfet,
>
> Je soussigné Cheval Ferdinand, Facteur des postes à Hauterives, à (*sic*) l'honneur de vous prier de vouloir bien l'autoriser à construire un mur de clôture le long du champ qu'il possède sur le bord du chemin vicinal ordre n° 21, dit des usines.

Il a l'honneur d'être, monsieur le Préfet,
Votre humble serviteur
Cheval [15]. »

Aux dires des gens du village, si le « Père Cheval » fait cette demande, c'est que certains curieux, dès cette époque, s'amusent à chaparder les boules rondes des colonnes du Monument égyptien. Une distraction qui, à force, l'oblige à réagir. Tant de travail encore l'attend !

Dans la foulée, le 30 juin 1889, il acquiert, par échange de terrains, une troisième parcelle de 4 ares et 9 centiares auprès de son ex-beau-frère Joseph Revol pour la somme exorbitante de 900 F, soit deux fois le prix payé pour la précédente [16]. Est-ce parce que ce dernier n'a pas apprécié le fait de se retrouver obligé à lui vendre ce bout de terrain ? Impossible, en effet, pour Ferdinand de poursuivre son œuvre sans ces quelques ares situés au levant de son monument. Mais peut-être est-ce par pure avarice ou encore parce qu'il est excédé de l'entendre, chaque nuit, travailler à son Palais… Toujours est-il que Ferdinand y laisse l'intégralité de la dot de la pauvre Philomène. Ne lui a-t-il pas toutefois promis de lui construire la plus jolie des villas dans un avenir proche ? Et n'a-t-il pas suscité l'envie de tous avec cette belle ligne écrite par M. Bordas ? Alice, de plus, est si fière de son papa. Ne serait-ce pas elle, dans le fond, qu'il faut écouter ? Elle et l'un de ces touristes alpinistes qui, passant par-là, n'ont pas manqué de s'extasier face à cette incroyable réalisation ?

Et si Ferdinand était un grand pour de vrai ?

Cette folle pensée traverse Philomène, tandis qu'elle le regarde travailler au clair de lune.

16

Le temps de l'audace

Cette année 1891 est décidément du meilleur cru. Non seulement Ferdinand est venu à bout de son Monument égyptien mais, le 25 avril, son fils Cyrille a épousé Marie-Louise Guironnet à Saint-Uze, où tous deux vont s'établir tailleurs. Ce jour-là, Alice, douze ans, a revêtu sa plus belle robe. Elle était si heureuse que son père prenne ce jour de repos. Les yeux brillants de fierté, elle n'a pas arrêté de tournoyer devant lui, clamant à tous les invités combien elle trouvait son beau Palais. Philomène, plus silencieuse, ne le quittait pas des yeux. Comme Ferdinand aurait aimé trouver les mots pour lui dire son amour ! Cyrille, dans son très beau costume, était resplendissant. Après tous ces deuils, et ces années de labeurs, quelle belle joie soudain !

« Toujours pour occuper mes moments de loisirs et pour faire la symétrie avec le reste du monument, j'ai voulu y ajouter un temple hindou dont l'intérieur est une véritable grotte et cette grotte en forme plusieurs petites, et dans ces petites grottes j'y dépose des fossiles que je trouve dans la terre [1]. » Ce Temple hindou, qui n'a strictement rien d'hindou et tient beaucoup plus de la simple grotte que du temple, Ferdinand choisit de l'élever à 6 mètres sur la gauche de sa Source de Vie. En y déposant toutes sortes de fossiles, il reprend à son compte une tradition qui remonte à la Renaissance où, dans les milieux cultivés, on collectait ceux-ci pour des raisons esthétiques voire magiques (œuf de serpent, oursin, etc.). En cette fin de siècle, face au succès phénoménal que rencontre la paléontologie comme science, les fossiles quittent ces cabinets de curiosité pour entrer dans le Muséum d'histoire naturelle. Un Muséum que Ferdinand se targue ici de « recréer ». Et combien toutes les merveilles qu'il y expose enchantent sa petite fille ! « L'entrée en est gardée par un groupe d'animaux tels que : ours, serpent, boa, crocodile, lion, éléphant et autres animaux de ce genre [2]. » En les découvrant, Alice trépigne.

— Et là, c'est quoi cet animal ?

— C'est un éléphant.

Elle fait une moue dubitative.

— J'en ai jamais vu, des éléphants, tu peux m'en ramener un quand tu fais le facteur ? Pour me montrer ?

Ferdinand lui sourit tendrement.

— Je ne pourrais pas t'en ramener, mais regarde… (Il sort une carte postale illustrée qui montre l'animal monté par un cornac.) Ici, on utilise les chevaux pour travailler la terre, en Asie, on utilise les éléphants. Ils sont robustes et sont des travailleurs acharnés. C'est pour ça que j'en mets un ici [3].

Alice applaudit puis s'éloigne en courant. Ferdinand la suit des yeux, le cœur pétri d'amour.

Pour parfaire l'idée de ce royaume exotique, il décide d'ajouter, à son extrémité, deux colonnes barbaresques dont les motifs s'élèvent telles de véritables flammes. Par amour pour les antiquités et sans doute pour ajouter un brin de réalité à son Muséum, il dépose un vase gaulois du IVe siècle ainsi qu'un vase romain sur deux niches qu'il façonne à leur entrée.

Nous sommes en 1892. Depuis trois ans, les Parisiens s'extasient ou se récrient devant leur tour Eiffel. Monet vient d'achever ses *Nymphéas*. La télégraphie sans fil est née.

Au mois de mai de cette année, Ferdinand devient pour la première fois le grand-père d'une petite Eugénie Cyrille Cheval, née à Saint-Uze et dont il est choisi pour parrain le 6 juin de la même année. Un an plus tard, il est grand-père, pour la seconde fois, d'une petite Alice Marie-Louise née le 29 octobre 1893.

À cette période, entre son Muséum et sa Source de Vie, il s'est déjà attaqué à la construction de ses trois géants qui, une fois achevés, feront plus de 10 mètres de hauteur (!). C'est sous leur garde, écrira-t-il plus tard dans son cahier, qu'il place son monument. D'où lui vient cette idée ? De l'un de ces nombreux contes entendus enfant et où, dit la légende, « un géant ouvrit la gorge de Sassenage à coups d'épée, un autre, empoigné et jeté à terre par le dieu Thor, creusa, en s'écroulant, la vallée de l'Isère, y détournant la rivière [4] » ? De la mythologie grecque qui, pour désigner les trois fils de Chronos, Hadès, Poséidon et Zeus, parle des trois géants enfantés par Rhéa ? D'un énième article sur l'Égypte déniché dans *Le Magasin pittoresque* ? « Toute triade divine [...]

a pour but de représenter aux yeux, d'une manière pour ainsi dire palpable, le perpétuel renouvellement et l'éternelle jeunesse de la divinité par le symbole d'un dieu père s'engendrant lui-même dans le sein de son épouse. Dans la doctrine du sanctuaire, Osiris, Isis et Horus n'étaient pas trois dieux distincts mais trois aspects différents de la divinité [5]. » Et pourquoi pas dans cette gravure, tirée aussi du *Magasin pittoresque* et représentant deux moaï* [6] ? Plus proches de Ferdinand, les trois immenses statues de rois du porche de midi de la cathédrale de Bourges.

Si l'on ne peut faire le décompte exact de toutes les influences qui, à cet endroit, ont pu inspirer Ferdinand, une chose reste certaine : cette idée de géants ne vient pas de nulle part, et il l'a en tête depuis un bon bout de temps. Pour preuve sa seule esquisse qui, déjà, les représente sous la figure de trois créatures fantastiques aux têtes d'oiseau et aux pieds palmés... Sont-ce ses lectures qui l'ont fait changer d'idée ? En plus d'une collection complète du *Magasin pittoresque* s'étalant des années 1839 à 1842 et d'une *Histoire de l'Ancien et du Nouveau Testament avec des explications édifiantes, tirées des Saints-Pères, pour régler les mœurs dans toutes sortes de conditions*, par M. le Maître de Sacy, sieur de Royaumont (1836), une bible en double exemplaire et un catalogue de statuaire antique, on a retrouvé, chez lui, peu après sa mort, l'*Instruction sur l'histoire de France et romaine* par M. Le Ragois (1792) ainsi que l'*Histoire de la décadence et de la*

* Statues monumentales de l'île de Pâques datées entre 1250 et 1500.

chute de l'Empire romain par l'historien anglais Edward Gibbon (1795 pour la première traduction en français). De quoi remplir sa tête d'exploits gaulois et de batailles romaines et l'inciter sans doute à remplacer les trois déesses de son esquisse originelle par : César, « le grand conquérant romain » ; Vercingétorix*, « le grand défenseur de la Gaule » ; Archimède, « le savant grec » auxquels les Anciens « attribuaient 40 inventions mécaniques ». « Donnez-moi un point d'appui, disait le savant grec, et je soulèverai le monde. » Au siège de Syracuse, il fit usage de miroirs ardents pour incendier la flotte romaine, mais, entièrement occupé de figures qu'il avait tracées, il fut tué par un soldat qui ne le connaissait point [7].

Avec ces trois géants de l'Histoire, Ferdinand se lâche. S'il a eu la nature pour maître pour le milieu de son monument, l'Égypte, l'Inde, le Cambodge, la Renaissance pour son tombeau, il puise ici la source de son imaginaire dans son seul cœur, et avec quelle extraordinaire liberté. À contempler ces figures tout droit sorties d'un songe étrusque, on imagine la stupeur d'un Antoni Gaudí ou d'un André Breton les découvrant quelque quarante années plus tard. Comment un simple facteur avait-il pu s'affranchir de tous les codes avec une telle audace ? Un facteur né au début du XIXe siècle ? ! Avec les géants, les lois plastiques ne sont plus celles de l'érosion terrestre ou encore celles de l'architecture avec un

* Depuis la défaite française de 1870, le héros gaulois se voit accorder une place de plus en plus centrale par la Troisième République. Un chapitre entier lui est consacré dans le best-seller *Le Tour de la France par deux enfants,* publié en 1877.

grand A, mais celles d'un pur artiste qui, tel un Van Gogh imposant le violet aux feuilles des arbres de son tableau, impose, ici, sa vision propre du monde. Une vision douce et folle, à mille lieues de toutes les représentations que quiconque pourrait se faire d'un César, d'un Vercingétorix, d'un Archimède. Mais le Père Cheval n'en n'a cure. Philomène, dans la maison, là-bas, l'attend, et Alice, quatorze ans désormais, derrière son dos, veille.

17

L'IRRÉMÉDIABLE PERTE

Voilà trois ans que Ferdinand travaille à l'ensemble de ce qu'il nomme son Temple hindou. Nous sommes au début de l'année 1894. Les trois géants sont sur le point d'être *grossièrement* modelés, ainsi que le petit escalier tournant qui part entre les deux colonnes barbaresques pour accéder, bientôt, à la future Tour de Barbarie. Une tour dont l'idée lui est sans doute venue de la tour de Ratières, située non loin de Hauterives et que Ferdinand veut utiliser comme réservoir afin de créer toutes sortes de jeux d'eau sur sa façade. Une influence encore plus proche : celle du château médiéval de Hauterives que Ferdinand, à cette époque, pouvait contempler à loisir depuis son Palais*. Le nom et la forme octogonale qu'il confère à sa Tour ne manquent pas également de rappeler le célèbre mausolée du roi barbare Théodoric Ier, de la fin du Ve siècle, à Ravenne, dont la personnalité et la

* Sur une des nombreuses cartes postales prises du Palais en 1905, on peut, en effet, l'apercevoir très clairement sur les hauteurs. Aujourd'hui, les nombreuses habitations voisines le rendent parfaitement invisible.

vie ont très certainement dû ravir Ferdinand : un roi épris de justice et aimé de ses sujets.

En dessous de cette Tour de Barbarie, Ferdinand prévoit de recréer l'un de ces oasis qui le fait rêver en façonnant de ses mains des figuiers de barbarie, des palmiers, des oliviers gardés par une Loutre et un Guépard auxquels il pense s'attaquer très prochainement.

Le printemps éclôt. Il y a un mois à peine, Tombouctou est tombée aux mains des Français. Très prochainement, à Lyon, sera inaugurée l'Exposition universelle, internationale et coloniale. Partout, le long de la tournée de Ferdinand, la vie bourgeonne. Il a le cœur bien lourd toutefois. Malgré le sirop prescrit par le docteur, l'état d'Alice s'aggrave de jour en jour. Hier, sa toux était si forte qu'elle a craché du sang. Ce soir, pour la première fois depuis le mariage de son fils, il ne se rend pas sur le chantier du Palais, préférant passer la nuit à ses côtés. Vers 2 heures du matin, elle ouvre les yeux et le regarde longuement. Il se penche vers elle :

— Tu vois, là-bas, la belle étoile, Alice ?

Elle acquiesce d'un simple mouvement de la tête, lui sourit faiblement.

— Oui, papa.

— C'est Sirius. Une étoile blanche. Pure et lumineuse, comme toi.

Elle lui sourit à nouveau. Il la presse contre lui.

— C'est la plus brillante du ciel [1].

Le lendemain, la fièvre est si forte qu'Alice ne parvient même pas à se lever. Désormais, Ferdinand ne se rend plus à son Palais. Chaque nuit, après sa tournée, il prend le relais de Philomène, épongeant le front d'Alice, l'embrassant.

Un matin de mai, il la trouve dans son lit les yeux grands ouverts à fixer le mur. Il s'approche pour lui parler quand, soudain, elle est secouée par une quinte de toux si terrible qu'elle mord le drap pour se retenir de hurler. Un drap qui, peu à peu, prend la couleur du sang.

— Dieu, je t'en supplie, fais quelque chose.

Mais ni les beaux jours ni le bleu du ciel n'y font rien et, au village, plus personne n'ose demander des nouvelles de la petite tant son état empire.

Le soir du 2 juin, les collègues de Ferdinand boivent un coup, assis en terrasse, quand un cri affreux, venu de la maison de Cheval, les glace littéralement d'effroi. Ce Palais qu'il construisait à sa petite… Pauvre Cheval. Que va-t-il devenir maintenant qu'elle est partie ?

Dès le lendemain, une cérémonie d'inhumation a lieu dans l'église de Hauterives. Au village, la nouvelle s'est répandue comme une traînée de poudre, et beaucoup ont pris un jour de repos pour accompagner Philomène et Ferdinand dans ce terrible moment. Parmi les présents, certains racontent qu'au petit matin, Ferdinand s'est fort énervé contre M. le maire juste avant que les portes de l'église ne s'ouvrent.

— Comment ça, je ne pourrai pas l'enterrer dans mon Palais ? Tu te fous de moi ?

— Je suis désolé, Cheval, mais la loi m'interdit de t'en donner la permission. Tu dois l'inhumer au cimetière.

— Au cimetière ? Mais il est à l'autre bout, le cimetière !

— Ce décret préfectoral existe depuis 1843 et toute personne qui ne s'y plie pas va en prison.

— Tu veux me tuer une seconde fois ?

— Si je pouvais faire quelque chose pour toi, je te jure que je le ferais, Cheval [2].

Dès le lendemain, Cheval repart au travail et, le soir venu, il s'en va en direction du cimetière muni d'une petite sacoche. À l'intérieur, il y a des coquillages et quelques jolis cailloux et fossiles qu'il dispose autour de la pierre tombale de sa fille. Sur celle-ci, il a fait inscrire ces simples mots : « Ici repose Cheval Alice née le 10 octobre 1879 décédée le 2 juin 1894 amèrement regrettée. » Pris d'un sanglot, il lui demande pardon de n'avoir pas su la garder et lui jure de reposer près d'elle quand, à son tour, la mort viendra le prendre. Il la supplie de ne point faire de bêtises là-haut, et de l'attendre avec sagesse. Son Palais ? Son cœur est si lourd. Cette nuit, il n'ira pas le retrouver, et ni demain ni après-demain… À quoi bon maintenant qu'elle n'est plus là ?

Huit jours après la mort d'Alice, Philomène vend « à M. Joseph Régis Carrat, maçon à Tersanne, une petite propriété d'un seul tenant dans lequel se trouve un petit bâtiment en mauvais état, consistant en terres labourables et vignes […]. Le prix de cette vente a été fixé à 3 000 francs dont 1 500 francs quittance [3] ». Il s'agit de la petite propriété de 2 hectares aux Nivons où elle a rencontré Ferdinand. Est-ce pour effacer de sa mémoire les jours heureux passés là-bas avec sa fille ? Pour payer les dettes ? Pour obliger son mari à construire une nouvelle maison ailleurs ? Il y a eu tant de morts dans celle où ils vivent. Le premier fils et la première femme de Ferdinand, et maintenant leur fille… Avec cet argent, ils pourraient déménager.

Comme pour ajouter au malheur, le 24 juin, le président Sadi Carnot est assassiné par un anarchiste italien. La nouvelle défraie la chronique, mais Ferdinand l'accueille sans réagir.

Les semaines passent, les mois passent. Au travail comme à la maison, il va et vient, tel un fantôme, sans plus parler ni regarder personne. À bout, Philomène s'approche de lui, un soir :

— Tu as remarqué, la grotte de la façade s'est effondrée depuis que tu n'y travailles plus. Alice aimait tellement s'y cacher. C'est dur, ça fait mal, mais la vie continue [4].

Peu de temps après, il trouve la force de réemprunter le chemin de son Palais. Face au travail gigantesque qui l'attend, il s'apprête toutefois à rebrousser chemin quand la mélodie joyeuse d'un oiseau lui fait lever la tête. Tiens, mais ne serait-ce pas le petit merle qu'adorait Alice ? Mais oui, c'est lui, avec son aile légèrement fendue ! Le voici, à présent, qui virevolte autour de lui. Ferdinand a presque envie de rire.

— Est-ce donc cela que tu veux, Alice ? Que j'aille jusqu'au bout ?

Toute la nuit, il travaille, raffermissant ici une grotte en partie affaissée, recollant là des morceaux qui se sont détachés. Demain, dès sa tournée effectuée, il reprendra le chantier de la Tour et décrassera ses géants. À la maison, Philomène respire. Enfin, son homme relève la tête. Enfin, la vie pulse à nouveau en lui. Vers la fin de l'hiver, il est temps de lui donner ce qu'elle réclame depuis si longtemps : une maison rien que pour eux, qu'aucun souvenir triste ne hante.

Tandis qu'à l'autre bout de la France, sur les rochers du littoral de Rothéneuf, l'abbé Fouré, avant d'être (en 1907) frappé d'hémiplégie, commence à tailler à même le roc trois cents créatures monumentales, Ferdinand, aidé d'un maçon, se lance dans la construction de la Villa Alicius. Il s'agit d'une grande et belle maison de deux niveaux entièrement bâtie en béton banché, selon la technique du pisé de l'habitat rural, et située à quelques mètres seulement du Palais. Gravée au-dessus de la cave, Ferdinand y inscrit la devise « Travail-Ordre-Patrie* », qu'il a lue dans *Le Magasin pittoresque* de 1873.

En ce début d'année 1895, les murs de la future maison s'élèvent sous les yeux apaisés de Philomène. Le 6 mars, la mort entre cependant à nouveau dans la vie de son mari. Une mort moins grave, certes, mais qui touche au haut lieu de son enfance. Il s'agit de celle du vieil abbé Offant, en poste depuis plus de cinquante ans à Charmes, et auquel Ferdinand doit beaucoup en termes de foi et de bonté. Dans le pays, il est loin d'être le seul. L'abbé est si profondément aimé que « pour ses funérailles, il est porté à découvert à l'église ce qui est un fait extrêmement rare [5] ».

* Inscription sur la Villa Alicius.

Fort heureusement, le même mois, sa rencontre avec Joseph Cadier, âgé de quarante-cinq ans, va lui apporter un nouveau souffle. Après vingt-cinq années d'absence, cet enfant du pays, fils de Joséphine Chabert et neveu de la débitrice de tabac Marie Chabert, revient à Hauterives. En 1862, Régis Cadier, son oncle, émigré à Stockholm, l'invitait à venir le retrouver. Joseph, alors âgé de quinze ans, n'hésite pas longtemps, et il rejoint son oncle. Les affaires de ce dernier marchent si bien qu'il ouvre le Grand Hôtel, où Joseph perfectionne son métier en cuisine. À vingt-cinq ans, pris par l'envie de voir le monde, il décide de tenter sa chance aux États-Unis, où il devient cuisinier décorateur à Philadelphie. C'est dans cette ville qu'il se marie et qu'il a deux enfants. La fièvre de la bougeotte le reprend toutefois et, en 1880, le voilà avec toute sa petite famille à New York jusqu'en 1894 [6].

Coup de chance pour Cheval, ce dernier se prend d'une véritable passion pour son Palais. Jamais, de toute son existence, Ferdinand n'a eu pour ami un tel homme. Lors de sa tournée, la chose lui semble si irréelle qu'il se pince pour être bien sûr que tout cela est vrai. Les histoires que lui raconte Cadier sont extraordinaires. Ce *Masonic Temple*, construit il y a trois ans par les francs-maçons de Chicago et qui, d'après son nouvel ami, fait 92 mètres de hauteur et compte pas moins de dix-neuf étages ! Aux niveaux supérieurs, les salles de réception peuvent accueillir jusqu'à 1 300 personnes et, sur le toit, on trouve un jardin et une galerie panoramique.

— Mais oui, Cheval ! Peu avant de quitter New York, j'ai vu de mes yeux quatre bâtiments de plus de seize étages ! Je suis même monté au sommet de l'un d'eux.

— Mais… comment ?

— Bah, en prenant l'ascenseur, pardi !

Cet enthousiasme avec lequel cet homme qui a tout vu, tout vécu, parle de son Palais le stupéfie ! Il voudrait parfois l'embrasser, tant sa joie le console, le secoue, le stimule. Un vrai cadeau du ciel ou plutôt de *son* Alice, à qui il promet intérieurement de terminer son œuvre.

En attendant, au village, tous ne parlent plus que de ces deux-là qu'on voit toujours marcher et bavarder ensemble ! Et, par-delà la blessure de la perte d'Alice, quelle fierté pour Philomène !

— Puisque, depuis le début, je vous dis que c'est un grand, mon homme. Même Alice le savait !

— Un grand, un grand, n'exagère pas…

— Un immense, vous allez voir !

18

Travailler ou mourir

Au cours de cette année 1895, Ferdinand se surpasse en termes de travail. « Je le voyais quand il venait avec sa brouette, il travaillait comme un fou. Il dormait quatre heures par nuit. Personne ne l'a aidé, ça, je peux le garantir […], il a fait un travail comme personne peut le faire. C'était pas la graisse qui le gênait, c'était que nerfs, il était que nerfs. Il avait une santé de fer [1]. » D'un côté, aidé par le père Margeron, un maçon, Ferdinand construit la Villa ; de l'autre, il termine sa Tour de Barbarie et crée son belvédère tout en s'attaquant à la façade ouest. À la moindre pause, le souvenir d'Alice revient si violemment que la douleur le paralyse. Ne plus s'arrêter, donc, et travailler en force jusqu'à tomber d'épuisement pour ne pas penser à son rire qui lui manque tant. Malgré tous ses efforts, il lui arrive de s'arrêter en plein milieu d'un geste, de se retrouver la main en l'air, les yeux hagards, le corps et la pensée entièrement pénétrés d'elle. Dans ces moments, il a si mal qu'il lui faut parfois plusieurs minutes avant de se remettre en mouvement. Où que ses yeux se posent, Alice est partout : dans le

Ferdinand à l'œuvre avec sa brouette.

vert des feuilles des arbres, la beauté des pétales, la douceur du pain, la rugosité des cailloux. À son voisin A. Desseignes qu'il aurait surpris chassant une guêpe, il aurait hurlé : « Ne la tuez pas ! C'est peut-être ma pauvre Alice qui revient me visiter [2] ! » Puis le sang coule à nouveau et ses doigts, avec une quasi-fièvre, grattent, modèlent, façonnent jusqu'à l'aube parfois...

Jamais très loin, Cadier l'observe, fasciné. Dans son coin, il réalise trois beaux dessins à la mine de plomb rehaussés de couleurs qui nous permettent d'avoir une idée précise de l'état du Palais à cette période. Le premier reproduit la façade est avec ses sources, son Monument égyptien et ses trois géants. Au premier coup d'œil, tout paraît identique à ce que nous connaissons de cette façade aujourd'hui, mais, après quelques secondes d'observation, des différences sautent aux yeux. Sur le dessin de Cadier, les trois géants sont trois géantes aux cheveux longs et aux seins nus, recouvertes d'un tissu ample au niveau du sexe. La première porte un vase de fruits dans ses mains, la deuxième, une jarre sur sa tête, la troisième, une grande potiche dans ses bras. Aucun de ces détails ne figure dans la version finale, qui donne à voir trois figures hiératiques d'hommes chauves, couverts de chapeaux ronds. Est-ce à dire qu'à cette époque, Ferdinand comptait en faire des déesses plutôt que le César, le Vercingétorix et l'Archimède qu'ils deviendront par la suite ? Mais peut-être hésitait-il. À cette période, les trois géants sont si mal dégrossis qu'ils peuvent encore devenir dieux, nymphes, rois, déesses, héros. Idem pour les deux momies qui, sur le dessin de Cadier, sont richement parées alors qu'au final, elles seront extrêmement simplifiées, au point d'en devenir quasi abstraites.

Toujours sur le même dessin, à côté de la Tour de Barbarie, un personnage retient l'attention : il s'agit de Ferdinand au travail. Un Ferdinand qu'on retrouvera exactement au même endroit sur l'une des toutes premières photographies qui sera prise du Palais un an plus tard (celle de Me Rivoire). Tout le reste de la façade que Cadier dessine est analogue au résultat final.

Sur le deuxième dessin, c'est la façade nord qui apparaît. Une façade qui, faute d'acquisition de terrain, s'arrête à mi-parcours de celle que nous connaissons aujourd'hui et à laquelle il manque encore toute la décoration rocaille ainsi que les grottes de la partie inférieure. Tout ce qui constitue sa partie supérieure est, en revanche, semblable.

Le troisième dessin représente, quant à lui, l'arrière de la façade est qui, dans un avenir proche, deviendra l'un des murs de la Galerie intérieure. Ce dessin, plus encore que les précédents, fait penser à un relevé.

Cadier a-t-il réalisé ces trois études à la demande de Ferdinand qui, moyennant 400 F, va prochainement acquérir auprès de son voisin et ami le père Joly une quatrième parcelle de pré de 6 ares à l'ouest du terrain du Palais [3] ? « Alors, quand il a vu, à ce moment-là, qu'il avait bâti les trois quarts de son monument, un jour il dit à mon grand-père : “Oh, si tu ne me vends pas un bout de ton pré qui est en face du mien, je ne pourrai pas continuer à faire ce que je fais.” Et mon grand-père dit : “Mais bien sûr, je vais t'en vendre un morceau” [4]. » Dès cet instant, tout change. Pour la première fois, Ferdinand va

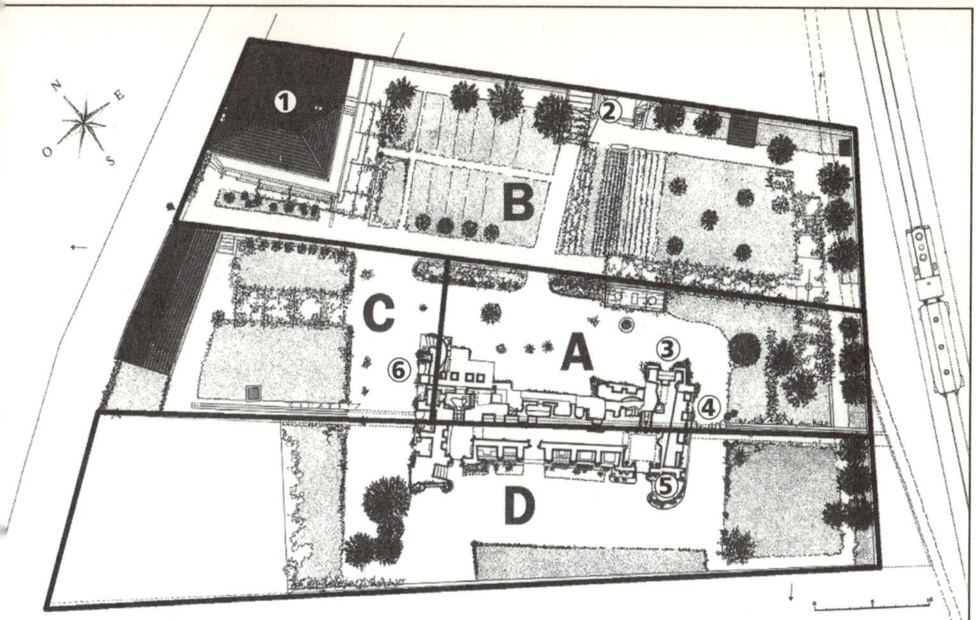

Les quatre parcelles de Cheval en 1924 :
A : première parcelle, acquise en 1879 ; B : deuxième parcelle, acquise auprès de M. et Mme Noirs en 1888 ; C : troisième parcelle, acquise auprès de M. Revol en 1889 ; D : quatrième parcelle, acquise auprès de de M. Joly en 1896.

avoir l'espace suffisant pour aller jusqu'au bout de son projet. Un projet si incroyable qu'il se demande s'il est possible de le mener à bien. Et quoi de mieux qu'un relevé pour définir les prochaines étapes de construction et se faire une meilleure idée de l'ensemble ?

L'année 1895 file sans nouveaux heurts. Peu ou prou au moment de l'arrivée de Cadier à Hauterives et de la naissance de son amitié avec Ferdinand, les frères Lumière, à Paris, donnent leur première séance privée de cinématographe dans les locaux de la Société d'encouragement pour l'industrie nationale. Le capitaine Dreyfus, lui, est envoyé au bagne sur l'île du Diable, près des côtes de Guyane. Mais Ferdinand n'a pas la tête aux nouvelles inventions, et encore moins à la politique. Seuls comptent, désormais, son Palais et le peu de proches qui lui restent.

Afin que les visiteurs puissent se reposer « tout en jouissant de la vue d'ensemble de l'œuvre plus fantastique que savante, plus idéale que naturelle, plus compliquée dans ses détails que facile à imiter », il crée, à quelques mètres de sa Villa, un petit belvédère « avec sa tonnelle et terrasse faisant face au monument » [5]. Sans doute s'inspire-t-il, ici, des jardins du château des Rioux, situé à dix minutes de Saint-Vallier et que tous connaissaient dans la région : « Ce sont des terrasses ornées de statues antiques, des kiosques, des belvédères, des labyrinthes, de belles plantations, des eaux qui serpentent et tombent en cascades, des points de vue habilement ménagés ; c'est enfin, eu égard à la localité, tout ce que peut inspirer l'amour éclairé des arts [6]. » Doté d'un cadran solaire que Ferdinand baptise « cadran de vie », le belvédère du Palais rappelle à chacun que « ce n'est pas le temps qui passe mais nous » et que « chaque fois que tu me regardes tu vois ta vie qui s'en va »*. Une belle façon, pour Ferdinand, de rendre hommage à chaque minute de cette vie qu'il sait ô combien éphémère, et dont il voudrait que chacun jouisse à profusion, comme lui jouit de son Palais.

Au mois d'avril 1896, il acquiert pour 1 000 F place des Terreaux une maison contigüe à celle de son fils Cyrille qui, apprend-on sur l'acte notarié, vient de s'établir « tailleur d'habits Grande-Rue à Hauterives ». Suite

---

* Inscriptions sur le Belvédère.

Dessin de la Villa Alicius par Cadier.

à la mort d'Alice, ce denier a sans doute tenu à se rapprocher de son père. Et quel bien cela a dû lui faire, ainsi qu'à Philomène, compte tenu de la présence d'Eugénie, trois ans, et d'Alice, deux ans, leurs deux petites filles.

Malheureusement pour lui, au printemps de la même année, Cadier tombe gravement malade. Avant que son état n'empire, il réalise une très belle aquarelle de la Villa Alicius où viennent de s'installer Ferdinand et Philomène. Une Philomène ravie d'avoir enfin sa maison à elle. Une maison, de surcroît, qui donne sur le Palais et qui, dans ce si lourd moment de deuil, lui permet d'être jour et nuit au plus près de son homme.

Sur cette aquarelle, la Villa Alicius, déjà entièrement bâtie, est vue du jardin. Sur la gauche, on aperçoit le mur de clôture avec la porte d'entrée et, au fond, sur le coteau, un vignoble. Légèrement à droite, sur la terrasse, on voit l'escalier raide qui permettait alors d'accéder au toit-terrasse dont le petit-fils du père Joly se souvenait parfaitement : « Quand il a fait sa maison, dessus [...] il avait fait une dalle. C'était pas un toit avec des tuiles, c'était une dalle qu'il avait faite. C'était tellement grand qu'on pouvait jouer aux boules là-dessus ! Et puis il s'est aperçu que quand ça pleuvait, ça filtrait. Y avait pas les matériaux qu'il y a maintenant, alors ça filtrait à travers cette dalle, alors il a mis un toit [7]. » Était-ce pour imiter l'un de ces riads vus dans un magazine et qui le faisaient rêver ? Julia Micoud, la future bonne des Cheval, n'hésite pas à dire à ses interviewers que Ferdinand « voulait faire une maison comme les Indes [8] ». Très vite, à cause des fuites, Ferdinand sera toutefois obligé de modifier son plan d'origine et de placer des tuiles. Mais qu'importe. La demeure est vaste et, grâce à une pompe placée sous la maison, Philomène peut remplir ses cruches et ses seaux sans avoir à se rendre jusqu'à la fontaine publique. Une série d'alcôves animent la base du bâtiment. Une vigne généreuse y pousse ainsi que sur les murs de la terrasse. À contempler ce dessin, l'on a peine à imaginer le malheur qui vient de frapper Ferdinand et Philomène, tant tout, sur la feuille, respire le bonheur et le calme. Le printemps aussi. Sa si généreuse lumière.

Et tandis que Cadier, de plus en plus souffrant, ajoute ici, au pinceau, le détail d'un volet, là celui d'un balcon,

Ferdinand, lui, reprend ses trois géants, étirant leurs torses jusqu'aux créneaux de sa Tour de Barbarie qu'il vient d'achever. Comme il lui tarde d'être le 19 avril ! À cette date, il aura soixante ans et sera mis à la retraite. Il aura alors tout son temps pour se consacrer à son Palais. « Vingt-neuf ans je suis resté facteur rural. Le travail fait ma gloire et l'honneur mon seul bonheur [9]. » Oh, bien sûr, la cérémonie du grand départ lui donne les larmes aux yeux, et plus que tout ce moment où le jeune directeur entame son discours.

— Après vingt-neuf ans de bons et loyaux services aux Postes, ce sont 222 720 kilomètres qu'aura parcourus, au total, notre collègue et ami Cheval !

— Et sans quitter la Drôme !

Dans le bureau, tous se mettent à rire. Le jeune directeur s'avance vers Ferdinand :

— C'est donc avec fierté, Facteur Cheval, que je vous remets la médaille d'honneur des Postes [10].

Son bonheur sera de courte durée. Admis en urgence à l'hôpital de Saint-Vallier, son ami Joseph Cadier meurt dans le courant du mois de juin. Juste avant de disparaître, ce dernier, encore plein d'enthousiasme, lui décrivait le Metropolitan Museum of Art et le pont de Brooklyn, jurant de l'embarquer un jour là-bas et de les lui montrer.

Pour ne pas céder au désespoir, Ferdinand se lance dans la construction de la Galerie intérieure (large de 1,50 mètre, longue de 20 mètres !) et de la terrasse. « Toujours avec le même courage et la persévérance, voilà deux ans que j'ai commencé une galerie du côté couchant avec des *hécatombes** de chaque côté de 12 pieds (3,65 m) carrés qui communique avec le Temple hindou ou avec le Tombeau. Au-dessus des *hécatombes* et de la Galerie se trouve une terrasse très vaste d'une longueur de 22 mètres. On y accède par des escaliers, à la seule fin que les visiteurs puissent dominer tout le monument à leur aise [11]. » Et son opiniâtreté paie. Non seulement il parvient à surmonter sa douleur, mais, tout droit venu du ciel, un nouvel article tombe sur son Palais : « Une curiosité attend le voyageur à la sortie-ouest [*sic*] du village c'est une construction rappelant en petit les âges préhistoriques et la période ogivale dans sa brillante évolution. Tout d'abord apparaît un tombeau avec clocheton, colonnes et ornements variés ; viennent ensuite d'autres groupes dont la destination n'est pas indiquée et qui dans leur ensemble forment une création originale. L'architecte et maçon de l'édifice entier est un facteur de la Poste, M. Cheval, qui, dans ses tournées à Tersanne, a recueilli toutes les pierres de forme bizarre qu'il a rencontrées et les a placées habilement à l'endroit le plus approprié à l'effet attendu. Il n'est pas permis de passer à Hauterives sans visiter le travail de patience et de bon goût du facteur, ancien militaire, qui n'ayant jamais reçu de leçon d'architecture laissera après lui une œuvre fort curieuse [12]. »

Le choc est total pour Ferdinand ! Car l'article est signé par l'enfant du pays André Lacroix, connu de tous

* J.-F. Cheval désigne ainsi ce qu'on appellerait plutôt un vestibule ou une antichambre ; ici, aux deux extrémités de la Galerie, des pièces carrées, couvertes, de 3 mètres de côté.

pour sa prodigieuse ascension sociale. Fils de paysan, né à Hauterives, André Lacroix obtient un poste de professeur d'histoire au collège puis un autre d'instituteur, après des études au petit et au grand séminaire. Loin de s'arrêter là, il devient, par la suite, le rédacteur en chef du *Courrier de la Drôme et de l'Ardèche* puis, en 1863, le directeur des archives départementales de Valence. Passionné d'histoire et de paléographie, il crée en 1866 la Société d'archéologie et de statistique de la Drôme ainsi que son bulletin. Qu'un homme aussi renommé et savant daigne s'intéresser de si près au Palais tient du pur miracle. Lacroix est au faîte de sa gloire au moment où il écrit cet article et, si l'on attend encore quelque chose de lui, ce n'est certainement pas un paragraphe entier sur cette grotesque construction ! Mais Lacroix a été intimement touché par le Palais. N'oublions pas, comme l'écrit si ingénieusement la chercheuse Véronique Moulinié, que lui aussi est un fils de paysan [13]. Face à l'œuvre de Cheval, il se découvre soudain « un frère ». Un frère stupéfiant, certes, mais doté, comme lui, de cette même farouche volonté qui, seule, lui a permis d'atteindre ces sommets. « Rappelle-toi que vouloir, c'est pouvoir*… » Un état d'esprit qui lui est allé droit au cœur et qui a dû l'éblouir en découvrant le travail herculéen de Cheval.

En attendant, Ferdinand lit et relit l'article sans parvenir à y croire. Le long de la Grande-Rue, il court, bifurquant place des Terreaux où se trouve la boutique de son fils. Lorsque, sans même chercher à s'annoncer, il

* Inscription sur la façade est du Palais.

ouvre grand la porte, Cyrille, ciseaux en main, le fixe, ahuri.

— Mais… que se passe-t-il ?

— Regarde un peu ! Tout un article sur mon Palais, par M. André Lacroix ! Il faut que tu le remercies !

— Moi ?

— Tu as fait des études, tu as les mots, Cyrille. Tu sais tourner les phrases.

— Mais enfin… que veux-tu que je lui dise ?

— Je ne sais pas, moi. Que je le bénis, qu'il est le bienvenu, que c'est un homme grand aussi !

— Tu veux dire un grand homme.

— Parfaitement, oui ! Allez, cours chercher ta plume !

— Là, tout de suite ?

— Un homme pareil, je ne peux pas le faire attendre. Cours donc, Cyrille !

19

À LA RECHERCHE DE L'ÉDEN...

En ce début d'année 1897, nous apprenons de la bouche même de Ferdinand que « les touristes sont venus cette année en grand nombre, beaucoup plus que les années précédentes, et tous partent de chez moi émerveillés de mon monument ; ils admirent surtout le travail et la persévérance que j'ai apportés à cet ensemble merveilleux qui s'appellera, je l'espère : Seul au monde. Voilà dix-huit ans que je travaille et il me faut encore deux ans pour achever l'intérieur et l'extérieur et mon rêve aura duré vingt ans [1] ».

Des touristes à Hauterives ? Il est vrai que la toute récente création du Syndicat d'initiative de Grenoble et du Dauphiné (SIGD), en 1889, a largement contribué au développement touristique de la région qui, jusqu'alors, n'avait droit qu'à la visite de quelques passionnés de montagne, en route vers Chamonix ou la Grande-Chartreuse, ou encore à quelques étudiants anglais attirés par les cours donnés aux étrangers à la toute nouvelle université de Grenoble. Pour attirer plus de touristes, le SIGD s'était même mis en rapport avec la compagnie PLM (Paris-Lyon-Marseille) pour demander des wagons plus confortables ainsi que la mise en place de « voyages circulaires » combinant chemin et fer et voitures de correspondance, avec optimisation des horaires des trains. L'idée rencontre un vrai succès, et tout particulièrement auprès des Britanniques, ces « découvreurs de glacières », *sportsmen*, « grands amateurs d'abîmes », curistes fortunés, professeurs et élèves d'Oxford ou d'Édimbourg, ou simples promeneurs... En 1895, à l'heure où, à l'étranger, Bade, Ostende, Spa et, en France, Biarritz et Vichy, connaissent une grande activité, la Savoie reçoit plus de 100 000 étrangers. Les Anglais y sont fort nombreux et se partagent entre Aix-les-Bains, Chamonix, la vallée de l'Arve et les bords des lacs [2]. De là à les conduire jusqu'à Hauterives... Mais, en 1897, l'ouverture, tant réclamée par les gens du pays, de la ligne du tramway de la Galaure va considérablement simplifier l'accès à la vallée et, de fait, fortement contribuer à mieux la faire connaître. Désormais, la visite de Hauterives peut très facilement s'effectuer en un jour.

Quand des touristes débarquent, Ferdinand, le plus souvent, ne les entend pas, tout occupé qu'il est à décorer sa Galerie intérieure « qui donne accès à chacune de ses extrémités à un labyrinthe aux sculptures hétéroclites [3] ». C'est Philomène alors qui sort de la Villa pour le prévenir. Plus que tout, Ferdinand aime ce moment où l'un d'eux, saisi par l'étonnement, laisse échapper un cri d'admiration. S'il s'agit d'étrangers, chacun tente de se faire comprendre par gestes, et l'on finit souvent par rire. À l'intérieur, rien n'est encore fini, laisse-t-il entendre. Quel bonheur, cependant, d'en voir un s'extasier à la vue de la gigantesque frise d'animaux sauvages courant le long du mur de sa Galerie et où chacun reconnaît le rat, la belette, la mouette, le renard, la perdrix, le ramier, le loup, le furet*. Juste au-dessus, d'autres semblent tout autant aimer la succession d'arbres et de palmiers qu'il a entièrement parés de coquillages. Avec beaucoup de difficulté, il tente de leur expliquer que c'est le neveu de sa femme qui, depuis Marseille, lui expédie ces derniers : nacres de Méditerranée, moules, huîtres, bigorneaux, palourdes, coques... Quand, par chance, l'un d'eux parle le français, rien ne lui fait plus plaisir que de l'entendre s'enthousiasmer pour ce voyage dans le temps qu'il a l'impression d'effectuer dans cette « grotte des temps primitifs ». C'est exactement l'effet qu'il recherche ! Donner au voyageur la sensation de revenir des centaines de milliers d'années en arrière, jusqu'au temps de l'Éden peut-être, quand, aux côtés des serpents et des lions, les oiseaux voletaient et piaillaient sans peur.

Sur l'autre mur de la Galerie, Ferdinand a sculpté, le long du béal d'arrosage, à l'envers de sa Source de Vie, de sa Grotte de Saint-Amédée et de sa Source de la Sagesse, trois belles niches-vasques qui pourraient être des cascades tant elles semblent être faites d'éponges et d'eau. Pour rendre la charge de son mortier plus légère et afin que celui-ci adhère au mieux, on sait que Ferdinand y incorporait beaucoup de mâchefer, ces résidus essentiellement issus de la combustion du charbon ou du coke. D'où l'aspect spongieux, quasi métallique parfois, de certaines de ses réalisations. « Ce rocher dira un

* Noms donnés aux animaux de sa Galerie intérieure, en inscription.

jour bien des choses », écrira-t-il, plus tard, au-dessus de ces vasques*. À chaque bout, il les pare de deux très beaux bas-reliefs : ici, un chameau, là, une vache sacrée gardée par un berger dix fois plus petit qu'elle. Gare au moindre coup de queue de l'animal, car alors il se retrouverait dans les airs ! À croire que l'Homme n'a pas grand-chose à faire dans ce monde si ça n'est à se tenir sur ses gardes et à vénérer la toute-puissance des règnes animal et végétal qui, partout, dominent.

Sur les plafonds, Ferdinand s'essaie à de nouvelles formes dont il trouve, cette fois, l'inspiration chez le boulanger qu'il a été. Avec émerveillement, nous découvrons, au-dessus de nos têtes, une succession de *kouglofs* renversés qu'on aimerait presque manger tant leur crème semble réelle.

Artiste dans l'âme, Ferdinand déteste plus que tout se répéter. Dès qu'il maîtrise un geste, il en cherche un nouveau, interrogeant la matière jusqu'en ses moindres interstices. Si, deux fois de suite, il utilise des coquillages, comme c'est le cas pour décorer sa crèche et les arbres de sa Galerie, dans l'un, il ne fait que les poser, dans l'autre, il les retourne et se sert de leur empreinte pour faire jaillir de nouveaux motifs. Idem avec les colonnes qui, toutes, ont leur particularité : ici, s'assemblant en pots renversés, là, s'élevant telles des flammes, là s'accumulant en mamelons, là encore en tresses ou en sarments de vigne… « Ce qu'il y a de beau et de grand chez le Facteur Cheval, c'est qu'il les a employées toutes [les voies et les méthodes] : la tête qui pense, la main qui

* Inscription sur la Galerie intérieure du Palais.

suit : la tête qui suit la main qui pense ; la tête qui ne pense à rien, la main qui pense à tout ; la tête qui suit une main qui n'a aucune pensée ; la pensée qui titube derrière une main qui rêve [4]… »

Côté sud, la Galerie débouche sur une première *hécatombe* où, face à face, Ferdinand a sculpté un éléphant naïf et un cèdre qui s'avère être l'une de ses plus belles réalisations. Ici, la surface devient poreuse. Elle n'est plus une limite mais, au contraire, un passage constant, par les creux, de l'extérieur à l'intérieur, laissant « voir » le processus vital en cour. Ce n'est pas juste l'arbre et ses branches qui apparaissent, mais la sève, l'énergie iridescente qui le parcourt et qui l'anime dans sa pulsion de croissance. Ce cèdre, Ferdinand a pu le contempler chez Me Rivoire, qui fait partie des *aficionados* du Palais : « Le parc du château de Hauterives, habité par M. Rivoire, notaire, est remarquable par des pièces d'eau et surtout par des arbres gigantesques tels que : tilleuls, élanthes [*sic*], marronniers, épicéas, acacias, charmes, parc où se trouve le plus beau cèdre du Liban de France, car il est plus beau que le fameux cèdre du Jardin des Plantes de Paris [5]. »

Dans la deuxième *hécatombe,* à l'extrême opposé de la Galerie, « on y trouve des caricatures d'antiquités au nombre de sept ; en dessous des autruches, des flamants, des oies, des aigles. La sculpture en est si bizarre qu'on se croit vivre dans un rêve [6] ». Un rêve qui nous emmène tout droit au royaume des morts en Égypte dans l'un de ces couloirs entièrement peints des Pyramides mais aussi, en ces temps de la préhistoire où l'homme des grottes de la Mouthe, des Combarelles et de Font-de-Gaume (découvertes en 1895) laisse son empreinte, en peignant et en sculptant les murs. Au vu de toutes les morts qui ont scandé l'existence de Ferdinand, ce « boyau » intérieur pourrait faire également penser au passage utérin. Un passage « activé » par la féerie du Palais et à travers lequel Ferdinand, sans cesse, renaît… Telle la crèche merveilleuse modelée juste au-dessus de son tombeau, la vie pulse ici, dans l'antre de son Palais, défiant, par mille chants d'oiseaux et visions splendides, la noirceur de la mort.

Puis, un jour, cette lettre d'André Lacroix, perdue à ce jour, lui réclamant de plus amples détails sur sa vie et sur son œuvre. Aussitôt, Ferdinand accourt chez son fils pour lui faire sa réponse.

— Très bien, mais que veux-tu lui dire ?

— Comment ça, mais tout, Cyrille ! Tout !

— Comment ça, tout ?

— Tu as bien entendu, non ?

Et c'est ainsi que naît *la* lettre qui, au fil des années, deviendra, pour tous ceux qui désirent mieux connaître le Facteur Cheval, un véritable trésor :

> Un jour du mois d'avril en 1879, en faisant ma tournée de facteur rural, à un quart de lieue avant d'arriver à Tersanne. Je marchais très vite, lorsque mon pied accrocha quelque chose qui m'envoya rouler quelques mètres plus loin. Je voulus en connaître la cause. Je fus très surpris de voir que j'avais fait sortir de terre une espèce de pierre à la forme si bizarre, à la fois si pittoresque que je regardais autour de moi. Je vis qu'elle n'était pas seule [7]…

Au regard de tout le travail déjà effectué, on ne peut qu'être ému à la lecture de ces premières lignes. Un peu plus loin, il raconte comment lui est venue l'idée de son tombeau puis il décrit son Monument égyptien ainsi que son Temple hindou, avec ses trois géants et ses deux momies. Voilà deux ans, continue-t-il, qu'il a commencé sa Galerie ainsi que la terrasse dont le but est de permettre aux visiteurs de dominer le monument à leur aise. Des visiteurs nombreux, ajoute-t-il, qui tous admirent son travail et sa persévérance. Pour terminer, il précise qu'il a « commencé ce travail gigantesque à l'âge de quarante-trois ans » et que, contrairement à ce qu'a laissé entendre Lacroix dans son article, il n'a pas servi le gouvernement comme soldat mais comme facteur des Postes près de trente ans. Une indication suffisamment claire pour entériner définitivement toutes les pistes d'un possible engagement en Algérie. Enfin, il prie Lacroix de trouver un nom à son monument. Est-ce parce que des visiteurs ne se sont pas montrés enthousiastes à celui de « Seul au Monde » qu'il avait trouvé ?

« Seul au Monde » : ce titre en dit si long sur lui. Robinson livré à lui-même sur son île tissée de songes, et que sa belle Alice a quitté. Mais peut-être est-il temps d'enfin ouvrir les bras au monde. « Comme il faut que je donne un nom à mon travail, je vous prie, monsieur, de lui donner vous-même un nom d'ensemble ou détaillé comme vous le jugerez à propos. Vous êtes à même de le trouver mieux que personne. » Il y a tant d'émerveillement et de joie sur la figure de ceux qui découvrent son Palais. Peut-être est-il temps de larguer les amarres du grand silence et de parler un peu de soi. « Je tiens à vous renouveler que les frais occasionnés par la correspondance ou autres seront tous à ma charge. Je vous serais bien obligé de me les faire connaître. Trop heureux que vous vouliez bien consentir à m'adresser une petite biographie dont je garderai pour vous une sincère reconnaissance pour toute la peine que vous aurez prise pour moi. Veuillez recevoir, M. Lacroix, l'expression de mon profond respect. Votre très humble serviteur, Ferdinand Cheval, ancien facteur, Hauterives. » Il y aurait tant et tant à dire sur ce rêve édifié et sur ses mains qui saignent : « J'ajoute aussi à cela, pensant que ça vous sera utile, la longueur totale du monument. Elle est de 23 mètres, sa largeur à certains endroits est de 12 mètres, la hauteur varie aussi de 6, 9 à 11 mètres, la forme entière de ce travail qui n'est qu'un seul bloc de rocail [*sic*] qui a environ 600 mètres cubes de pierres dans son ensemble. Le tout a été construit par la main d'un seul homme [8]. »

Les mois passent. André Lacroix ne répond pas. Ferdinand travaille à l'extension de la façade nord.

En 1898, toujours aucune réponse. Zola publie son « J'accuse », tandis qu'à Paris les travaux du futur métro sont lancés. L'hiver arrive. Ferdinand corrige ses trois géants, polit ses momies et insère une dizaine de mini-architectures (château, tour, temple...) dans les creux laissés par ses arcs-boutants. Nous sommes en 1899. Après vingt ans de travail acharné, la première façade du Palais est enfin achevée. Au même moment, Émile Loubet, l'élève d'André Lacroix (!), le Drômois de Marsanne, est élevé à la présidence de la République. Un fort bon signe.

20

Façade ouest

Voilà quatre ans qu'Alice est morte, et, contrairement à ce que Ferdinand aurait pu croire, la douleur du manque, bien loin de s'atténuer, augmente chaque jour qui passe. « Alice ! », se prend-il à hurler la nuit parfois : « Alice, où es-tu ? Que fais-tu ? » Pour tenir le coup, il ne s'accorde pas la moindre minute de repos. Ou alors tomber comme une masse et mourir de chagrin. « Il n'était pas gros le pauvre ni grand, mais il travaillait tellement. Il ne savait pas se reposer… Il était récalcitrant : il était là qui approfondissait toujours. Il raffinait, il avait toujours son couteau. Il n'agrandissait pas, il améliorait [1]. » Et Philomène ? Comme lui, elle a bien du mal à digérer le deuil et, pour ne pas sombrer, elle coud à la maison, rend visite à des amies du village, s'occupe des filles de Cyrille et du petit potager qui donne sur le Palais. Quand Ferdinand rentre, elle lui sert à dîner. Parfois, entre deux longues plages de silence, il lui parle du drôle d'accent d'un visiteur ou encore d'un outil qu'il a cassé, puis, sans rien ajouter, il lui tend son assiette.

Double page suivante, la façade ouest du Palais Idéal.

H
E
V

Jamais il ne lui parle d'Alice, et Philomène lui en sait gré. La nuit, ils dorment en bas dans deux lits séparés et, le matin, ils aiment à boire leur café ensemble. Quand, dans la journée, la chaleur est trop forte, elle lui apporte des pêches, une bouteille d'eau, et même parfois du sucre pour le remonter. Comme, dans ses moments, il aimerait pouvoir tout lui dire : la force de son amour en même temps que sa honte de ne pas assez s'occuper d'elle. Mais à l'instant où les mots s'apprêtent à sortir, toujours elle baisse les yeux et s'en va. Comme si, dans le fond, elle les ressentait depuis toujours et n'avait pas besoin de les entendre.

Nous sommes en 1899. La Galerie intérieure est sur le point d'être achevée. La belle idée de la couvrir d'inscriptions ne viendra que dans quelques années. Au-dessus, la terrasse est encore nue. En y accédant, écrit Ferdinand dans son cahier, on « a un beau point de vue ; on découvre la riante et fertile vallée de la Galaure, là ce sont les prés verts, plus loin le cours sinueux et bruyant de la rivière, à gauche le charmant village de Hauterives, avec son église gothique, les restes d'un manoir féodal... ». À cette date, Ferdinand a radicalement changé d'avis sur la fonction de sa terrasse. Par un jeu de décors somptueux qu'il « voit », il veut qu'elle fasse unité, « corps » avec la Galerie qu'elle surplombe, qu'elle soit son « prolongement » en quelque sorte.

Mais, pour l'heure, il se concentre sur la façade ouest. Une façade en tous points différente de celle qu'il vient d'achever. Ici, en effet, tout s'ordonne. Les nombreuses colonnes qui la ponctuent sont droites et dépouillées de toute ornementation. À gauche, une grande Mosquée avec son dais surmonté d'un croissant, entourée de quatre minarets. Une Mosquée qui a dû en faire jaser plus d'un dans le village et qui a dû proprement stupéfier Jean Flavien Catil, le curé alors en place à Hauterives. Si, à cette époque, l'Orient est à la mode, il n'est pas question, pour autant, d'acclamer l'islam, encore moins de jouer la carte de l'œcuménisme ! Et là, tout à coup, cette Mosquée sortie de nulle part, assortie d'un « Allah et ses jardins de délices* » à quelques mètres de la crèche merveilleuse et des quatre Évangélistes. Certes, Ferdinand avait déjà frappé fort en élevant son Tombeau égyptien et son Temple hindou, mais l'un honorait une civilisation morte (adulée !), l'autre un peuple fort lointain qui jamais, à l'instar des Maures, ne s'était permis de verser le moindre sang chrétien. Combien de fois Catil a-t-il tenté de persuader Ferdinand de mettre fin à cette folle idée ? Seulement plus rien ne peut venir à bout de l'obstination de ce fils de paysan, âgé de soixante-trois ans et qui, sur les vingt dernières années, vient de prouver que l'impossible était possible par sa seule volonté. Qui plus est, il y tient, à sa Mosquée. En 1919, ne confiera-t-il pas à ce journaliste anglais qui l'interviewe « avoir été hanté, des années durant, par ce vieux livre d'illustrations orientales qui lui était tombé entre les mains [2] » ?

Sans ce livre, y aurait-il jamais eu le Palais ? Dans un tel ouvrage, comment, en effet, ne pas imaginer l'illustration somptueuse d'une mosquée d'où émanent les plus beaux chants du monde ? Peu ou prou à la même

* Inscription sur la façade ouest du Palais.

période, l'écrivain Pierre Loti aura la même idée que Ferdinand. À l'étage de la maison mitoyenne qu'il a acquise en 1894 à Rochefort, il s'évertuera, lui aussi, à reconstituer, dans une chambre de l'étage, le décor d'une mosquée*.

Au Palais, c'est par la porte de cette Mosquée qu'on accède au labyrinthe sud de la Galerie où se trouvent l'éléphant et le cèdre, et c'est par un escalier tournant situé à l'extérieur qu'on parvient à la terrasse. En dessous de celle-ci, Ferdinand creuse cinq grandes niches dans lesquelles il installe cinq modèles réduits d'architectures de 2 à 3 mètres de hauteur sur 1 à 2,50 mètres de large : « Le Temple hindou, le Chalet suisse, la Maison blanche, la Maison carrée d'Alger, le Château du Moyen Âge [3]. » L'idée lui a-t-elle été soufflée par les compagnons du Devoir dont la tradition, en fin d'apprentissage, est de créer un chef-d'œuvre ? Mais peut-être par celle des architectes de la Renaissance qui, pour présenter leurs projets, usaient de grandes maquettes en bois.

Toujours est-il que son Temple hindou n'a, de nouveau, rien à voir avec le titre que Ferdinand lui attribue, si ce n'est qu'il est plus étagé que les autres. « Construit tout en boules de pierre, très dures, les soubassements sont faits de pierres en forme de menhirs et d'autres en forme de coquillages marins… ». Trois tours le composent, mais des tours qui ressemblent beaucoup plus à des clochers qu'à n'importe quelle architecture indienne.

* Au fil des années, en plus de sa mosquée, il créera à cet étage un salon Renaissance, un salon turc, une chambre arabe, une salle chinoise, une salle gothique… Elle se visite aujourd'hui.

Le Magasin pittoresque et *Le Musée des familles* fourmillent pourtant de représentations des temples de Khajurahô, de Sânchi, de Virupaksha. Mais sans doute Ferdinand n'a-t-il voulu retenir d'eux que la variété des bâtiments qui les composent ainsi que la profusion de leur décor. À moins qu'il n'ait cherché à imiter le modèle réduit du temple indien de Djaggernat, que la Société asiatique avait offert au Louvre en 1853 et dont on trouve une reproduction dans *Le Magasin pittoresque* de la même année…

« Le Chalet suisse en pierres unies, avec son toit pointu et ses quatre sapins légendaires, tire surtout son effet de coquillages marins dont il a été construit. Il a 3 mètres de haut sur 2,50 mètres de large. » Les quatre sapins ont, à ce jour, disparu. Nous les voyons fort bien en revanche sur une carte postale datée de 1905 où Ferdinand pose avec Philomène devant la façade ouest. D'où a-t-il pu avoir cette idée de Chalet suisse ? À côté d'un Temple hindou, de surcroît ! Dans son cahier, on lit : « Chalet charmant/ Où l'homme de tout âge/ Et de tout rang, reviendra/ Me visiter chaque printemps. » Pour obtenir une possible réponse, il faut jeter un œil sur les cartes postales de Hauterives à l'époque. L'une d'entre elles, en effet, représente quatorze ouvriers, hommes et femmes, posant devant le Chalet des Mines. Des mines de lignite situées à moins de 300 mètres du Palais ! Pour quelle raison le propriétaire de l'époque a eu l'idée de faire construire ce chalet (aujourd'hui disparu), personne ne s'en souvient au village. Une chose reste cependant certaine : tous, à l'époque, le connaissaient, soit pour y avoir travaillé, soit pour y être allé chercher une connaissance. Une aubaine pour Ferdinand qui, d'une pierre deux coups, avec ce modèle, pouvait parler de l'ailleurs tout en rendant hommage à ce *chez lui* qu'il aime.

Le choix de la Maison blanche est beaucoup plus auréolé de mystère. Ferdinand rend-il hommage à celle, construite en 1792, à Washington ? Si telle était son intention, « les petits cailloux de rivières cassés en forme de cubes de marbre de diverses couleurs » sont à mille lieues de l'évoquer, et pas plus « le soubassement composé de boules de pierres très dures et de forme bizarre ». Qu'est donc cette Maison blanche (ultra-colorée !) dont le poème sur le cahier de Ferdinand dit : « Je suis la Maison blanche/ De la belle saison/ Où tous les maçons de France/ Viendront inscrire leur nom » ? Un clin d'œil à la franc-maçonnerie ? Son curateur l'était et, sans doute, son ami Joseph Cadier. Sont-ce, pour autant, des éléments suffisants pour affirmer que Ferdinand en était lui aussi et a voulu, par cette Maison blanche, saluer ses frères ? Rien n'est moins probable. Une pure fantaisie de l'imagination, alors ? Et si, plus simplement, Ferdinand avait voulu représenter l'une de ces innombrables maisons blanches du Maghreb qui, tels les palais et les mosquées d'Orient, le font rêver ? N'a-t-il pas eu en tête de construire un toit-terrasse pour sa Villa Alicius ? Et n'a-t-il pas agrémenté sa base d'une série d'alcôves qui, par bien des côtés, nous font penser à une architecture orientale ?

Au moins, avec le prochain modèle, nous savons parfaitement où nous mettons les pieds : « C'est la Maison carrée d'Alger/ Avec son petit palmier/ Qui nous rappelle le pays/ De notre belle Algérie. » Celle-ci « a sa terrasse crénelée et un palmier au milieu. Des pierres de rivières ressemblant à des éponges ont servi à façonner le soubassement ». De ce modèle, et surtout du poème qui l'accompagne, beaucoup ont déduit, un peu hâtivement, que Ferdinand était parti en Algérie. Mais, d'une part, nous n'avons aucune trace de son passage là-bas, et, d'autre part, il est fort possible qu'il se soit inspiré, pour ses vers, d'un des nombreux encarts publicitaires qui avaient alors cours pour vanter les mérites de ce nouvel « Eldorado ».

Avec ses meurtrières et ses créneaux, son Château du Moyen Âge est, quant à lui, reconnaissable au premier coup d'œil, et les exemples dont il a pu s'inspirer affluent, à commencer par le château de Charmes, celui de Hauterives, bien sûr, que Ferdinand pouvait contempler à toute heure, ainsi qu'à quelques kilomètres, les ruines du château de Crépol, lieu de naissance de sa maman. En empruntant la route de Romans, il tombait également sur le château de Triors et, lorsque son fils habitait Saint-Uze, il pouvait voir, au loin, le château des Rioux. « C'est avec des pierres rouges appelées porphyres (trouvées à Rochetaillée près de Saint-Vallier) que j'ai fait le Château du Moyen Âge avec ses tours crénelées, ses murs épais, ses mâchicoulis et pont-levis qui le rendaient inabordable (avant l'invention de la poudre). » La provenance de ce porphyre prouve que Ferdinand n'hésitait pas à faire plusieurs dizaines de kilomètres pour trouver les pierres qu'il voulait, même si, à n'en pas douter, l'ouverture de la ligne du tramway de la Galaure a dû jouer pour beaucoup. Ce porphyre rouge était considéré par les Romains comme une pierre très prestigieuse et, aujourd'hui encore, nous pouvons admirer les vasques qu'ils y taillèrent ainsi que des sculptures, des sarcophages impériaux, des décors de placage. Quand on connaît l'amour qu'avait Ferdinand pour l'histoire romaine, on comprend un peu mieux ce choix.

Voilà, les cinq modèles sont installés, chacun d'eux séparé soit par deux colonnes archi-classiques, soit par l'ouverture d'une porte (trois en tout) qui donne accès à la Galerie intérieure. En amenant ses visiteurs face à ces différentes architectures, Ferdinand veut que chacun se demande « s'il n'est pas emporté sur l'aile d'un rêve fantastique chimérique, dont les limites dépasseraient l'imagination : est-il en Inde, en Orient, en Chine, en Suisse ? Il ne sait, car les styles de tous les pays et de tous les temps sont confondus et mêlés ».

Donner le vertige à son spectateur, lui faire perdre ses repères au point qu'il se demande s'il est encore sur Terre (mais alors où et à quelle époque ?) et, sinon, dans la Tour de Babel alors, et pourquoi pas au Royaume des Morts ou dans un conte féerique ? Au Paradis, peut-être.

21

Foisonnement éclectique

En parallèle de la façade ouest, Ferdinand s'attaque à l'ornementation de sa terrasse. Une ornementation toute végétale qui, où que l'œil se pose, partout foisonne et pousse. Et c'est un peu comme si, mus par une force extraordinaire, les arbres de la Galerie avaient crevé le plafond, s'emparant de la pierre, s'y attachant, s'y enroulant. Derrière la Source de Vie, la Grotte Saint-Amédée et la Source de la Sagesse, ce décor ruisselant de feuilles et de racines jaillit, exubérant. Pour autant, nous ne sommes plus dans ce désordre organique si propre à la première façade, et où Ferdinand cherchait encore son geste. Plus de vingt années ont passé, et combien elles ont compté. Car si, à l'instar de sa première façade, tout fuse et explose, c'est dans les moindres détails ici et avec une somptueuse maîtrise. La rampe de l'escalier qui conduit à la Tour de Barbarie confine au chef-d'œuvre, tant le déluge végétal qui la recouvre paraît vivant. On s'approche, on le touche et c'est comme assister à la fin des temps, comme si, oui, le règne végétal, avec une cohésion et un contrôle inouïs, reprenait tout pouvoir sur le monde de l'Homme. L'ensevelissant, sublime. Face à une telle « mise en œuvre », « mise en scène », on pense immédiatement à Angkor, bien sûr. Une Angkor engloutie par la forêt et que des centaines d'hommes, au moment où Ferdinand « décore » sa terrasse, s'évertuent, sous des chaleurs torrides, à libérer de l'emprise de la jungle. Mais pour combien d'autres grandes civilisations toujours cachées et enfouies ? Comme si, au plus intime, Ferdinand savait qui, du végétal ou de l'Homme, aurait, à la toute fin, le dernier mot et qu'étant sûr de cela, il anticipait l'immense bataille, offrant à Dame Nature, tel Gaudí quelques années plus tard, tout son Palais. Un Palais qu'il la somme de protéger et de garder, quitte à le faire devenir sève, racine, branche… « Sur cette terre, comme l'ombre nous passons. Sortis de la poussière, nous y retournerons*. »

C'est là, au milieu de cette terrasse, qu'il érige sa fameuse pierre d'achoppement. Celle qui a déclenché le songe. Celle à laquelle il doit tout. De couleur grise et ocre, elle est formée de trois blocs placés les uns sur les autres, de taille décroissante, et sur lesquels se sont agrégées, en cercles, des strates successives d'alluvions. De loin, on pourrait aisément la prendre pour l'une de ces vénus préhistoriques qui, par l'éternité et la proéminence de ses formes, nous convoque aux temps des origines. Ceux de la Création et des déesses mères, comme si, en plus d'être dédié à Alice, le Palais l'était à Rose, la

Ci-contre : dromadaire (détail).

* Inscription sur la façade est du Palais.

EN CREANT CE ROCHE
JAI VOULU PROUVE
QUE PEUT LA VOLONT

maman qu'a perdue Ferdinand à l'âge de onze ans, ainsi qu'à Rosalie, sa première femme, jeune mère, morte a trente-deux ans, à Philomène enfin, dont il a creusé le caveau juste à côté du sien. En contemplant cette pierre, la puissance matricielle de ses nœuds, on y songe d'autant plus que c'est strictement au milieu de son Palais que Ferdinand la pose. À l'interstice de toutes les effusions et diagonales. Big Bang de cette *galaxie palatiale* dont Ferdinand s'est fait doigt, main, logos.

Nous sommes en 1902. André Lacroix n'a toujours pas renvoyé, comme il l'avait promis, le texte remanié de la notice biographique que Ferdinand lui a expédié, et, vu le temps écoulé, il n'attend plus. En ce début d'année, il a terminé sa terrasse. Il lui reste tant à faire toutefois ! « La façade ouest et sud m'ont coûté ensemble douze ans de travail [1]. » En haut de son échafaudage, il se prend à rire tout seul. Lui qui, en 1899, pensait en avoir encore, au maximum, pour deux ans ! Mais les idées voltigent dans sa tête, et la douleur d'Alice, toujours aussi prégnante, le pousse à rajouter ici un détail, là une nouvelle forme.

Avec la façade sud, Ferdinand s'essaie à un mélange d'austérité et de folie qui, par bien des côtés, rappelle le style de la Sagrada Familia de Gaudí. D'un côté, on pourrait presque se croire dans une église gothique, tant les colonnes sont hautes et droites, tant les murs sont nus. De l'autre, c'est à nouveau la grande poussée animale et végétale qui, encadrée par la hauteur et le dépouillement de la pierre, se mêle à elle d'une façon quasi mystique.

Et tandis que Ferdinand cherche, à travers sa façade sud, à conjoindre le ciel et la terre avec le plus de discipline possible, Louis Charvat, un jeune photographe de Grand-Serre, chef-lieu de canton situé à une quinzaine de kilomètres de Hauterives, se prend d'amour pour le Palais.

Aussi artiste qu'homme d'affaires, ce dernier a très vite conscience de la manne que pourrait rapporter l'œuvre de Ferdinand. À partir des clichés qu'il a pris du Palais, il fait imprimer une série de cartes postales illustrées. Mais, pour bien saisir la portée de son calcul, il nous faut revenir quelques décennies en arrière, au 1er octobre 1869, jour où l'administration autrichienne émet la toute première carte postale au monde. À cette époque, elle se compose d'un simple rectangle de papier résistant dont le « dos » est réservé à l'adresse et au timbre, la « face », à la correspondance. Si son succès s'avère immédiat, elle horrifie les Français par son manque de discrétion, et ce n'est qu'après son adoption par quatorze autres pays que, grâce à la ténacité du député Louis François Wolinski, ils finiront par l'accepter, le 20 décembre 1872. Il faudra cependant attendre 1883 avant qu'un décret autorise l'impression d'illustrations sur ces cartes, et l'année 1889 pour y voir apparaître la tour Eiffel. Séduite par l'idée, la Société du même nom en fait éditer 300 000 dès le mois d'août 1899. C'est le début de l'âge d'or de la carte postale illustrée. Les commerçants se jettent dessus pour promouvoir leurs magasins ; les particuliers, pour faire « parler » et « circuler » leurs souvenirs.

En 1902, l'année où Louis Charvat décide d'en faire imprimer sur le Palais et de les mettre en vente chez les commerçants locaux, elles sont à l'apogée de leur gloire, et le resteront jusque dans les années 1920. Au regard de cette réalité, il appert que ses motivations ne sont pas purement artistiques mais répondent très clairement à l'envie de faire un coup. Depuis que la ligne du tramway de la Galaure s'est ouverte, le nombre des visiteurs du Palais ne cesse d'augmenter. Avec ces cartes illustrées, c'est un peu de l'émerveillement ressenti qu'ils remporteront chez eux.

Au dos de l'une de ces cartes intitulée « Grottes originales », Théodore Deckert, rédacteur principal au ministère de la Guerre, envoie à Ferdinand, le 19 août 1902, un poème en alexandrins « comme un tribut à votre génie et à votre courage [2] ». Jamais pourtant il n'a vu le Palais, mais qu'importe, à elle seule l'illustration de la carte a suffi, et il déborde d'enthousiasme. « J'ai contemplé ton œuvre et j'en reste ébloui/ Humble et rude ouvrier, maçon aux mains sublimes/ qui sans maître, sans aide et de cailloux infimes/ Construisit patient ce palais inouï !/ Ne crains pas que ton nom périsse/ Monument du génie et de la volonté/ les pierres, qu'avec goût assemble ton caprice/ Des siècles défieront, la main dévastatrice/ Et debout dans leur force et dans leur majesté/ Transmettront ta mémoire à la postérité*. » Ravi d'être l'objet d'une attention aussi « artistique », Ferdinand décide d'en faire figurer les vers au fronton

* Ce poème fut imprimé sur au moins six cartes postales différentes éditées en 1903 par Charvat, puis par Ferdinand Cheval.

de sa mosquée. Plus tard, Théodore lui renverra un deuxième poème, que Ferdinand insérera, cette fois, à la fin de son fameux cahier.

Enorgueilli par ces marques de succès, Ferdinand se lâche totalement sur la deuxième fraction de la façade nord. Ici, c'est décidé, il fera « voir » la partie la plus folle de ce songe qu'il porte depuis tant d'années. Songe qui devient hallucination, tant le végétal et l'animal jaillissent, prolifèrent. Qui sont-ils, ces chiens, ces vautours, ces béliers qui, étagés en ligne, nous fixent : mâchoires, becs, yeux dressés devant nous ? Et ces lianes-serpents qui, à la base de la façade, fusent dans tous les sens ? Y a-t-il encore de l'Homme au cœur de cette forêt primale ? Y a-t-il encore du réel ? La façade nord est surtout construite en tuf (calcaire tendre) et en pierres de rivières (pierres rondes, roulées, galets). Tout, ici, grouille en même temps que tout nous convoque et nous scrute. C'est la magie à l'œuvre. Son assemblée totémique. Sa porte d'entrée inouïe. Au-dessus des deux grottes, parmi le foisonnement de petites pommes suspendues à leurs branches (peintes) et d'un épais feuillage, la figure d'Adam, « Père du genre humain* », et celle d'Ève qui « Écoute les serpents trompeurs** ». C'est l'Éden perdu. L'Éden qui chante, appelle, hurle, danse devant nous. Mais pour nous emmener où ? À la recherche d'une réponse, nos yeux, stupéfaits, tombent, en hauteur, sur la vision d'un château. Est-ce donc cela,

* Inscription sur la façade nord du Palais.

** *Idem.*

le but de ce voyage initiatique ? Un château ? Mais rappelez-vous, nous souffle la voix de Ferdinand, ce château-là de mon enfance que, des jours durant, j'ai contemplé et sur lequel toute la matière du rêve, en moi, s'est accrochée. M'étourdissant. M'emplissant. Jusqu'à faire de moi cet homme-enfant tout imprégné d'audace. N'est-ce pas « d'un songe » comme il l'écrira plus tard sur la même façade, que « j'ai sorti la reine du monde »* ?

À droite de cet ensemble, il ajoutera, en 1912, une pieuvre gigantesque digne des plus grandes pages de Jules Verne, et par laquelle le promeneur accède aujourd'hui à la façade ouest : « Pieuvre animal marin [...] le vent de l'énergie/ M'a soufflé/ votre génie**. »

Nous sommes à l'aube de l'année 1904. Face à l'affluence des visiteurs, et à l'absence de réponse d'André Lacroix, Ferdinand se remet en tête de faire rédiger une courte notice résumant l'historique et la description de son Palais. Une notice dont la vente pourrait lui rapporter quelque argent. Mais à qui demander une telle faveur ?

* *Idem.*

** Inscription sur la façade ouest du Palais.

22

Trois belles récompenses

Tandis que, face à l'objectif de Louis Charvat, Ferdinand prend des pauses devant son Palais, là, devant ses trois géants, là, devant les modèles réduits de la façade ouest, là, en compagnie de Mignonne, là, en tablier, devant la façade sud, trois nouvelles marques d'intérêt vont accroître son désir de faire paraître cette notice biographique.

La toute première émane d'une lettre datée du 11 mai 1904, signée de la main du journaliste parisien Émile Lepage : « Monsieur, Charvat de Grand-Serre m'a parlé fort élogieusement de votre Palais de Hauterives. La carte postale qu'il m'a communiquée et que j'ai sous les yeux prouve qu'il n'a point exagéré. Ce monsieur m'a dit que vous aviez l'intention de faire l'historique et la description de votre Palais pour le vendre aux nombreux touristes qui viennent de partout le visiter. Illustrée de photographies, ce serait en effet une brochure très curieuse. Tout cela m'intéresse vivement. Il y a même, je crois, quelque chose à faire pour une revue comme *L'Illustration* ou *Le Monde illustré,* peut-être même pour un grand quotidien comme *Le Journal*, qui recherche beaucoup de ce genre d'articles avec illustrations [...]. Veuillez donc avoir l'obligeance de me dire si vous désirez que je m'en occupe et quelles sont vos conditions. Enfin, je fais paraître moi-même un illustré, *L'Art de la rue*, et si la chose est aussi intéressante qu'elle me paraît l'être, je ne demanderai pas mieux que de consacrer un numéro à ce palais. Veuillez donc avoir l'obligeance de me dire si vous désirez que je m'en occupe et quelles sont vos conditions. Émile Lepage [1]. »

À peine la lettre reçue, Ferdinand court faire écrire la réponse par son fils Cyrille. Une réponse dont nous connaissons le contenu grâce à la récupération, dans les archives familiales, d'un brouillon de lettre à l'en-tête *Draperies & Nouveautés, Cyrille Cheval, tailleur, Hauterives* : « Monsieur, Je suis très honoré des éloges que vous faites de mon travail. Mon intention est bien de faire comme vous le dites, c'est-à-dire d'en faire une brochure afin de pouvoir propager de partout mon travail unique en son genre et je serais très heureux de trouver quelqu'un, seulement je ne puis faire aucune dépense et pense conserver mes droits d'auteur... Je vous envoie par ce même courrier un tableau représentant les quatre faces du monument. Ceci n'est que l'extérieur et il y a beaucoup plus à admirer dans l'intérieur qui est composé de galeries où le visiteur en reste ébahi... Cheval, auteur du Palais Imaginaire à Hauterives [2]. »

Ces quelques lignes ont le mérite d'attirer notre attention sur le fait que, d'une part, Ferdinand semble manquer d'argent et, d'autre part – on le voit à la façon dont il revendique ses droits d'auteur –, il se sent quelque peu floué à cet endroit. Et par qui d'autre que Charvat, contre lequel, bientôt, il va se retourner ? Un Charvat qui s'enrichit à vue d'œil grâce à la vente de ses cartes sans que Ferdinand ne touche le moindre sou. De quoi le mettre en rage et n'avoir pas envie de se faire gruger une deuxième fois. À la lecture de sa réponse, une autre question émerge : pourquoi ne pas demander à son fil Cyrille de l'écrire, cette brochure ? Car enfin, il sait manier la plume et pourrait fort aisément résumer le travail de son père. Oui mais… Si Cyrille sait rédiger, il n'est qu'un simple tailleur. Or qui, dans le monde, pour prendre au sérieux la voix d'un artisan ? Le fils de l'artiste, de surcroît ! Non, ce que veut ici Ferdinand, c'est une signature qui fasse autorité. Un nom qui, par sa seule existence, l'incorpore, lui, le fils de paysan, à la cohorte des grands de ce monde. L'adoube en quelque sorte. De ce point de vue, André Lacroix était parfait, mais il ne donne plus signe de vie. Avec ses connexions parisiennes, Lepage, bien que plus jeune, n'est pas si mal. Va-t-il seulement accepter ?

La deuxième marque d'intérêt émane de la visite, le 26 octobre 1904, du barde alpin, Émile Roux-Parassac. Appliqué à chanter les louanges de sa terre natale, membre de la Société dauphinoise d'ethnologie, champion de l'espéranto, journaliste au *Sisteron-Journal*, grand amateur de voyages à travers le monde et de la « France pittoresque inconnue », cet apôtre des Alpes, âgé de trente ans au moment où il découvre le Palais, écrit des vers connus de tous dans la région : « Je suis ivre d'air et d'espace/ Et d'amour et de liberté/ C'est pourquoi Dieu voulut ma place/ Sur nos monts vêtus de clarté[3]… » Chantre de tous les voyages et de toutes les rencontres, il ne pouvait qu'éblouir Cheval avec sa

Poème d'Émile Roux-Parassac sur une carte postale représentant la façade est du Palais.

fougue et son extraordinaire confiance en soi : « L'art est sorti, sort encore, sortira toujours du peuple ; parce que lui seul semble être capable de cette énergie violente, de ces efforts surprenants qu'exige la poursuite continue du Bien et du Beau, qui constituent l'insaisissable idéal. En lui le peuple est toute énergie ; dans son chaos tourbillonnent tous les germes de beauté, toute lueur, qui éclaire le monde, jaillit de ce fond ténébreux d'apparence. Sans cesse, il refait en bas la vie qui s'épuise là-haut en nous. Il est l'infatigable fondeur d'hommes. » Et encore : « Le rêve a précédé la pensée, comme la soif de l'idéal fut avant la doctrine de la raison : l'homme fut un poète tant qu'il regarda les cimes[4]... »

Face à la déclamation de tels vers, Ferdinand ne peut que voir ici un frère. Et comment ne pas s'émerveiller qu'un tel poète daigne l'acclamer, lui, le petit facteur ! Certes, il y a eu Lacroix, il y a eu Lepage et aujourd'hui ce grand nombre de visiteurs, mais Parassac, tout de même, avec son manteau en cape et ses soirées légendaires ! Un Parassac qui, sous le choc de sa découverte du Palais, va, dès son retour, lui envoyer un poème, encourageant Cheval à le faire imprimer sur ses cartes. Un geste bien généreux de la part d'un homme qu'on qualifie souvent d'imbu de lui-même et d'orgueilleux.

Ton idéal. Ton palais.
C'est de l'art, c'est du rêve et c'est de l'énergie,
L'extase d'un beau songe et le prix de l'effort.
Dans la réalité tu gravas la magie,
Et tu montras comment, seul, on peut être fort [...] [5].

Extraordinairement touché par ces lignes, Ferdinand va aussitôt les graver sur le mur du fond du labyrinthe sud de la Galerie intérieure, de telle sorte qu'elles soient la première chose que les visiteurs découvrent en empruntant la porte du Musée Imaginaire située sous la Mosquée. Des années plus tard, resté ami avec le barde, il insérera le même poème à la toute fin de son cahier de 1911.

Mais, à ses yeux, il y a beaucoup plus encore qu'un bel hommage dans ce poème. « Palais », « Idéal » : les deux mots résonnent. C'est la révélation ! Il a enfin trouvé *le* titre de son œuvre. Dorénavant, et grâce à Parassac, il l'appellera le Palais Idéal.

Si l'adjectif « idéal » résonne aussi fortement dans l'âme de Ferdinand, c'est qu'il est un des concepts phares du monde des Arts et des Lettres de ce XIXe siècle. Bien qu'aujourd'hui ce mot soit quelque peu ridiculisé par le cynisme contemporain, il avait une très grande portée à cette époque : il incarnait, en effet, la quête de la beauté absolue et le désir d'une perfection morale située hors du monde matériel. Inspiré de la philosophie platonicienne et de l'idéalisme allemand, utilisé par Charles Baudelaire comme titre de l'une des parties des *Fleurs du mal*, ce mot s'oppose au désenchantement, au spleen, au prosaïsme de la société bourgeoise. On ne peut être plus proche de l'état d'esprit de Ferdinand, de sa recherche d'un rêve, d'un paradis qui l'élève au-dessus des affres du monde et de sa pauvre condition de paysan.

Dans l'enthousiasme, Ferdinand propose à Parassac de rédiger sa notice biographique. Nous sommes à la fin de l'année 1904, et le journaliste Émile Lepage ne lui a toujours rien renvoyé… Le barde alpin répond en novembre par une carte adressée à « M. Cheval Ferdinand, Facteur en retraite, auteur du "Palais rêvé", Hauterives. » Au dos de cette carte, une photo d'Émile Roux-Parassac, pensif, jouxte l'un de ses poèmes. À côté du poème, Parassac a rajouté à la main : « Mon cher artiste, dès mon arrivée à Grenoble je vous adresse l'hommage de ma vive admiration et l'assurance de tout le plaisir que j'ai de vous connaître. Je vais m'occuper de la biographie promise. Bien à vous. Émile Roux [6]. »

En relisant la carte, Ferdinand se prend à sourire. Si « la vie est un combat », « un océan plein de tempêtes, entre l'enfant qui vient de naître et le vieillard qui va disparaître », « Dieu, dont les desseins sont impénétrables, protège le génie [et] se sert de ses plus humbles créatures pour les accomplir »*. Pour sûr, entre Lepage et Parassac, l'un des deux va lui répondre. Ne lui ont-ils pas dit qu'ils le considéraient comme un ami ?

— Qu'as-tu à sourire, Cheval ?

— Je pensais à tous ces gens, Philomène…

— Quels gens ?

— À tous ceux qui aiment mon Palais…

— Et comme ils ont raison !

— Tu ne m'en veux pas ?

Elle a comme un sursaut de surprise. Il est si rare qu'il se confie. Combien de larmes ravalées et de moments de désespoir à l'attendre toutes ces années. Et pourtant, ce bonheur toujours plus profond, toujours plus intense, à le contempler, chaque jour, sur ses échafaudages, érigeant son rêve envers et contre tous ; à le voir, chaque soir, réapparaître, pour elle, rien que pour elle, sa lourde main caressant, en silence, ses joues. Quel bonheur incroyable. Sa façon de poser ses yeux sur elle. De l'aimer sans jamais la trahir. Non, vraiment, Philomène ne lui en veut pas.

Il faut attendre le 11 décembre pour voir survenir la troisième marque d'intérêt sous la forme d'un article signé F. Durtein** dans *Chronique alpine*. Avec le tout premier de Bordas en 1886 et celui d'André Lacroix en 1897, c'est le troisième article connu sur le Palais : « On

---

* Inscriptions sur la façade ouest et la Galerie intérieure du Palais.

** Pseudonyme de l'alpiniste Henry Duhamel.

nous en signale un témoignage des plus intéressants à Hauterives, où un facteur a édifié de toutes pièces un château dont le style extraordinairement curieux attire depuis quelque temps l'attention des visiteurs. Le "château du facteur", vulgarisé par les cartes postales, est l'objet de l'étonnement admiratif des personnes les plus compétentes. Il y a quelques années on pouvait bien admirer ausoi [*sic*] à Vaulnaveys une reproduction très fidèle, quoiqu'un peu naïve du château de Vizille qu'avait [*sic*] été fabriqué par un habitant du pays [7]. »

Face à Philomène, Ferdinand a presque envie de chanter, tant ces quelques mots le comblent. À cet instant précis, il pense avoir atteint les cimes. Il est bien loin d'imaginer que ce n'est qu'un début.

23

Le début de la gloire

Avec la réception d'une lettre-questionnaire signée par le journaliste M.-J. Imbert, l'année 1905 s'ouvre en grande pompe pour Ferdinand : « M. Ullyet me prie de vous remercier pour l'envoi de vos photographies ; mais l'éditeur n'a pas voulu les publier avant d'avoir recueilli de quoi faire un article un peu plus long que les renseignements que vous avez déjà eu l'obligeance de donner. Aussi vous prie-t-il de […] bien vouloir les lui envoyer* en même temps que les réponses aux questions suivantes que l'éditeur lui a demandées […]. Je vous salue respectueusement, J. Imbert [1]. » Comme à son habitude, Ferdinand ne traîne pas pour répondre et, le 18 janvier, il envoie ses… dix-huit réponses ! Si le contenu de certaines correspond à des informations que nous avons déjà, d'autres apportent des renseignements précieux. Ainsi, à la question numéro 3 : « Avez-vous beaucoup de visiteurs et combien en moyenne par jour ? », nous apprenons que « l'été, il a une moyenne de 50 visiteurs par jour », et qu'au « mois d'août dernier, il a eu plus de

---

* Il s'agit ici de photographies réclamées par Ullyet.

700 visiteurs dont tous les noms sont inscrits sur un registre[2] ». Une donnée qui dépasse largement toutes nos spéculations et qui explique, en grande partie, la « déferlante » médiatique de cette année 1905. Plus drôle, nous apprenons que le président Émile Loubet « a dû entendre parler » du Palais et que « Cheval est certain qu'il pourra venir le visiter un jour » !

— Est-ce que dès le moment où vous avez commencé à construire ce palais vous pensiez lui donner des proportions si imposantes ?

— Lorsque j'ai commencé je ne pensais pas arriver à des proportions pareilles, mais je trouvais toujours quelque chose de nouveau dans mes rêves et je construisais à mesure.

— D'où tenez-vous les connaissances d'architecture que vous avez ?

— Je n'ai jamais eu aucune notion d'architecture, j'ai trouvé tout ça dans mon cerveau.

— Est-ce que le gouvernement a mis un impôt sur votre Palais, et de combien ?

— Le gouvernement n'a pas mis d'impôt.

— À qui appartiendra le Palais après votre mort ?

— Le Palais de mes rêves appartiendra à mon fils unique.

— Quelle est la partie que vous considérez comme étant la mieux sculptée, ou la mieux faite, et quelle est sa position dans le Palais ?

— La partie la mieux sculptée est mon tombeau.

— N'avez-vous employé aucune espèce de machine pour vous aider dans la construction, ou pour hisser les lourdes pierres ?

— J'ai fait tout seul de mes seules mains ; je grimpais par des échelles, avec des pierres sur mon dos.

— Quelle est la partie de votre travail qui intéresse le plus vos visiteurs ?

— Tous les visiteurs trouvent tout mon travail intéressant mais principalement la façade nord-est et la galerie de 20 mètres de long [3].

Que de choses nous sont confirmées à travers cet échange épistolaire ! Ainsi, Ferdinand a bel et bien conçu la totalité de son Palais au fur et à mesure de l'avancée de ses travaux et, tiens !, chose assez inattendue, c'est, de tout son Palais, son tombeau qu'il préfère quand, à l'évidence, c'est dans sa Galerie et sur sa façade nord qu'éclate tout son génie. Autre détail d'importance, sa volonté, après sa mort, de tout laisser à Cyrille.

À peine deux mois s'écoulent, et Ferdinand reçoit une nouvelle lettre d'Émile Lepage. « Monsieur, J'ai déjà eu l'honneur de vous écrire au sujet du merveilleux palais que vous avez édifié à Hauterives. J'ai communiqué la photographie que vous m'avez envoyée à un illustré qui me demande quelques renseignements à ce sujet. Voulez-vous avoir l'obligeance de m'adresser le plus tôt possible ces renseignements. Comment ce palais a été construit ? Avec quelles pierres ? Par quels moyens ? Combien de temps ? Combien il a coûté, dimensions, hauteur, nombre des pièces. Situation… Avec tous mes remerciements, veuillez agréer, monsieur, l'assurance de mes sentiments distingués. E. Lepage [4]. » La très longue réponse que lui fait Ferdinand, le 15 mars, fait date. C'est, en effet, du contenu de cette lettre et, plus tard, de celui d'un article de presse et de son cahier que nous proviennent la plupart des informations concernant sa vie et les étapes de construction de son Palais. Certes, en 1897 nous avions déjà eu droit à quelques belles indications dans le courrier qu'il avait adressé à André Lacroix. Ici, il les agrémente, ajoutant mille éclaircissements sur ce qu'il a édifié depuis.

Huit années ont passé et, chaque jour, Ferdinand répond aux questions des visiteurs. Des questions qui le forcent à « penser » son œuvre. À la « dire », la « révéler ». Nous ne sommes donc pas étonnés de la précision avec laquelle (via la plume de son fils) il donne une kyrielle de détails à Émile Lepage. Au fil des visites, son discours s'est charpenté et la conscience qu'il a de son Palais s'est largement perfectionnée. « Monsieur, [...] voici ma petite biographie bien courte que vous arrangerez comme il vous plaira [...]. J'avais bâti dans un rêve un palais, un château ou des grottes, je ne peux pas bien vous l'exprimer ; mais c'était si joli, si pittoresque que dix ans après il avait resté [*sic*] dans ma mémoire, que je n'avais jamais pu me l'arracher. » S'ensuit une très longue description de son Palais, de ce que cela lui a coûté : « Quand j'ai commencé ce travail j'avais quarante-trois ans, aujourd'hui je suis dans ma soixante-neuvième année [5]. »

Ferdinand espère toujours séduire suffisamment Lepage pour obtenir de lui cette fameuse notice biographique que Parassac, à l'égal de Lacroix, se montre fort peu pressé de rédiger. Il rêve aussi – mais n'est-ce pas viser trop haut ? – d'un article sur son Palais dans l'un de ces grands journaux parisiens. En attendant, *La Gazette d'Annonay et des collines* en publie un, au mois de mai 1905. Un article, à la différence des trois premiers, entièrement consacré aux « Grottes du facteur » et qui, pour la première fois, décrit avec précision l'ensemble. On y apprend que le père Cheval « est un vieillard alerte et vigoureux ; et qu'il perfectionne chaque jour son travail et fait lui-même les honneurs de sa maison [6] ». Pour la première fois, un journaliste s'intéresse à l'homme et livre quelques éléments de sa vie. En fin d'article, il somme ses lecteurs de « voir » par eux-mêmes cette œuvre, n'hésitant pas à leur donner les horaires de train entre Saint-Vallier et Hauterives.

À la maison, Ferdinand est au comble de la joie. Après toutes ces années de labeur, ces marques d'attention sont comme autant de signes de reconnaissance. Et quelle fierté pour lui, l'enfant « de naissance obscure* ». Définitivement, « ici l'égalité, grands et petits/ viendront se réunir/ dans la fraternité fraternelle** ».

Revigoré, il rachète pour 2 000 F, en juin, cette première maison où il a perdu son premier fils, Rosalie et Alice et dont il s'était débarrassé en 1901 [7]. La faire revenir « à lui » montre combien, en cette année 1905, que la blessure du deuil s'est peu à peu résorbée, combien il se sent assez fort, avec Philomène à ses côtés, pour, à nouveau, la regarder en face. Mieux encore : pour l'aimer par-delà toutes les larmes et la douleur du manque.

Puis, au mois de juillet, après plus de huit années de silence, et comme tombée du ciel !, la réponse d'André

* Inscription sur la façade nord du Palais.

** Inscription sur la façade est du Palais.

Lacroix à « M. le facteur artiste », s'accompagnant de la fameuse notice biographique corrigée de sa main de sorte qu'elle soit « présentable au public » : « J'en ai enlevé tout ce qui sentait la présomption, tout en lui laissant une forme simple et populaire. Les vers en ont été exclus. Ce genre de littérature n'est acceptable que perfectionné : on l'appelle le langage des dieux. Aussi peu de personnes arrivent à le parler, comme, en sculpture, bien peu réussissent à imiter la nature. Au surplus, vous avez toute liberté de modifier, d'ajouter et de retrancher. J'ai élagué aussi les inscriptions, comme absolument inutiles après les *Maximes* de La Rochefoucauld publiées en 1684 [8]. » À lire ces lignes, on se sent quelque peu mal à l'aise, tant André Lacroix fait montre d'autorité. Si le bourgeois érudit peut tolérer, voire suivre avec une certaine bienveillance, l'engouement suscité par le Palais fantaisiste de ce facteur, la simple idée que ce dernier puisse, l'espace d'un instant, se prendre pour un poète lui est insupportable. À l'évidence, ce Palais ne peut être de l'Art au sens où Lacroix et tout son siècle l'entendent. Au mieux, une élucubration naïve sortie tout droit de l'âme d'un adulte encore enfant, au pire un délire d'aliéné. Car l'Art, tel qu'il se « dit » en ce XIXe siècle (et tout le long du XXe siècle), se construit et se pense. Comment donc un simple facteur, qui n'est allé que six ans à l'école, pourrait-il prétendre à de telles hauteurs ? Que les choses soient dites. S'il y a lieu ici d'être admiratif, c'est devant une « fantaisie » ou encore devant « une somme gigantesque de travail », mais certainement pas devant une véritable œuvre d'art. Une assertion qui a couru tout le long du XXe siècle et qui a valu moult critiques de la part de ceux qui ont vu là du génie. Qu'un fils de paysan ait plus de trente années d'avance sur les surréalistes était, en effet (et ça l'est encore ?) chose intolérable. Impensable. Seule l'éducation appuyée sur les fondamentaux de la culture et des codes bourgeois est susceptible d'engendrer de tels visionnaires. Aussi, quand, par le plus grand des hasards, l'âme d'un simple se retrouve en tête de peloton, alors on le traite de fou et, quand sa folie ne peut être prouvée, d'innocent ou de fantasque. Jamais, au grand jamais, on ne le prend au sérieux et, lorsqu'on s'y retrouve obligé, on crée, pour lui, une classe à part, celle de l'art brut. Mais n'allons pas trop vite et revenons au courrier d'André Lacroix que Ferdinand lit et relit, aussi ravi qu'humilié. Et lui qui pensait être un poète… Mais bon, Lacroix ne peut qu'avoir raison, n'est-ce pas ? D'un mot, Philomène le rassure.

— Pense un peu à tout ce temps qu'il a pris rien que pour toi.

— Tu as raison.

— Et puis, n'oublie pas. Il a été instituteur. M. Loubet, notre Président, c'est lui qui l'a formé ! Alors, tu vois, si j'étais toi, je serais contente, moi.

Sa vexation est d'autant plus courte durée qu'un nouvel article, « Le château du facteur à Hauterives (Drôme) », paraît dans *Le Clairon de l'Ardèche* le 21 juillet 1905, suivi d'un autre au mois d'août, « Le palais d'un facteur » dans *L'Union des Dames de la Poste*… On y lit : « M. Cheval, facteur à Hauterives (Drôme), a construit en l'espace de vingt-six ans un palais fantastique qui étonne tous ceux qui vont l'admirer [...]. Retraité de l'administration, il vit paisiblement dans le palais qu'il a bâti de ses propres mains avec une persévérance et une patience qui sont d'un bel exemple et constituent un enseignement de haute portée. »

À la lecture, dans la même revue, de l'article « Les Téléphonistes », signé par « une découragée », il s'en veut presque d'avoir pu se sentir froissé par les mots de Lacroix. « Dans certains bureaux, ce n'est pas 80 abonnés que doit servir chaque employée, mais 95 ou 100. Je citerai même le bureau de La Villette où chaque téléphoniste dessert 105 abonnés ! Ce n'est pas du travail, mais un surmenage incessant qui détruit rapidement la santé des malheureuses employées... » Décidément, il n'a pas à se plaindre et, plutôt que de jouer les offusqués, il devrait bénir le ciel de tous ces si beaux présents.

Des présents qui sont loin de s'arrêter là. Le 16 août, en effet, c'est le journal *Le Matin* qui lui ouvre ses colonnes. Avec *Le Petit Parisien*, *Le Petit Journal* et *Le Journal*, il est l'un des quatre grands quotidiens nationaux d'avant-guerre tirant à plus de 500 000 exemplaires (le million sera atteint en 1914). De quoi rendre Cheval on ne peut plus fier. Après un long article en première page sur la conférence de Portsmouth signé Gaston Leroux, suivi d'un autre sur les « Postiers aux abois », on apprend, à la page suivante, qu'une explosion a eu lieu dans une poudrière à Marseille et que le Chah de Perse est attendu à Vichy. En troisième page, un mini-encart sur la crise russe et le congrès des paysans à Moscou retient peu l'attention, de même que les articles sur « l'espion Pélissier » et sur les courses de Honfleur. Arrive enfin la quatrième page, avec l'article « Le palais d'un Facteur. Un curieux édifice dans la Drôme », qui s'ouvre sur une très belle reproduction du Palais devant lequel Ferdinand pose avec Mignonne. Sur les six colonnes qui occupent chaque page du journal, les deux du milieu sont entièrement consacrées à cet article. Et comment, après une série de nouvelles fort peu extraordinaires, n'avoir pas envie de se jeter dessus ? Car ici, on rêve, mieux encore, on touche au merveilleux. « Je regardai M. Ferdinand Cheval, il me parut grand, extraordinaire, impossible ! C'est qu'il était celui qui a créé, qui a réalisé son rêve, qui a fait jaillir de son cerveau, tout comme un autre, un poème, une mélodie, une statue, un paysage, ce Palais Imaginaire, unique au monde, en effet, construit par des mains de facteur, jour à jour, pierre à pierre […]. Il expose, naïvement, sans s'en douter, à quoi l'on arrive, en entassant chaque jour, chaque heure, selon un plan tracé d'avance, la petite pierre que l'on rencontre, sur son chemin, à chaque pas dans la vie. » Mais, pour mieux nous faire comprendre cette histoire incroyable, la parole est donnée à Cheval lui-même. « À droite, où vous voyez quatre colonnes, c'est un tombeau que j'ai creusé, comme si c'était un rocher, pour me faire enterrer à la manière des rois pharaons […]. » C'est à croire, en fin d'article, que nous l'avons vu, croisé, entendu pour de vrai. Lui, le Facteur Cheval. Le héros de ces colonnes. Le héros de la France.

24

L'APOGÉE

Dans la foulée de l'article du *Matin* qui lui a valu les plus vives félicitations de ses visiteurs, le *Daily Telegraph* ouvre à son tour ses colonnes au Palais du facteur, le 17 août 1905, puis, le 1er septembre, *La Vie mondaine*. Les deux journaux reprennent peu ou prou le contenu de l'article paru dans *Le Matin*.

Face à un tel succès, deux camps émergent au village : d'un côté, les amis du père Cheval qui crient victoire, de l'autre, les sceptiques qui se demandent si le monde tourne encore rond. Malgré ces différends, tous éprouvent une certaine fierté. À travers Cheval et son Palais, n'est-ce pas un peu d'eux tous, les Hauterivois, qu'on parle dans ces journaux ? Et puis, avec tous ces visiteurs, les cafés Vassy, Monneron et Bougeon ne désemplissent pas. Cet été, les tables ont été prises d'assaut et, à plusieurs reprises, il a fallu afficher « complet ».

Face à cette « tornade » médiatique et à ce déluge de visiteurs, Ferdinand ouvre un *Livre d'or** dans lequel

* Le *Livre d'or* ou *Registre des visiteurs* est encore consultable aujourd'hui dans le musée du Palais Idéal. Toutes les citations qui suivent sont tirées de ce livre.

chacun pourra dorénavant laisser son nom, sa provenance, ses impressions. En mars et en avril 1905, c'est le prince de Lilenszov (Paris-Saint-Ouen) et Jeanne de Loth (Monaco) qui attestent de leur présence. À leur suite et jusqu'à la fin de l'année, une ribambelle d'aristocrates défile, dont le marquis de la Rivaltière (Paris), le baron et la baronne de Sambucy-de-Sorgue (Vaucluse), le vicomte d'Arambre (Paris XVIe), le comte et la comtesse de Miribel (Hauterives). Au mois de mai, René Catelon du Vélo club de Saint Siméon écrit : « C'est épatant, renversant. » Dans un registre plus humoristique, Charles Gain, en août, précise qu'il est « rentier sans le sou » quand, en novembre, Mme Bretsue déclare qu'elle est « une amie du plaisir, en voyage sur terre… » ! Voilà de quoi inquiéter Philomène. Le 22 septembre, l'abbé Henri Fayet, poète à ses heures, noircit, tout ébloui, l'imposant registre de quelques-uns de ses vers : « Je bénis ton ouvrage/ Travailleur valeureux/ Tu redis à tout âge/ Le chemin bienheureux. » Le lendemain, c'est au tour de Joseph Bédier, professeur au Collège de France, spécialiste de l'histoire du Moyen Âge, traducteur émérite de *La Chanson de Roland*, de laisser sa signature.

À la lecture de ce fourmillement de noms, nous sommes moins étonnés de la parution de l'article de *La Vie mondaine* du mois de septembre. Avec tous ces papiers, le Palais du facteur devient, de facto, *le* lieu à la mode, l'endroit dont ne peut décidément plus se passer. Suivant de près la cohorte des princes, des professeurs et des sportifs, les militaires font, eux aussi, partie des premiers « bataillons » de signataires. Hauterives n'est pas située très loin des casernes de Montélimar et de Valence, toutes deux connues pour être parmi les plus fournies de France. Du 15 au 20 août 1905, c'est tout le 52ᵉ de ligne de Montélimar qui défile devant le Palais et, au cours du même mois, le 99ᵉ de ligne du camp de Chambaran laisse, quant à lui, deux pages entières de signatures ! Lors de ces mois d'été, nul mot d'admirateurs ou poèmes, mais, ici et là, à côté de certains noms, un lieu de résidence parmi lesquels Augustine Villot, « rentière à Saint-Louis du Sénégal », ainsi qu'une petite liste de noms à l'écriture illisible déclarant vivre ou résider en Amérique du Sud, à Tokyo, Sydney, Constantinople, San Francisco, et j'en passe !

Un brassage en tout point digne de *son* Palais où tous, devant la mort et l'art, se révèlent bel et bien égaux. Et parmi tous ces noms, quel est le premier ? Jules Pangon, le maire de Hauterives qui, de sa belle signature, atteste être venu visiter le Palais le 1er janvier 1905. Dans le pays, il n'est pas le seul à s'intéresser à l'œuvre de Ferdinand. En cette année 1905, les gens du coin tardent toutefois à se présenter, et il faut attendre le mois d'avril pour découvrir le nom du photographe Louis Charvat, avec lequel Ferdinand s'entend de moins en moins bien puis, en juillet, celui de Mᵉ Pestre, qui lui a permis le rachat de sa première maison.

Et tandis que la foule vient admirer *the place to be* de cette année 1905, un nouvel article tombe le 1er octobre, dans un journal local, cette fois, *Les Alpes pittoresques*. Aussi embarrassé que stupéfait par l'enthousiasme que génère le Palais, le journaliste – et, derrière lui, toute sa rédaction – cherche, à travers un préambule des plus alambiqués, à s'excuser auprès de ses lecteurs de n'avoir pas été le premier à révéler l'existence d'un tel trésor dans la région : « Depuis quelques semaines seulement – par une inconcevable ignorance – que l'existence de cette construction extraordinaire nous avait été révélée, nous nous proposions, chaque jour, d'en aller vérifier l'exactitude sur place, quand *Le Matin,* par la plume d'un de ses innombrables reporters, est venu, tout récemment, et de la très littéraire façon suivante, nous en confirmer l'authenticité. Nous ne saurions mieux conter sans doute. Voici donc le fort intéressant récit de notre confrère, que nous agrémenterons tout simplement de ces deux photographies, dont la capricieuse et énigmatique formule ne manquera pas de captiver un instant nos lecteurs. »

Qu'on soit pour ou contre ce « château », il n'est désormais plus permis de jouer les indifférents. Ferdinand a dû être l'un des premiers à sentir ce changement. Un changement qui, soudain, lui confère assez d'autorité pour enfin régler ses comptes avec Charvat. Car, pardonnez l'expression, c'en est fini de passer pour le c… de service ! Est-il, en effet, normal qu'il ne touche rien, absolument rien, sur les cartes postales que vend, par centaines, Charvat ? Certes, il n'avait rien réclamé à l'époque, mais n'eût-il pas été honnête de la part de ce jeune photographe de lui proposer un pourcentage ? Bien sûr, cette idée ne lui est pas venue toute seule. Comment, lui, un simple facteur, aurait-il pu avoir la moindre opinion sur ces questions de droits d'auteur ? N'oublions pas cependant qu'il est fils de paysan. Dès son plus jeune âge, il a appris à estimer la valeur des choses en fonction de la masse du travail fourni. Si, au tout début, il n'a pas su mettre les mots sur le malaise ressenti vis-à-vis de Charvat et des énormes bénéfices liés à son négoce, au fil de discussions avec des visiteurs, il s'est, peu à peu, rendu compte de l'anormalité du « contrat » passé entre eux. De nature loyale, il a tenu à s'en expliquer avec Charvat, certain qu'ils finiraient tous deux par trouver un accord. Mais, tel un jeune lion, Charvat s'est aussitôt rebiffé.

— Comment osez-vous parler de vol ? C'est grâce à moi et à moi seul que votre Palais est connu !

— À vous seul, vous êtes sûr ?

— De l'argent, faites-en, en vendant votre brochure plutôt que de m'en réclamer !

— Je m'apprête à le faire.

— De quoi vous plaignez-vous, alors ?

— Du fait que je veux toucher quelques droits sur vos cartes parce qu'elles montrent mon Palais.

— Et si je ne suis pas d'accord ?

— Vous feriez mieux.

Charvat ne croit pas un instant à ces menaces et il s'en va, furieux. Mais Ferdinand n'est pas prêt à lâcher. Il ne s'agit pas seulement d'argent, mais d'une question de principe. Toute l'énergie et le travail que son Palais lui a coûté. Et d'autres que lui se rinceraient sans qu'il n'ait aucun droit de regard et n'en retire le moindre bénéfice ? Alors ça, jamais !

Au mois d'octobre, le ton monte entre les deux hommes et, faisant suite à de nombreux conseils, Ferdinand décide de faire photographier son Palais à nouveau.

« Quand ces photographies seront prises, lui écrit le journaliste Arthur Ullyet le 20 septembre, assurez-vous qu'il y ait des personnes assises et debout à côté de votre Palais, ne regardant pas l'appareil mais admirant votre Palais et quelqu'un montrant du doigt un des points du Palais. Ils ne doivent pas se tenir comme des pièces de bois, mais doivent avoir une position naturelle[1]. » Et le 17 octobre, provenant, cette fois, de H. Defontaine, un photographe auquel Ferdinand a envoyé une série de clichés : « Avec la réclame qui commencera à se faire autour de votre nom, un jour viendra où vous pourrez avoir des visiteurs fort nombreux. Entourez donc d'arbres élevés votre propriété, faites faire par quelqu'un qui photographie bien de bons clichés de votre château, installez un petit bar et faites imprimer un petit livre guide vendu 0,50 franc par exemple où se trouvent imprimées une dizaine de vues de votre château avec un texte explicatif[2]. » Dans un autre paragraphe, ce même Defontaine lui conseille « d'avoir des clichés à vous personnellement, comme cela vous pourrez tirer un petit bénéfice en vendant vous-même vos photographies ; plus vous serez connu, plus vous aurez de visiteurs et plus vous en vendrez ». Et dans une autre lettre, datée du 1er septembre : « Vous pourrez aussi y joindre votre portrait séparé, avec votre képi de facteur, car il est trop juste que le lecteur voie l'ouvrier à côté de son œuvre[3]. »

Fortifié par cette avalanche d'attentions, Ferdinand fait appel à Joseph Douzet, un photographe de Saint-Vallier, pour créer de nouvelles cartes postales. Comme sur celles de Charvat, Ferdinand y apparaît coiffé de son képi et revêtu de son très bel uniforme de postier. Dans la plupart, on le voit entouré de quelques « visiteurs » qui, à la lumière de la loupe, s'avèrent tous être des intimes. Nous découvrons, ainsi, dans l'une, Philomène au sommet de la Tour de Barbarie, dans une autre, Cyrille, de dos, face au monument, portant dans ses bras Mignonne. Dans une troisième, la femme de Cyrille, assise sur une chaise face à la Grotte Saint-Amédée, non loin de son mari, debout, en train d'admirer le Monument égyptien.

Dès l'année suivante, Ferdinand va faire éditer vingt-cinq cartes postales qui, toutes, porteront la mention « Reproduction interdite ». Certaines d'entre elles sont enrichies des poèmes offerts par Émile Roux-Parassac et Théodore Deckert. Un peu plus tard, osant enfin braver le « veto » d'André Lacroix, il fera éditer vingt cartes supplémentaires pourvues de poèmes de sa composition et qu'il signe de la mention « l'auteur du Palais », car : « Signer "Ferdinand Cheval", c'est courir le risque que le lecteur ne fasse pas le lien entre le créateur du Palais et l'auteur des vers et imagine deux personnes distinctes. [...]. Signant "l'auteur du Palais", Cheval joue à "qui perd gagne", en quelque façon. Délaissant son nom, il perd un peu de son identité mais il gagne la certitude qu'on ne commettra pas d'erreur, qu'on associera à la même personne Palais et poèmes [4]. »

Fort du succès rencontré, « il fera réaliser, avant-guerre, des séries de petits tableaux et de grands tableaux photographiques, composés de plusieurs tirages originaux des différents points de vue de son monument. Un détail des cartes et tableaux en magasin en 1912 donne une idée de l'importance des tirages des cartes et photographies, et de leur négoce : soit environ 15 000 cartes, 192 grands tableaux et 500 petits tableaux[5] » !

À lire ces chiffres, on comprend mieux sa rancœur contre Charvat. Mais nous ne sommes qu'en novembre 1905 et si, à cette période, les deux hommes sont en froid, ils continuent de se croiser. Le 10, un nouvel article va toutefois fortement inciter Ferdinand à « oser » la rupture définitive avec le jeune photographe. Un article immense, illustré de quatre photographies du Palais ainsi que d'un portrait de Ferdinand dans *La Vie illustrée*. Un magazine contenant plus de 70 % de reproductions de photographies imprimées en similigravure qui, depuis sept ans, propose, chaque jeudi, au prix de 40 centimes, 20 à 30 pages d'actualités françaises et internationales. Le succès est immédiat. En un rien de temps, *La Vie illustrée* devient le concurrent principal de *L'Illustration*, récemment rachetée par la famille Baschet.

Dès les premières lignes de l'article, le lecteur comprend qu'il a affaire à l'« une des choses les plus extraordinaires qui soient », un « chef-d'œuvre de patience et d'ingéniosité [que] *La Vie illustrée* se devait de populariser »[6].

Du registre de l'étonnement face à cette architecture des plus hétéroclites (Bordas, Lacroix), nous passons, d'article en article, à celui d'un réel intérêt pour le Palais (genèse, description, étapes de construction), pour la vie de son artiste, jusqu'à aboutir, dans ces lignes, à la nécessité de raconter l'histoire des deux. « Ce brave homme a été tout à la fois architecte, sculpteur et maçon. Pour réaliser son rêve – n'est-ce pas là un rêve ? – il n'a

M. ET Mme CHEVAL DEVANT LA PORTE DU « PALAIS IDÉAL ». — FAÇADE OUEST

LE " PALAIS IDÉAL " D'HAUTERIVES ET SON ARCHITECTE

Le « Palais Idéal », qui dresse sa silhouette fantastique à Hauterives, dans le département de la Drôme, est assurément une des choses les plus extraordinaires qui soient, et la VIE ILLUSTRÉE *se devait de populariser un aussi étonnant chef-d'œuvre de patience et d'ingéniosité.*

Le « Palais Idéal » a été créé de toutes pièces par un simple facteur des postes, M. Cheval. Ce brave homme a été tout à la fois architecte, sculpteur et maçon. Pour réaliser son rêve — n'est-ce pas là un rêve ? — il n'a demandé aucune collaboration, aucun concours d'aucune sorte. Chaque pierre de son « Palais idéal » il l'a ramassée lui-même sur le bord de la route.

Nous avons demandé à M. Cheval d'écrire, pour nos lecteurs, sa surprenante histoire. Et il nous a envoyé cette manière d'autobiographie que nous reproduisons sans y changer un mot, car M. Cheval, architecte, sculpteur, maçon, peintre, facteur des postes est aussi — sans fâcheux calembour — un très suffisant homme de lettres...

La photographie, en rendant populaire le monument d'Hauterives, a inspiré le désir d'en connaître l'auteur et l'histoire.

Malheureusement, la nature, qui me donna le goût de l'architecture et de l'art, n'y joignit pas le secret de devenir écrivain ; mais, comme la vérité n'a pas besoin de parure, j'exposerai simplement les faits. Fils de paysans, je suis resté paysan avec le ferme désir de mettre en évidence le pouvoir d'une volonté énergique et d'un travail soutenu. Facteur rural pendant 29 ans dans une région où la mer a laissé des traces évidentes de son séjour, j'avais observé le territoire parcouru et réfléchi sur les hommes et les choses, et j'avais peu à peu construit en rêve un palais fantastique avec grottes, tours et sculptures, le tout si pittoresque et si joli que l'image en demeura vivante dans mon souvenir plus de dix années entières.

LE FACTEUR CHEVAL

Architecte et constructeur du « Palais Idéal » d'Hauterives

Toutefois, du rêve à la réalité, la distance est grande, car jamais je n'avais touché la truelle du maçon, ni l'ébauchoir, ni le ciseau du sculpteur et j'ignorais absolument les règles de l'architecture.

Dans ces conditions, mon rêve me paraissait résulter d'une imagination malade et je n'osais en parler à personne. Or, au moment où je l'oubliais, un incident le raviva soudain ; mon pied avait rencontré un obstacle qui faillit me faire tomber. Je voulus voir de près ma pierre d'achoppement et sa forme bizarre m'engagea à l'emporter et à retourner le lendemain au même endroit où je trouvais d'autres pierres plus belles que la première et leur rapprochement sur place m'enthousiasma. Puique la nature, me suis-je dit alors, me fournit les sculptures, je me ferai architecte et maçon.

Dès ce moment, je fouillais les coteaux, les ravins et les terrains arides et commençais la récolte de mes matériaux. Les quartiers de tuf, aux formes variées, se présentaient nombreux : j'en remplissais mes poches et les déchirais, au grand déplaisir de ma femme, peu soucieuse de voir s'accumuler chaque jour des tas de pierres dans la maison. L'emploi de paniers lui cacha mon obstination et accrut ma peine, car sur les 30 kilomètres de tournée quotidienne, j'en parcourais des dizaines avec un poids de 30 à 40 kilogrammes sur le dos, souvent aussi j'en faisais des tas que j'allais chercher la nuit, avec une brouette, à quatre, cinq, même dix kilomètres.

Voilà tout l'exposé de la partie matérielle de l'œuvre, qui a duré vingt-six ans, sans trêve ni merci : quant aux plans et aux figures à adopter, ils ont en même temps absorbé mon

FAÇADE NORD

FAÇADE SUD

Article sur le Palais Idéal du Facteur Cheval dans *La Vie illustrée*.

demandé aucune collaboration, aucun concours d'aucune sorte. Chaque pierre de son Palais Idéal, il l'a ramassée lui-même sur le bord de la route. » Et comme il s'agit de parler de quelqu'un d'extraordinaire, autant lui demander « d'écrire, pour nos lecteurs, sa surprenante histoire [...], il nous a envoyé cette manière d'autobiographie que nous reproduisons sans y changer un mot, car M. Cheval, architecte, sculpteur, maçon, peintre, facteur des Postes est aussi – sans fâcheux calembour – un très suffisant homme de lettres »[7].

Homme de lettres, voilà qui va le faire réfléchir et lui donner soif de liberté ! Mais, pour l'heure, place à l'histoire de sa vie. Une vie qui n'est autre que celle retouchée par André Lacroix et dans laquelle Ferdinand n'a pas encore osé insérer ses poèmes.

Ce sont deux nouveaux articles du *Daily Graphic*, le 23 novembre, et de *La France illustrée*, le 16 décembre, qui le poussent définitivement à menacer Charvat de procès s'il ne met pas fin immédiatement à la vente des cartes postales de *son* Palais. C'en est assez de laisser entendre qu'il ne comprend rien à rien. Comme si le fait de n'avoir pas été assez longtemps à l'école lui retirait toute forme d'intelligence. Et son Palais que tout le monde encense, alors ? Qui l'a créé ? Qui y a cru ? Lui, Charvat ?

25

ACCEPTER D'ÊTRE UN GRAND

Avec la finition du belvédère, la création de la niche de la brouette, le colmatage des fissures de la terrasse et l'entière rénovation de son Vercingétorix qui, faute de « savoir-faire », est en train de s'écrouler, cette année 1906 commence fort. Du haut de ses bientôt soixante-dix ans, Ferdinand a encore une masse de travail devant lui, d'autant qu'il doit terminer de créer ses cartes postales. Avec tout cela, il lui faut accueillir les visiteurs et, pour les plus curieux d'entre eux, répondre à leurs questions. « Le père Cheval [...] il voulait pas que les gens regardent son monument de loin, il voulait qu'ils viennent le voir. C'était pas d'intérêt ou rien. Ils avaient qu'à venir, entrer, regarder ses outils, même qu'ils passaient à côté du père Cheval, ça ne lui faisait rien, ils avaient pas besoin de lui dire bonjour, parce qu'on disait pas monsieur, on disait Facteur Cheval, y a pas de monsieur », témoignera un voisin [1].

N'est-ce pas pour ses visiteurs qu'il est en train d'achever le belvédère d'où ils peuvent voir le Palais dans son ensemble ? Et encore pour eux qu'il a aménagé une terrasse ? Rien ne lui fait plus plaisir que de les voir gambader

Vercingétorix : détail de la statue colossale.
Le facteur avait dû la restaurer alors qu'elle menaçait
de s'écrouler.

dans son jardin, se reposer et découvrir son œuvre. À cette fin, il commence à couvrir son monument d'inscriptions, un projet qu'il avait en tête depuis un certain temps mais qu'il s'était, jusqu'ici, interdit de réaliser après les remarques peu encourageantes de Lacroix.

Sont-ce les mots de *La Vie illustrée* qui l'ont fait changer d'avis ? Le succès incroyable de l'année passée, avec la publication de plus de dix articles ? Toujours est-il qu'en ce début d'année 1906, il se lance dans « l'écriture ». Et tant pis pour les fautes d'orthographe, même si la plupart seront corrigées in extremis par Cyrille. Qui a dit que les illettrés ne pouvaient, à leur manière, composer des vers de toute beauté ? En ne connaissant rien aux règles de l'architecture, ne l'a-t-il pas construit, ce Palais ? Il ferme les yeux, convoque à son souvenir la rudesse du patois de son père, de son grand-père. Surgie de nulle part, iI revoit sa grand-mère, au lavoir, entourée de ses amies. Cette façon qu'elle avait, lorsqu'elle chantait, de tourner naturellement chaque phrase en rimes. Que savent donc les Lacroix et les Charvat de la beauté de ce dialecte qui, certes dépourvu de toute grammaire, savait cependant, comme nul autre, dire en un mot l'utilité d'un outil, en un autre le résumé de toutes les vertus d'une fleur. À cette seule pensée, plusieurs lui reviennent : *maieri*, cette perche qui servait à faire des haies en treillis ; *vilain*, ce bâton où l'on attachait la lampe à huile ; *viscota*, qui pourrait se traduire par « vivre au jour le jour » ; *goubiot* par celui qui a les doigts engourdis par le froid ; et, ah oui !, *fanfogni*, qui se dit d'un instrument qui joue faux.

Faisant fi de la *doxa*, il se lance donc, animant son Palais de ces dizaines de sentences qui, ces dernières années, l'ont si souvent aidé à reprendre courage. « À la Source de la Sagesse, on trouve le vrai bonheur [1] », « Heureux l'homme libre, brave et travailleur [2] », « En créant ce rocher, j'ai voulu prouver ce que peut la volonté [3] », « À la source de la vie, j'ai puisé mon génie [4] », « De ce breuvage, mon âge a trempé son courage [5] », « Cette merveille, dont l'auteur peut être fier, sera unique dans l'univers [6] », « Créature, viens admirer la Nature [7] ».

La plupart lui viennent spontanément, et il en a bientôt un si grand nombre en tête qu'il ne sait plus où les graver ! Il doit penser aussi à désigner les éléments les plus importants de son Palais de sorte à ne plus avoir à toujours répéter les mêmes explications à ses visiteurs. Sur la façade est, il grave ainsi le nom des trois géants à leurs pieds, et donne à la « Loutre » et au « Guépard » leurs noms, ainsi qu'à « Socrate », à la « Grotte de Saint-Amédée, Seigneur de Hauterives », à la « Grotte de la Vierge Marie »… Sur la façade nord, il indique les noms d'« Adam » et « Ève », celui du « Phénix » et donne leurs noms aux grottes de la « biche », du « paon », du « pélican ». Côté ouest, on peut lire sur les colonnes : « C.H.E.V.A.L. né le 19 avril 1836. » Et sur chaque

1. Inscription sur la façade est du Palais, devant la Source de la Sagesse. 2. Inscription sur la façade est du Palais. 3. Inscription sur la Galerie intérieure du Palais, au-dessus du dromadaire. 4. Inscription sur la Galerie intérieure du Palais. 5. *Idem.* 6. Inscription sur la façade nord du Palais. 7. *Idem.*

modèle réduit : « Temple hindou », « Chalet suisse », « Maison blanche », « Maison carrée d'Alger », « Château du Moyen Âge »…

Dans un nouvel article du mois de mars, un journaliste vante ce génial facteur qui fait honneur à ses nombreux visiteurs « avec politesse et cordialité [2] ». Voilà qui touche Ferdinand et lui donne encore plus envie de « servir » ses hôtes en les régalant de mille et une légendes. Mais, pour l'heure, il doit s'occuper de son Vercingétorix et se concentrer sur ce qu'il va dire au tribunal contre Charvat. Car, oui, l'affaire est allée jusqu'à Valence, et c'est désormais la justice qui tranchera.

À la maison, Philomène ne sait plus où donner de la tête tant il lui faut courir, ici, pour porter à boire à une marquise qui a pris un coup de chaud, là, pour faire patienter un nouveau groupe qui tient absolument à tout savoir sur le Palais, là, pour nourrir les lapins, pour coudre des robes aux petites de Cyrille, pour accueillir tel journaliste, pour rafraîchir le potager. Côté Ferdinand, c'est du pareil au même. À peine s'attaque-t-il à son Vercingétorix qu'un visiteur, quand ce n'est pas un ami du pays, le réclame. Il faut aussi tendre le registre et remercier des mots que chacun y met ! Parmi les quelque 4 900 signatures décomptées dans le *Livre d'or* pour cette seule année 1906, on trouve, en mars, ce mot d'un certain Robert, instituteur de Clérieux : « L'homme passe, ses œuvres restent. » Et en avril, la signature de la comtesse Aurélia Delys et de Paul Mistral, le futur maire de Grenoble, en juin, celle de Louis Laudrin, « ancien collègue de l'homme de génie ». À tous ceux-là, il faut tantôt apporter une chaise, tantôt une petite laine, tantôt leur indiquer les autres merveilles à découvrir dans la région, parfois même les conduire au café ou encore à l'hôtel. Les journées et, bientôt, les soirées sont si remplies que, certains jours, Ferdinand se demande comment il va tenir. Quant à Philomène, elle est épuisée.

Mais que faire ? Au milieu de cette ébullition, une bonne nouvelle, venue du tribunal de Valence, dissipe, un court instant, leur angoisse. « Attendu que Ferdinand Cheval, facteur en retraite, demeurant et domicilié à Hauterives, a assigné devant le tribunal de céans, le sieur Louis Charvat, photographe au Grand-Serre, aux fins d'ouïr dire que c'est sans droit et abusivement que ce dernier a mis en vente des cartes postales illustrées, représentant le monument dit "Palais Imaginaire", construit par lui sur sa propriété à Hauterives ; d'entendre ordonner la cessation de toute exposition, vente ou mise en vente desdites cartes postales, et ce, à peine d'une astreinte de 100 F par chaque contravention relevée, ainsi que la destruction de tous clichés représentant ledit monument ; enfin, de s'entendre condamner, en réparation du préjudice causé à ce jour, à payer à titre de dommages-intérêts la somme de 1 500 F [3]. » Cheval a donc gagné. Du moins, la première manche. Car, aussitôt, Louis Charvat fait appel. Mais qu'importe. Cette première victoire est si réjouissante. À la maison, Cyrille et sa femme apportent une bonne bouteille, et Philomène mitonne un ragoût.

— Vous auriez vu sa tête ! Il est devenu si rouge, j'ai bien cru qu'il allait s'étouffer !

Tous se mettent à rire.

— Ce que j'aurais aimé être là !

— Ce n'est pas lui, ce soir, qui s'amuse comme nous autres.

Et comme une bonne nouvelle en amène souvent une autre, six jours plus tard, c'est un certain Ludovic Bonnefoy qui offre un long poème en hommage à Ferdinand. Tout heureux, celui-ci en grave trois strophes sur sa terrasse puis, revenant à la niche de sa brouette, décide d'honorer celle-ci par quelques vers de son inspiration : « Ton Palais, né d'un rêve/ nous, tes outils, compagnons/ et témoins de tes peines/ de siècles en siècles/ nous dirons aux générations nouvelles/ que toi seul as bâti ce temps de merveilles*. » Il se les répète à voix haute, pleure presque tant il se trouve heureux. Sa brouette, son arrosoir, son petit couteau, sa cuillère. Que de choses il leur a confiées. Que de larmes et même parfois de cris ils ont vus, ils ont entendus. Mais trêve de nostalgie. Il faut consolider les failles et reprendre le Vercingétorix. Le travail est si intense qu'il ne voit pas arriver l'année 1907 et il faut, le 1er mars, l'annonce de la confirmation de son jugement par la cour d'appel de Grenoble pour qu'il relève la tête. Ce jour-là, il fête la nouvelle avec toute sa famille et ses amis. C'en est fini de Charvat. Désormais, c'est lui qui gérera tout et qui touchera les bénéfices. De sacrées sommes en perspectives qui lui donnent envie, tiens !, d'acheter cette belle horloge à laquelle ils rêvent tant avec Philomène. Elle le regarde, tout ébahie.

— Tu es sérieux ?

---

* Inscription sur façade est du Palais.

— Si je suis sérieux ! Pardi, on va l'acheter demain ! Et puis on va prendre une bonne, aussi !

Est-ce encore son mari si économe qui parle ?

— Une bonne ?

— Mais oui, une bonne qui fera visiter le Palais et qui t'aidera à la maison !

— Mais, Cheval… les bonnes, c'est pour les riches, et puis…

— Pour les riches et pour les constructeurs de palais, Philomène ! Allez, à ta santé ! Et à nous tous ! Aux droits d'auteur et à la Justice !

Une justice qui n'avait encore jamais eu à statuer sur un tel cas. D'où l'intérêt que lui porte, au mois de mai, ce journaliste de *Photo Revue :* « Un photographe peut-il librement photographier et reproduire à son profit une maison, un château, une construction quelconque, un parc, un jardin appartenant à un particulier ? Le droit de la propriété foncière qui, d'après l'art. 552 du Code civil, emporte la propriété du dessus et du dessous, emporte-t-il aussi la propriété de l'aspect, de cette chose insaisissable qui est l'impression visuelle [4] ? » C'est cette question pointue qu'a eue à trancher la cour d'appel de Grenoble. Et de retranscrire l'intégralité du jugement rendu par la cour d'appel. Un jugement qui prend l'affaire très au sérieux puisqu'il va jusqu'à imposer la destruction de tous les négatifs en possession de Charvat et qui va faire jurisprudence. Pour la première fois en France, grâce à Cheval, le droit de reproduction photographique et de vente de l'image est reconnu au propriétaire du bien foncier photographié. Le 15 mars, un procès-verbal atteste que Charvat doit « justifier à Cheval de la destruction de tous clichés représentant le monument appelé le "Palais Imaginaire", soit vingt-cinq clichés sur verre de dimensions diverses (9 x 12 à 30 x 40) et neuf clichés sur pellicule (9 x 14 et 9 x 25) [5] ». Un vrai coup de massue pour le jeune photographe et… malheureusement une perte irrémédiable tant pour les archives du Palais que pour les équipes de restauration qui ne disposent, pour la période 1898-1906, que de vieilles photos jaunies et de cartes postales imprécises.

À mille lieues d'imaginer les conséquences de cette disparition, Ferdinand est tout à la joie de cette victoire éclatante.

La pierre d'achoppement.

26

UNE PETITE BONNE

« Quand je suis arrivée, le père Cheval m'a donné une bonne somme : 20 francs par mois et puis après il m'a mis 25 [1]. » La personne qui parle, c'est Julia Micoud, la nouvelle bonne, embauchée comme promis par Cheval et chargée de faire visiter le Palais, en plus d'aider Philomène. Au même moment, un article tombe dans la revue *Lectures pour tous*. On y apprend que « le nombre de visiteurs est de cinquante par jour, et il y a parmi eux beaucoup d'Anglais et d'Allemands [2] ». À se demander comment Ferdinand se débrouille avec ceux d'entre eux qui ne parlent pas le français. Au fil des rencontres, Ferdinand a, sans aucun doute, attrapé un mot ici et là, mais enfin, comment parvient-il à leur raconter l'épisode de sa pierre d'achoppement, ou encore celui des tas de pierres qu'il allait rechercher au milieu de la nuit avec sa brouette ? Les brochures quadrilingues n'existaient pas à cette époque, et il fallait avoir du génie pour mimer une telle aventure ! Sans compter qu'il s'adressait en même temps à des ducs, des ouvriers, des bourgeoises, des filles de joie et des enfants ! Car tous, sans distinction de caste, sans distinction de langues, accouraient.

Mais n'est-ce pas là le but ultime de Ferdinand ? Rassembler, tel Villon près de cinq siècles plus tôt, ses frères humains ? De son côté, Julia Micoud ne chôme pas elle non plus. Les instructions du père Cheval sont on ne peut plus précises et elle se fait un point d'honneur de toutes les respecter. « La visite commençait par la maison. Il me disait : "Fais voir la maison parce qu'après les gens ne seraient pas intéressés. Ils n'y regarderont pas si bien." [...]. Pour la visite du Palais, c'était par la façade nord qu'il fallait commencer. Les inscriptions je les lisais, je savais tout par cœur, pauvre père Cheval... Adam et Ève, les serpents y étaient. Le monsieur joufflu aussi, seulement il était mieux fait. Parce qu'il refaisait, des fois ça se dégradait, et puis c'est là qu'il a le plus travaillé de mon temps. Puis on passait devant la façade ouest, j'expliquais tout et alors on rentrait par l'entrée du Palais Imaginaire pour faire visiter la galerie, et on ressortait par la dernière porte, celle de la galerie des sculptures au temps primitif. Il me faisait monter jusqu'à la crèche merveilleuse. La porte qui donne sur la façade est restait fermée... Les inscriptions de la galerie c'était comme maintenant, bien gravées, il n'y avait pas de peinture. L'eau coulait tout au long des murs : on versait de l'eau avec des brocs sur la terrasse et elle s'écoulait par les coquilles dans les niches et dans la fontaine des laveuses. Que le dimanche, il faisait ruisseler de l'eau... Les coquillages, c'est son neveu qui lui en avait rapporté de Marseille... Alors il fallait passer deux fois devant les niches, puis je faisais visiter la terrasse. On montait et on descendait par l'escalier de la mosquée. Il y avait une tonnelle là près du mur. Le musée lapidaire y était, je l'expliquais :

c'était mieux arrangé de son temps, pas dégradé comme ça. On finissait par la fontaine. Les escaliers de la façade est n'étaient pas pris par les visiteurs. Après ils allaient sur le belvédère [3]. »

À la lecture de cette interview, une question nous brûle : pourquoi Ferdinand fait-il commencer la visite de son Palais par l'une de ses plus récentes façades et la clôt-il par la façade d'origine ? Faute d'avoir été interrogé à ce sujet, Ferdinand n'a jamais répondu à cette question, mais peut-être pouvons-nous essayer de reconstituer sa logique. Commencer par l'Adam et Ève de la façade nord, c'est commencer par l'Éden perdu. Prolonger la visite par la façade ouest, c'est faire effectuer à ses visiteurs l'un de ces sauts temporels qu'il adore leur faire vivre et qui, après l'exil de l'Éden, les conduit, sans transition, face aux plus grandes civilisations (Temple hindou, Chalet suisse, Château du Moyen Âge, etc.). Civilisations qui, à travers le génie de leurs réalisations, prouvent combien seul l'homme civilisé – selon Ferdinand et son siècle – est capable de porter l'humanité vers le Nouvel Éden. Ce n'est qu'une fois ce message-là passé que les visiteurs sont alors prêts au grand voyage intérieur. Un voyage qu'ils accomplissent en pénétrant le Palais Imaginaire et en traversant la Galerie intérieure où, face à l'entremêlement des temps et la toute-puissance des règnes végétal et animal, ils se retrouvent les spectateurs d'un monde d'avant l'Homme. À la fin de ce parcours initiatique, la crèche merveilleuse : cette incarnation du divin au sein du plus petit d'entre tous, du plus nu. Puis la terrasse : cette ouverture au monde à laquelle les visiteurs, après cette incroyable déambulation, peuvent enfin prétendre et goûter en plénitude. En achevant la visite par la « fontaine de Vie », Ferdinand clôt, pour eux, la boucle « naissance, mort, renaissance ». Tels les pèlerins de la façade est, les visiteurs cheminent désormais vers « le génie qui éclaire le monde ». Un génie qui porte en lui les germes d'un monde parfait où tous, bientôt, seront égaux, libres, instruits, et heureux.

Julia Micoud, bien sûr, ne se lance pas dans de telles explications, ni Ferdinand d'ailleurs. Tout est dit, inscrit dans la matière et dans les formes. Il suffit d'ouvrir son cœur comme lui l'a fait au gré de ses tournées et d'y laisser entrer le ciel.

Pour la visite du Palais, « c'était 2 sous qu'on me donnait », poursuit la petite bonne, « et je faisais payer 5 sous les sœurs, les militaires et les enfants et 10 sous les autres. Avec 5 sous, on pouvait s'acheter un bon morceau de fromage de ce moment-là ». Des deux ans et demi passés au service des Cheval*, Julia a gardé une mémoire vive, et pour cause. Avant d'être employée chez eux, elle travaillait à Die en boulangerie et bureau de tabac pour 12 malheureux francs. « Pauvre père Cheval, il était bien gentil : il m'avait envoyée coudre chez sa belle-fille, de 1 heure à 4 heures pendant un hiver, et aussi chez les sœurs au-dessus de la boulangerie dans la grande rue en hiver. Et puis bien nourrie. C'était la mère Cheval qui avec moi faisait le dîner. » Même qu'un lundi de Pâques, « j'ai eu 200 sous d'étrennes ! ». Une sacrée somme pour l'époque, et que tous les patrons ne donnaient pas. « Les inscriptions de la maison, je l'ai pas vu faire, jamais. Mais sur le Palais, oui. Il était tout le temps

---

* Julia Micoud est restée bonne chez les Cheval jusqu'en 1910.

après. Il s'arrêtait pas, ou bien il allait boire le café, alors il restait un peu l'après-midi chez Vassy [1, 4]. » Elle se souvient aussi l'avoir vu faire la rosace au fond de la Galerie, celle située sur le plafond du labyrinthe sud où sont sculptés le cèdre et l'éléphant. C'est sans doute à peu près au même moment qu'il écrivit sur l'un des murs cette phrase énigmatique qui allait rendre jaloux tous les surréalistes : « Les fées de l'Orient viennent fraterniser avec l'Occident [2]. »

Loin de lui être monté à la tête, le succès a débarrassé Ferdinand de toute peur, et c'est en homme libre désormais qu'il laisse aller son imagination : « Le songe et la réalité/ Entrée du Palais Imaginaire [3] » ; « Le port de l'éternité [4] » ; « La Reine des Grottes [5] » ; « Où le songe devient la réalité [6] » ; « Galerie des sculptures au temps primitif [7] » ; « D'un songe j'ai sorti la reine du monde [8] ». Autant de formules ensorcelantes qui nous convient au cœur du mystère du Palais et dont Ferdinand, tel le Petit Poucet, nous livre, par énigmes, le chemin. En 1909, il ira même jusqu'à inscrire au pied de ses momies, sur la façade est du Palais, un court poème en calligraphie arabe : « D'aucuns prétendent que la douceur est dans l'amour alors que dans l'amour il y a des jours qui sont plus amers que la patience [9]. »

1. Le café Vassy près de la gare à Hauterives et qui n'existe plus.
2. Inscription sur la Galerie intérieure du Palais, labyrinthe sud.
3. Inscription sur la façade ouest du Palais. 4. Inscription sur la façade est du Palais. 5. Inscription sur la façade sud du Palais.
6. Inscription sur la façade ouest du Palais. 7. *Idem.* 8. Inscription sur la façade nord du Palais. 9. Patience : sorte de plante grasse, amère, poussant dans le désert.

La même année, Jeanne d'Arc est béatifiée, Louis Blériot traverse la manche, le Dalaï-lama rentre au Tibet après cinq ans d'exil, plus de 250 000 chrétiens, en grande majorité arméniens, se font massacrer à Adana (Turquie), la Serbie, sous la pression des Russes, accepte l'annexion de la Bosnie-Herzégovine par l'Autriche-Hongrie, le nationaliste catalan Francisco Ferrer est exécuté malgré les protestations du monde entier, les agents des PTT font grève pour la première fois en France, André Gide publie *La Porte étroite.*

Mais Ferdinand est tout à son Palais. « Il ne parlait pas politique […] tout juste, il lisait le journal, je le prenais de temps en temps […]. Il travaillait tellement ! Il savait pas se reposer », raconte encore Julia Micoud. « Pendant que j'étais là, un des trois géants s'était tout dégradé, celui du milieu. Ça se fendait tout le long et il dut le refaire. Les arbres armés, ils se dégradaient déjà, il était ennuyé, il disait : "Faut que je les refasse parce qu'ils vont dégringoler." Il avait toujours les doigts qui lui saignaient avec ce ciment, il m'appelait pour lui empâter les doigts […]. Dès qu'il avait fini de travailler, il mettait sa brouette, son tablier bleu, tout là-bas, au fond dans la niche. » Et son costume de facteur, alors ? Celui qu'on voit sur les cartes ? « Il le mettait seulement pour aller à la messe. » Pour aller à la messe ? C'est donc qu'il y retourne désormais. Est-ce le succès remporté qui lui a fait voir différemment les choses ? La douleur atténuée du deuil d'Alice ? L'approche de la mort ? « Jamais, affirme Julia, il ne manquait d'y aller [5] ! » Une information qui en dit long sur le calme recouvré, sur sa vie sociale aussi.

— Et, le soir venu, une fois de retour chez lui, travaillait-il à quelques esquisses sur son Palais ?

— Je l'ai vu crayonner pas tant que ça, un petit peu. Sinon, il faisait le potager dans le jardin [...] ; il avait fait exprès un banc pour ses lapins. Le soir, il regardait ses livres comme ça, mais je l'ai vu très peu lire.

— Où vendait-il ses cartes ?

— Quand les visiteurs souhaitaient lui en acheter, alors, il les mettait là, en entrant, dans la maison où il y avait la table et puis une chaise pour faire la signature.

— La maison était-elle pareille à cette époque ?

— Il n'y avait pas de cloison au fond de l'entrée. L'escalier faisait un petit tournant au fond de l'entrée pour monter dans les trois chambres, la mienne dans le milieu, la chambre du neveu à droite et l'autre à gauche c'était un débarras. Sa femme avait beaucoup de l'asthme. Ils couchaient tous les deux dans la même chambre en bas. Le père Cheval avait le lit près de la cheminée en travers et puis elle avait son lit en long qui donnait vers la fenêtre. La fenêtre dans la cuisine, l'évier, la cuisinière, ça n'a pas changé.

— Et il avait des habitudes, le père Cheval ?

— Dans la maison, sur le rayon sous la fenêtre, là y avait le bol de père Cheval pour boire son vin, fallait pas le lui laver, il buvait toujours dans ce bol, il avait une petite bouteille d'eau-de-vie pour se laver la figure tous les jours de la semaine. Le dimanche il se lavait avec du savon, et son torchon était toujours accroché derrière. Son torchon n'était pas bien blanc parce que l'eau-de-vie ça ternit le teint ! Ah ! Mais tous les jours son lavage avec de l'eau-de-vie. Sa femme ne faisait pas ça.

— Et ses relations avec le village ?

— Les gens du village avec le père Cheval, c'était comme maintenant, froid et chaud. Y en a qu'avaient de l'amitié et d'autres ben… Y a pas bien des éloges des fois autant qu'y a des affaires ! Tiens celui qui habitait au bout du village et qui buvait un peu, il avait dit que le Facteur était un peu bête-à-sous – un peu bêtassou –, je m'en souviens, oh mais il buvait… Mais il est mort bien vieux quand même.

M. Joly qui, petit, a connu Cheval, intervient :

— Elle a raison, vous savez. À ce moment-là il n'y avait pas de haine, y avait rien, les gens qui pouvaient pas y arriver, ils s'aidaient, alors que maintenant au contraire… Les serpents trompeurs, avec Adam et Ève, qu'il a sculptés par exemple, c'était le feu défendu là, mais bon, maintenant les gens ils s'en foutent pas mal, ils courent une fille, ils lui mettent un coup de couteau tandis qu'à ce moment-là ça n'existait pas ! On avait parlé des chauffeurs de la Drôme, mais y avait que ça, on n'avait jamais entendu dire autre chose.

— Il voyait beaucoup de monde ?

Julia Micoud reprend la parole.

— Vous pensez ! Cheval il était comme moi, il aimait la solitude. Il allait boire tous les jours son café chez Vassy à la gare mais tout seul [6].

Que de précieux renseignements nous apportent ces témoignages ! Julia Micoud est partie en août 1910 pour se marier. Deux mois avant son départ, le 5 juin exactement, une nouvelle comble de fierté Ferdinand : son fils Cyrille est élu conseiller municipal. Quel chemin parcouru depuis la petite ferme natale où on ne mangeait pas tous les jours à sa faim ! Décidément, il a bien fait de s'accrocher à son rêve et, quand bien même le rire d'Alice continue de lui manquer au point de le réveiller en pleine nuit, il ne regrette rien de cette folle aventure. Son fils, conseiller ! C'est à peine croyable.

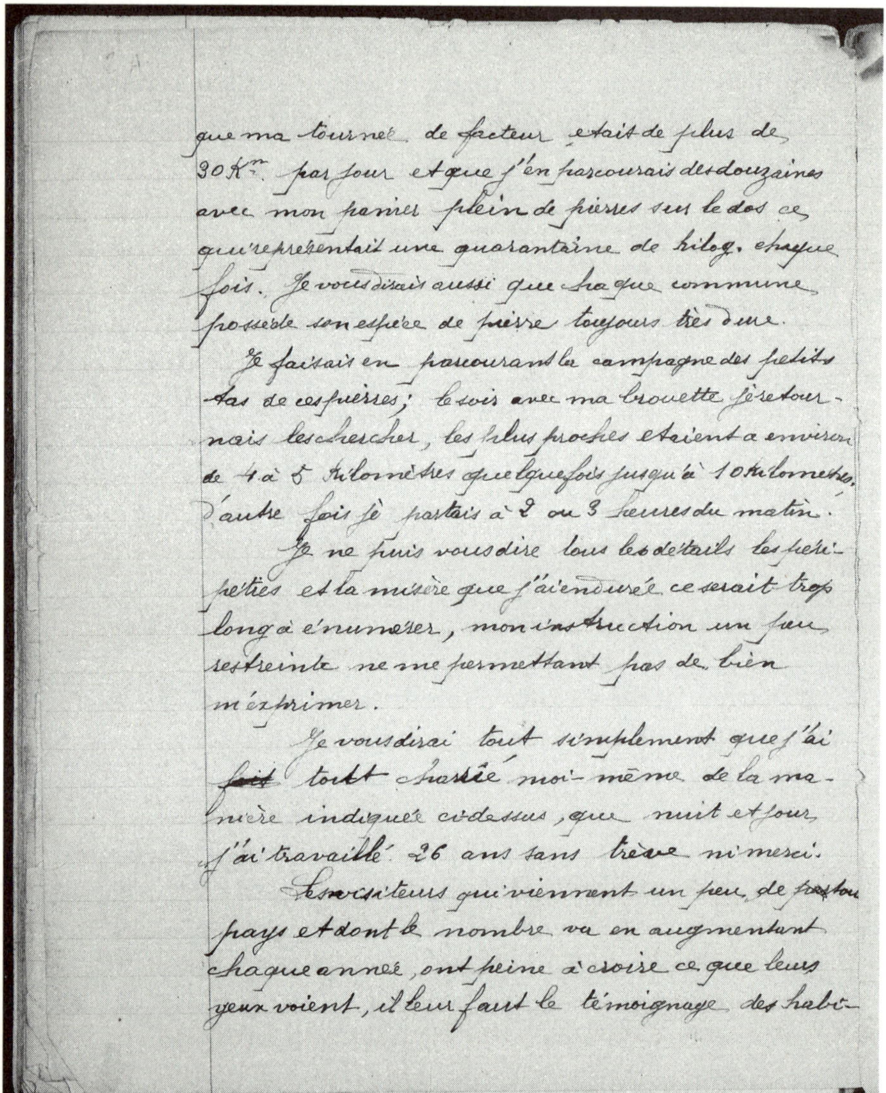
que ma tournée de facteur était de plus de
30 Km. par jour et que j'en parcourais des douzaines
avec mon panier plein de pierres sur le dos ce
qui représentait une quarantaine de kilog. chaque
fois. Je vous disais aussi que chaque commune
possède son espèce de pierre toujours très dure.
Je faisais en parcourant la campagne des petits
tas de ces pierres ; le soir avec ma brouette je retour-
nais les chercher, les plus proches étaient à environ
de 4 à 5 kilomètres quelquefois jusqu'à 10 kilomètres,
l'autre fois je partais à 2 ou 3 heures du matin.
Je ne puis vous dire tous les détails les péri-
péties et la misère que j'ai endurée ce serait trop
long à énumérer, mon instruction un peu
restreinte ne me permettant pas de bien
m'exprimer.
Je vous dirai tout simplement que j'ai
~~fait~~ tout charrié moi-même de la ma-
nière indiquée ci-dessus, que nuit et jour
j'ai travaillé 26 ans sans trêve ni merci.
Les visiteurs qui viennent un peu de tout
pays et dont le nombre va en augmentant
chaque année, ont peine à croire ce que leurs
yeux voient, il leur faut le témoignage des habi-

Page du « cahier » du facteur Cheval rédigé sous sa conduite par son fils.

27

QUAND LE RÊVE PREND FIN

Voilà tout juste un an que Julia Micoud a quitté les Cheval. Philomène et Ferdinand ont-ils pris à leur service une autre jeune fille pour les aider ? Nul témoignage ne l'évoque. Nous sommes en août 1911. À la suite de plusieurs dégradations et vols de ses petites pierres rondes, Ferdinand a gravé, en lettres majuscules, à l'angle de sa façade nord-est : « DÉFENSE DE RIEN TOUCHER », intercalé d'un « les parents sont priés de surveiller leurs enfants », en lettres minuscules. C'est dire si, certains jours, il devait y avoir du monde. Un monde que Ferdinand et Philomène ont de plus en plus de mal à gérer, vu leur âge : elle, soixante-treize ans (asthmatique, de surcroît !), lui, soixante-quinze ans. Si, côté journaux et revues, les articles ne tombent pas en aussi grand nombre qu'en 1905, la « chevalmanie » qui s'est emparée des Français – et même des étrangers ! – attire au Palais une foule toujours plus importante de visiteurs. Les deux auteurs du guide *Voyage en France, Bas-Dauphiné, Comtat Venaissin*, paru en 1911, ont, semble-t-il, été tout aussi fascinés par leur visite : « Le bourg possède une chose étrange, que l'on eût classée jadis parmi les merveilles du Dauphiné et qui vaut à Hauterives des visiteurs en nombre sans cesse croissant. C'est *le château du facteur.* Construction à la fois merveilleuse et cocasse, fantastique, un rêve des *Mille et Une Nuits* matérialisé par la pierre. Au demeurant, œuvre extravagante où le grand troupeau des visiteurs voit le sublime et dont l'auteur dit sérieusement qu'elle tient du génie [1]. » S'ensuivent quatre pages de descriptions du Palais, avec parfois quelque condescendance : « Certes, il ne faut pas chercher de l'art dans les détails, la naïveté de la confection prête par trop à sourire, mais l'ensemble est vraiment saisissant et indescriptible aussi. Les statues colossales, en cailloutis, de César, Vercingétorix et Archimède sont enfantines et rappellent les ébauches de fétiches chez les nègres [*sic*], les proportions sont dédaignées et pourtant, on est stupéfait de tant de travail d'imagination. C'est à la fois baroque et sublime. […] Le créateur, conseillé sans doute par les savants du village, a même cherché à rendre des habitations préhistoriques. L'auteur de cette série est un brave homme avant tout [2]. » Dans ce même guide, on apprend que, chaque mois, les foires de Grand-Serre « donnent lieu à de grandes transactions de bœufs gras » et que la mine de lignite de Hauterives est toujours en activité malgré une production modeste : « moins de 450 tonnes en 1909 ». À Tersanne et à Saint-Martin-d'Août, on préserve avec attention les noyers. On en fait même « des plantations nouvelles ». Plus au sud, « le caractère méridional des choses s'accentue. Beaucoup de pêchers dans les vignes. Les mûriers forment des quinconces étendus ».

Fort de son succès et très fier du nouveau titre de conseiller municipal de son fils, Ferdinand demande à ce dernier de rédiger l'intégralité de ses « mémoires » sur un petit cahier d'écolier. Pour ce, Cyrille doit s'inspirer de la lettre envoyée à Émile Lepage, de la notice biographique corrigée d'André Lacroix, des poèmes d'Émile Roux-Parassac, de Théodore Deckert et de quelques autres visiteurs, ainsi que – changement d'importance ! – de quelques poèmes de son cru.

— Tu es sûr, papa ?

— Sûr, oui.

— Mais… M. Lacroix ne t'avait-il pas…

— M. Lacroix a le droit de penser ce qu'il veut de mes poèmes. Mais là, il s'agit de *mon* Palais et moi, je veux *mes* poèmes dans l'histoire de *ma* vie.

— Je comprends.

Ferdinand se met à fouiller ses poches. Il en sort des petites boules de papier.

— Tiens, par exemple, tu mettras celui-là, et celui-là, tiens ! et celui-là aussi !

Cyrille le jauge, stupéfait.

— Mais… tu en as combien des comme ça ?

— Ben je sais pas, moi, trente, cinquante, cent peut-être bien.

Cyrille secoue la tête et soupire. Il n'ose même pas imaginer la réaction de sa femme quand il va lui apprendre qu'en plus de son poste de conseiller, il a, désormais, tout ce cahier à rédiger. Mais, d'avance, il sait que rien ne pourra faire changer son père d'avis.

Ce cahier, Ferdinand ne le retouchera qu'une seule fois, deux jours avant sa mort, changeant un mot ici et là. Quand on le compare à la notice biographique corrigée par André Lacroix, on se rend compte combien il a repris le contrôle de « son » histoire, insérant partout – à l'instar des 150 inscriptions dont il a couvert son Palais –, ses poèmes, ses mots, ses remarques, son souffle même : « Histoire du Palais Idéal édifié à Hauterives, Drôme, écrite par son auteur M. Ferdinand Cheval, suivie et précédée de quelques notes. »

Préface

L'histoire que veut bien nous écrire l'auteur du Monument n'est pas un conte. Il ne s'agit pas d'un pays aussi inaccessible que le Royaume de Trébizonde ou que le Kamtchatka. D'ailleurs on peut en avoir la preuve convaincante, en allant à Hauterives. Vous vous trouverez en présence d'un Monument pittoresque, unique et le plus original du monde, ce travail colossal et d'un seul homme a coûté à son auteur

34 ans d'un travail opiniâtre
9 mille journées
65 mille heures

Quant à ses poèmes, en voici un de son cru car, tient-il à expliquer à ses lecteurs : « Je taquine également la Muse. » Adieu décidément le petit paysan complexé devant les Bordas et les Lacroix.

Mon Palais :
Auteur de l'œuvre du génie
Qu'avec plaisir nous contemplons
Oh ! dis-nous par quelle magie
Tu fis ce que nous admirons ?
Pour faire cette œuvre sublime

Tout le monde est émerveillé [...]
Réunissant pierre sur pierre
Je fis ce Palais sans égal
Décoré par l'Europe entière
Du nom de Palais Idéal
L'auteur du Palais : Ferdinand Cheval [3].

S'il est clair, à cette lecture, que Ferdinand n'est pas le plus grand des poètes, combien cela a dû être gratifiant pour lui de se donner la permission des Muses ! Courant chez Cyrille, on l'imagine lui tendre ses bouts de papier sur lesquels, à la hâte, entre deux groupes de visiteurs, il inscrivait, bourrés de fautes, les vers qui lui venaient. Et quels beaux moments partagés entre le père et le fils. Quelle belle complicité.

Nous sommes en 1912. Le 31 janvier, Ferdinand se débarrasse à nouveau de sa première maison, qu'il revend 2 000 F [4]. Ce ne peut être pour un problème d'argent, car, deux mois auparavant, un acte notarié nous apprend qu'il a enfin reçu les 3 000 F que lui devait depuis le... 19 janvier 1859 Joseph Marion, l'acquéreur de sa ferme natale à Charmes. Vend-il alors parce qu'il n'a plus besoin de ces murs pour évoquer tous ceux qu'il y a perdus ? Il n'a, sans doute, plus le désir de retourner là-bas, d'y entendre la jolie voix de Rosalie, sa première épouse, ses larmes quand elle a perdu leur premier enfant, le rire d'Alice, sa toux. Grâce à son Palais, il est devenu assez fort pour porter tout cela en lui. Un Palais auquel, à la dernière minute, il ajoute une pieuvre gigantesque à l'angle des façades nord et ouest. Un coup d'inspiration subite ou un moyen, pour Ferdinand, de ne pas penser à l'état de santé de son fils qui, depuis peu, lui donne bien des soucis ? Au début, on a pensé à une simple grippe, mais, depuis le passage du Dr Mordrin, tous ont compris qu'il s'agissait de ce même mal qui, des années auparavant, avait emporté Alice : la phtisie. Depuis lors, Ferdinand se relaie avec Philomène, sa belle-fille et ses deux petites-filles au chevet de Cyrille. Les semaines passent. Son état ne s'améliore pas. Lors, pour ne pas penser au pire, Ferdinand réalise ce monstre marin. Une façon pour lui de se vider la tête. De prier aussi. D'offrir à tous les dieux ce dernier sacrifice en échange de la guérison de son fils. Et il semble que la procédure magique marche. Au printemps de cette même année 1912, Cyrille semble, en effet, recouvrer ses forces. Fou de bonheur, Ferdinand profite de la bonne nouvelle pour déclarer son Palais achevé et ce, après trente-trois ans de travail acharné : « La façade est mesure 26 mètres de longueur, la façade ouest également 26 mètres, celle du nord 14 et celle du sud 12. La hauteur varie suivant les endroits de 8 à 10 mètres […]. Il m'a coûté 4 000 sacs de chaux et de ciment et mon Monument représente 1 000 mètres cubes de maçonnerie, soit 6 000 francs ; mais avec cela on m'assure que mon nom passera à la postérité ; ce qui est très flatteur [5] ! » Comme l'écrira, plus tard, un poète : « C'est une œuvre colossale/ Certainement capitale/ Où l'on viendra un jour/ Chercher les clefs d'une civilisation/ Qui a égaré toutes ses serrures [6]. »

Faisant d'une pierre deux coups, Ferdinand confie la gérance de son Palais et de son commerce de cartes postales à Marius Tourton, un imprimeur, qui assumera ses fonctions jusqu'en 1925.

Avec Philomène, il est persuadé que ça y est : il va enfin pouvoir se reposer et jouir pleinement de la présence des siens, de son fils surtout pour lequel il a eu si peur. Car il ne lui reste vraiment plus grand-chose à faire : étoffer la façade sud, décorer le cellier au rez-de-chaussée de sa maison, ajouter quelques détails sur son belvédère.

À nouveau, il est à mille lieues de la réalité et, cette fois-ci, pour une bien triste raison. Début juillet, l'état de Cyrille s'aggrave subitement et le 24, sans qu'aucun remède miracle ni aucune prière ne viennent à bout de sa maladie, il meurt, laissant derrière lui un père orphelin de tous ses enfants, une veuve et deux jeunes filles âgées de dix-neuf et vingt ans. Pour Ferdinand, le coup est d'une telle violence qu'il ne parvient même plus à accueillir les visiteurs. Après tant d'efforts et, au moment même où, enfin, il a achevé son rêve, pourquoi ? *Pourquoi* ?

28

LE TOMBEAU DE LA DERNIÈRE HEURE

À la maison, la pensée de la mort plane. Fort heureusement, Marius Tourton, le nouveau gérant du Palais, s'occupe d'accueillir les visiteurs et de faire fructifier la vente des cartes postales. Une bonne chose pour Ferdinand, qui a toutes les peines à retrouver ses esprits. Pour Philomène aussi. La mort de Cyrille l'a terriblement affectée. Dans son cœur, il était un peu comme son fils.

À la Villa Alicius, les voilà tous les deux, face à face, à écouter, hébétés, stupéfaits, les cris de joie des visiteurs, dehors. Pourquoi ne sont-ce pas eux que Dieu a choisi de faire partir ?

Les semaines, les mois passent. L'année 1913 se termine sans que Ferdinand et Philomène ne semblent s'en rendre compte. Vont-ils finir leur vie ainsi ? Accablés ? Immobiles ? Dehors, il y a leurs deux petites-filles, Alice et Eugénie, et puis la femme de Cyrille qui souffre elle aussi, sans compter le flux incessant des visiteurs, des amis, des voisins.

Un matin, comme mû par une force inexplicable, Ferdinand se lève et sort de la maison sans laisser le temps à Philomène de lui demander où il se rend. Nous sommes le 23 janvier 1914. Le regard fixe, Ferdinand marche dans la Grande-Rue d'un pas rapide. Ça y est. Il sait ce qu'il lui reste à faire ici-bas. Une idée qu'il s'en veut presque de n'avoir pas eue plus tôt : acquérir une concession perpétuelle au cimetière de Hauterives afin d'y construire un superbe tombeau.

Joseph Mordrin, le maire, le regarde, inquiet.

— Comment ça, un tombeau ? Mais… un tombeau comment ?

— Un tombeau à ma façon et où je serai enterré avec ma fille, avec mon fils, avec ma Philomène et tous ceux qui m'ont aimé, que j'ai aimés, puisque ta loi m'interdit de reposer dans mon Palais.

— Ma loi, ma loi, tu vas un peu vite…

— D'accord, votre loi, il n'empêche !

— Mais quand tu dis « un tombeau à ta façon », c'est-à-dire ?

— Grand, beau, sublime !

— Cheval, tu vas sur tes soixante-dix-huit ans !

— Et alors ?

« Je me permets encore de vous dire qu'après avoir terminé mon Palais de rêve à l'âge de soixante-dix-sept ans, et trente-trois ans de travail opiniâtre, je me suis trouvé encore assez courageux pour aller faire mon tombeau au cimetière de la Paroisse [1]. »

Un courage qui donne un nouveau but à Ferdinand et qui lui réinsuffle toute l'énergie qu'il avait cru perdre à jamais l'année précédente. Au village, la plupart

Ci-contre, le tombeau de Cheval et sa famille au cimetière de Hauterives.

manquent de s'étrangler lorsqu'ils voient passer Cheval, poussant une brouette remplie de pierres.

Mais avec l'assassinat par un Serbe d'Autriche-Hongrie de l'archiduc héritier François-Ferdinand le 28 juin 1914, puis l'escalade des tensions entre la France et l'Allemagne, les mauvaises langues ont tôt fait d'oublier leurs commérages pour ne plus parler que de l'actualité politique, qui laisse entrevoir l'imminence de la guerre. Et en effet, à la vitesse de l'éclair, le lendemain de l'assassinat de Jean Jaurès, le 31 juillet, c'est la mobilisation générale.

Livide, Ferdinand ouvre grand la porte de la Villa Alicius. À sa vue, Philomène le dévisage, tremblante.

— Que se passe-t-il ?

— La guerre. Les hommes sont fous.

Ferdinand fait quelques pas pour la rejoindre. Elle est blanche, sèche, creusée, épuisée, à bout de forces. Ferdinand remonte une couverture sur elle. Elle plonge ses yeux dans les siens.

— Crois-tu que je vais bientôt mourir ?

Ferdinand, après un temps.

— Oui, je crois.

— Est-ce que tu auras été heureux avec moi ?

Ferdinand se penche vers elle, ému.

— Sans toi, je n'aurais pas tenu. Je n'étais pas fait pour ce monde. Puis il y a eu toi [2]…

Quelques mois suffisent, et la prédiction de Ferdinand s'accomplit. Au milieu des cris de guerre et des premiers combats sanglants, Philomène s'éteint sans bruit. Nous sommes le 5 décembre 1914. Longtemps, Ferdinand reste assis à son chevet, sa main posée dans la sienne. Elle va se réveiller, n'est-ce pas ? Venir à lui, l'embrasser, lui tendre son eau-de-vie, son torchon ? Dehors, le soir doucement tombe. Ferdinand ne bouge toujours pas. Mourir, là, maintenant. Partir avec elle et les rejoindre. Tous. Mais qui alors pour achever leur tombeau ? Qui pour honorer leur passage sur terre ? « Au XIXe siècle [...] il devint humiliant de ne pas posséder une concession de longue durée, la concession perpétuelle étant même assimilée à une propriété [...]. Chaque emplacement fut couvert par un monument, et, dans certains pays comme la France et l'Italie, souvent volumineux. On répugna à laisser une tombe anonyme et invisible. Le monument qui était l'exception devient la règle [3]. »

Trois jours après, il quitte la Villa Alicius : « J'habite momentanément chez ma belle-fille depuis la mort de ma femme, soit depuis le 8 décembre 1914. Le désespoir et l'ennui m'avaient rendu très malade, j'avais besoin de beaucoup de soins et de distractions, ma belle-fille m'a conseillé alors de me rendre chez elle afin de me donner les soins nécessaires ; il lui aurait été impossible vu son commerce de venir me soigner chez moi [4]. » Sur place, ses deux petites-filles, Eugénie, vingt-deux ans, et Alice, vingt et un ans, sont aux petits soins avec lui. Un vrai miracle qu'elles ne soient pas des garçons, car alors Ferdinand aurait dû les voir partir à la guerre et, peut-être, ne jamais les voir revenir. Les nouvelles qui arrivent du front sont si effrayantes. Certains parlent de plusieurs dizaines de milliers de morts*.

Peu à peu, Ferdinand recouvre des forces et se relance dans l'aventure de son tombeau. Au commencement, la

* C'est durant les tout premiers mois que la guerre fit le plus grand nombre de victimes.

veuve de son fils ne se montre guère enthousiaste. À l'âge qu'il a, faire des allers-retours avec une brouette pleine de pierres jusqu'au cimetière situé à plus d'un kilomètre, c'est tout à fait déraisonnable. N'est-ce pas, en même temps, la seule chose qui lui donne encore envie de se lever ? Pourquoi alors l'en empêcher ? Et puis, c'est aussi pour Cyrille qu'il le fait, ce tombeau. Cyrille qui lui manque tant, aux filles aussi.

Au plein cœur de l'hiver, voilà à nouveau Ferdinand sur pied, formant des tas de pierres et préparant son ciment pour monter le soubassement de son tombeau. Au village, on l'envie presque. Pas mal ont déjà appris la mort d'un proche, pire encore, d'un fils. Au moins, le père Cheval ne se ronge pas les sangs, lui. Et de le voir aller et venir le long de la Grande-Rue, si têtu, si droit, leur donne presque espoir.

Mais le 10 juin 1915, c'est la pagaille, et l'armée française manque de logements pour ses soldats. Un officier s'approche de Ferdinand. On lui a dit qu'il vivait désormais chez sa belle-fille. Pourrait-il ouvrir sa Villa à ses hommes ? Ferdinand manque défaillir. Des soldats, chez lui, à quelques mètres de son Palais ?

— C'est-à-dire que… « je n'ai pas déménagé définitivement, vu que mon mobilier et mes ustensiles de ménage sont dans mon logement sauf mon fourneau et mon horloge qui m'étaient indispensables et que j'ai emportés dans la chambre que ma belle-fille m'a remise momentanément [5] ».

— Très bien, mais…

— « Et puis, j'ouvre ma Villa tous les jours, vous savez. Très souvent, dans la journée, je passe quelques heures m'y reposer dans ma chambre [6]. »

— Écoutez…

Ferdinand l'interrompt, paniqué. Cette Villa, c'est Alice, c'est Philomène, ils ne peuvent pas la lui retirer. Ses livres, en plus, et son monument, par la fenêtre, ses poules, ses lapins, qu'il vient nourrir deux fois par jour.

Mais l'officier ne veut rien entendre, et les soldats prennent possession des lieux. Bien plus tard, « Mme Alice Lardant, petite-fille du Facteur Cheval, nous a déclaré que la bibliothèque de son grand-père aurait été dispersée ou considérablement amputée pendant la guerre de 1914-1918, à une époque où il n'habitait plus sur place, et où sa maison avait été réquisitionnée par la troupe [7] ». Malgré ce fort désagrément, un accord a sans doute été trouvé. Pour preuve, les signatures des visiteurs, plus rares, certes, dont fait état le *Livre d'or* durant ce temps de guerre : en 1914, le vicomte Duchamps de la Croix, « explorateur » ; en 1915, le poilu « Pélatan » et le général Bourdeaux et sa famille ; en 1916, « Pasquet Chalard du 10e Génie, blessé de Verdun et Marcelle Morel, aviatrice » ! En 1917, des « Poilus d'Orient » de Monastir, Tunisie, ainsi que « Carneggie » de Hong-Kong.

Comme il l'a promis au père Cheval, le gérant Marius Tourton veille au grain et fait en sorte que le Palais continue d'être visité tandis que Ferdinand, imperturbable, s'invente, pour lui et tous les êtres aimés, le plus fou des tombeaux*. Une originalité qui en effraie plus

* Il est bon de noter qu'en plus d'Alice, de Cyrille et de Philomène, il a prévu une place pour Rosalie Revol, sa première épouse, ainsi que cinq places supplémentaires pour sa belle-fille, ses deux petites-filles et leurs époux.

d'un, au village. Quelle idée saugrenue, voire… diabolique, de faire jaillir de ces rangées de coquillages, de moellons, de vaguelettes de pierres et de spirales, ces dizaines, voire ces centaines de serpents ? Ne sait-il donc pas ce que le serpent a fait ? Quelle mouche le pique et que cherche-t-il à dire ? Mais ni le curé, ni le maire ne viennent à bout de sa détermination. Des serpents, il y en aura partout, ainsi que des croix, des oiseaux, des couronnes et même des lingams.

Le curé le regarde, ahuri.

— Des quoi ?

— C'est un nom hindou, vous ne pouvez pas connaître. Là-bas, d'ailleurs et dans beaucoup de civilisations, le serpent est signe d'éternité. Je l'ai lu et ça me plaît.

— Peut-être, mais cela ne plaît ni à moi, ni au village et ni à Dieu, Cheval !

— C'est mon tombeau, je fais ce que je veux !

Et pendant que les langues se délient au café Vassy, Alice se marie le 10 avril 1917 avec l'instituteur Charles Lardant. Comme elle en a toujours rêvé, le repas de noces a lieu au Palais. La dernière photo que nous connaissons de Ferdinand a été prise ce jour-là, devant la fameuse Source de Vie par laquelle tout a commencé. Un Ferdinand, âgé de bientôt quatre-vingt-un ans, qui pose à l'extrême droite du cliché coiffé d'un chapeau à large bord. À ses yeux plissés et à l'extrême vieillesse de son visage, on a peine à croire qu'il est en pleins travaux. Au centre, Alice, en robe de mariée, tient le bras de son mari, qui affiche un beau sourire. Au premier plan, un petit garçon de mauvaise humeur et, aux côtés des mariés, la belle-fille de Cheval ainsi qu'Eugénie, sa deuxième petite-fille. Il faudra encore attendre plus de dix-neuf mois avant de voir arriver la fin de la guerre. Le 11 novembre, les cloches sonnent à toute volée au village. Tout le monde s'embrasse. Ce jour-là, même Ferdinand arrête ses allées et venues jusqu'au cimetière. C'en est fini de la boucherie ! Fini !

Partout en France, la vie reprend doucement. Un jour que le père Joly se promène avec son petit-fils âgé de huit ans, il croise Ferdinand qui aussitôt, à sa vue, accourt vers lui : « Tu te rends compte que les Américains vont venir voir ce que j'ai fait ! [...] Je te le certifie ! » Puis, se tournant vers le petit qui gardera toute sa vie ce souvenir gravé dans sa mémoire : « Oui, oui, tu verras les Américains, toi [8] ! » Et il avait raison ! En janvier 1919, le journaliste J. F. Brandeth publie un long article sur le Facteur Cheval dans le *World Wide Magazine.* Après avoir exposé tout ce que lui a coûté l'achèvement de son Palais, Ferdinand donne, à sa façon, quelques détails sur lui-même : « J'ai maintenant quatre-vingt-trois ans et en fait je n'ai jamais eu un jour de maladie grave de ma vie. Il est vrai que j'ai toujours été un travailleur acharné, vivant très sobrement. J'ai consommé très peu de viande, certainement pas plus de deux fois par semaine en moyenne, mais des quantités de pommes de terre, de haricots et de verdure. Pas un jour ne se passe sans que j'ajoute un oignon ou un peu d'ail à ma nourriture. Je mange beaucoup de pain. Quant à la boisson, un très petit peu de vin mélangé à un verre d'eau m'a toujours maintenu en bonne santé [9]. »

C'est encore au même Brandeth qu'il aurait dit avoir été hanté par un vieux livre d'histoires orientales qu'on lui aurait porté [10]... Des informations d'autant plus précieuses qu'il s'agit de la dernière interview connue à ce jour accordée par Ferdinand Cheval. Un Ferdinand qui, malgré ses quatre-vingt-deux, quatre-vingt-trois... quatre-vingt-six ans !, s'acharne à terminer son tombeau sous les yeux des villageois abasourdis. Ah, si tous pouvaient avoir cette forme ! Entre-temps, sa deuxième petite fille s'est mariée et, contrairement à sa sœur Alice, qui est restée vivre avec son mari sur Hauterives*, celle-ci s'est installée à Romans** avec Georges Juveneton, son nouvel époux.

En 1922, après huit ans d'efforts, Ferdinand termine son tombeau qui, de loin, recouvert de tous ces serpents façonnés à la chaux sur armature de fils de fer, donne franchement l'impression d'être un temple hindou. En le contournant, on s'étonne toutefois de découvrir l'un des murs entièrement nu. C'est que, terrifiée par la vue des serpents, sa « voisine de tombe » a fait jurer à Ferdinand de ne pas décorer le mur de ce côté. Si la fureur d'un maire ou d'un curé pouvait laisser Ferdinand de marbre, il en allait tout autrement de la frayeur d'une pauvre vieille dame. S'inclinant, il ne toucha pas à ce mur.

Voilà, le tombeau est achevé. Il peut attendre avec tranquillité la mort. En mars 1923, il vend à sa belle-fille en nue-propriété sa maison donnant place des Terreaux [11].

---

* Toute sa vie, elle est restée attachée à la vie du village. Elle y mourra le 26 juin 1984.

** Mme Juveneton habitait toute l'année à Romans. Elle déléguera à sa fille et à son gendre, Mme et M. Savel, la gestion du Palais.

En août 1924, sentant la mort venir, il se présente devant Mordrin, le maire de Hauterives, avec quatre témoins afin de « certifier exacte et sincère la version définitive de sa biographie [12] ». M. Reynaud Paul, directeur de la Laiterie coopérative, M. Bret Marius, négociant adjoint au maire, M. Dessaignes Pierre, négociant, chef de musique, M. Joud Michel, boulanger, conseiller municipal, tous demeurant et domiciliés à Hauterives, ainsi que le maire Mordrin signent la fameuse version définitive de son cahier le 17 août 1924. Cette démarche officielle, tout empreinte de solennité, peut étonner. À quelques jours de sa mort, Ferdinand a sans doute souhaité garantir sa biographie, comme s'il voulait ne laisser à personne d'autre que lui-même le soin de bâtir sa légende personnelle. De même qu'il a été seul à édifier son Palais, il veut être le seul à édifier son mythe. Un mythe qu'il veut léguer aux générations futures, nettoyé de toute impureté afin que tous, et surtout les plus petits et les plus pauvres, puissent, un jour, réaliser leur rêve comme il l'a fait, lui, le petit paysan de naissance obscure.

Deux jours après, entouré de sa bru et de ses deux petites-filles, « à neuf heures du matin, Joseph-Ferdinand Cheval (auteur du monument) a rendu son âme à Dieu dans la paroisse de Hauterives à l'âge de quatre-vingt-huit ans. Son corps a été inhumé dans le cimetière de Hauterives en son tombeau préparé par lui-même. A reçu les sacrements de Pénitence, Eucharistie et Extrême-Onction [13] ». Nous sommes le 19 août 1924. Le Palais a perdu son créateur, il va devoir vivre sa vie seul, désormais.

Le Facteur Cheval

Dans *Le Journal* du jour, on peut lire, en première page, que de l'autre côté de l'Atlantique un autre grand, très grand artiste se préoccupe, lui aussi, de protéger « sa » marque de génie. « Charlie Chaplin, en effet, conteste le droit aux autres artistes de cinéma de se vêtir comme Charlot. » Un beau clin d'œil quand on y pense et qui, de là où il s'est envolé, a dû faire on ne peut plus plaisir à notre cher Facteur.

29

VOUS AVEZ DIT SURRÉALISTE ?

Un an après la mort de Ferdinand, Marius Tourton et sa femme confient la gérance du Palais à ses deux petites-filles, Alice Lardant, trente-deux ans, et Eugénie Juventon, trente-trois ans. Celles-ci ont cependant fort à faire avec leur foyer. Par ailleurs, ni l'une ni l'autre ne considèrent le Palais de leur grand-père comme une œuvre d'art, tout au plus comme une excentricité qui les a fait rêver, enfants. D'où le peu d'attention qu'elles y prêtent de 1925 à 1946. Vingt et une longues années durant lesquelles, au grand dam des amoureux de Cheval, le *Livre d'or* est resté tout au fond d'un tiroir. Dès après la guerre, des gardiens vont se succéder. « De 1946 à 1951, les Grottes du Facteur seront gardées par Mme Échinard […] puis de 1951 à 1956, par Mme Bardin […], 1956 voit l'arrivée de la famille Rebattet qui établira le record de "longévité", puisqu'ils assureront la promotion – ô combien efficace – des Grottes du Facteur pendant trente-deux ans jusqu'en 1988 [1]. » « On sortait pas. On était tous les jours là-bas. Dès que la clochette sonnait, on arrivait […] Les gens du pays ? Que ça plaise ou non, on est obligé de s'incliner. Ils s'intéressent sans conviction. Ils savent dire que c'est génial, que ça vaut le coup d'œil, qu'il avait quelques idées, que c'est même à voir, qu'il avait de l'inspiration [2]. »

Après cette date, le Palais est racheté par la commune de Hauterives, suite au legs d'Alice Lardant…

Et la postérité du Palais ?

Cinq ans après la mort de Ferdinand, le 15 juin 1929, un certain Jacques Brunius* publie un long article en Belgique, intitulé « Ferdinand Cheval, facteur constructeur du Palais Idéal » dans *Variétés,* une « revue mensuelle illustrée de l'esprit contemporain ». Cinq photographies accompagnent ce vibrant éloge de l'artiste autodidacte : « Cheval, n'ayant jamais subi la dégradante promiscuité des mécènes plus ou moins miteux, ni des marchands de tableaux, nous donne l'exemple d'une vie très rigoureusement détachée de cette activité de l'esprit orgueilleuse, de cette culture mal assimilée, de ces interprétations du génie qui, depuis l'enseignement obligatoire, permettent une production cérébrale aussi bien à un Abel Gance qu'au prodigieux Jean Lombard. » En Belgique et en France, l'article fait d'autant plus sensation que deux semaines plus tôt venait de paraître un numéro hors-série et hors abonnement de *Variétés* intitulé « Le Surréalisme en 1919 », confié aux soins et à la réalisation de Louis Aragon et André Breton ! Dans ce

* Jacques Brunius est le pseudonyme le plus utilisé par Jacques Henri Cottance, acteur, homme de radio, réalisateur et écrivain, né à Paris en 1906 et mort au Royaume-Uni en 1967.

numéro, on voit André Breton, au cabaret Le Paradis, posant aux côtés d'Elsa Triolet, Louis Aragon, Camille Goemans et sa femme, Jean Arp, Jean Caupenne, Georges Sadoul et une amie à lui, Pierre Unik, Yves Tanguy, Suzanne Musard, André Thirion et Frédéric Mégret [3]. Pour y avoir participé et pour tenir en grande estime P. G. Van Ecke, son directeur, toutes ces grandes figures du surréalisme suivent de près la parution des numéros de la revue belge et, notamment, celui dans lequel Jacques Brunius évoque le palais construit par un facteur.

Deux ans ne se sont pas écoulés qu'André Breton, titillé par la curiosité, s'arrête à Hauterives en compagnie de la célèbre Valentine Hugo et de la jeune photographe Rogi André. Elle prendra, ce jour-là, un cliché d'André Breton et de Valentine Hugo devant le Palais. Il est si impressionné par ce qu'il voit qu'il écrit aussitôt un long hommage poétique « au Facteur Cheval ». Hommage qu'il insérera dans son recueil de poèmes *Le Revolver à cheveux blancs* publié en 1932 aux éditions Gallimard :

> Nous les oiseaux que tu charmes toujours du haut de ces belvédères
> Et qui chaque nuit ne faisons qu'une branche fleurie de tes épaules aux bras de ta brouette bien aimée
> Qui nous arrachons plus vifs que des étincelles à ton poignet
> Nous sommes les soupirs de la statue de verre qui se soulève sur le coude quand l'homme dort [...]
> Nous te précédions alors nous les plantes sujettes à métamorphoses
> Qui chaque nuit nous faisons des signes que l'homme

peut surprendre
Tandis que sa maison s'écroule et qu'il s'étonne devant les emboîtements singuliers
Que recherche son lit avec le corridor et l'escalier [...]
À cette heure où des milliers de canards de Vaucanson se lissent les plumes
Sans te retourner tu saisissais la truelle dont on fait les seins
Nous te souriions tu nous tenais par la taille
Et nous prenions les attitudes de ton plaisir
Immobiles sous nos paupières pour toujours comme la femme aime voir l'homme
Après avoir fait l'amour

Un an plus tard, dans son essai *Le Message automatique* paru dans le magazine *Minotaure* en 1933, André Breton réitère : « Il y a lieu d'admettre que le Facteur Cheval, qui demeure le maître incontesté de l'architecture et de la sculpture médiumniques, a été hanté par les aspects de plancher de grotte, de vestiges de fontaines pétrifiantes de cette région de la Drôme où, durant trente-six ans, il effectua à pied sa tournée. »

Porté par cette vague d'enthousiasme, Jacques Brunius signe avec André Delons un nouvel article, « Un Palais Idéal », qui paraît en juin 1936 dans *La Revue des sports et du monde* : « Cet esprit, dont le rêve plastique s'est libéré avec une violente panique presque sans égale dans l'art populaire de tous les temps, s'exprime, lorsqu'il parle de lui-même ou de son œuvre, avec une sorte de

Ci-contre, André Breton, grand admirateur de l'œuvre de Cheval, ici devant le Palais en 1931.

tranquillité encore plus déconcertante. Déconcertante, si l'on songe d'abord à la solitude de ce paysan, inévitablement moqué et considéré comme "un peu fou" [...]. On vit percer ici, à l'évidence, en plus de la sincérité poignante de l'homme seul, les réminiscences historiques gauchement assimilées et l'orgueil naïf et grandiose du paysan qui s'égale aux héros du monde, du vaste monde. » Loin de s'arrêter là, Brunius persiste en signant la même année un deuxième article illustré de neuf photographies pour *Vu,* un troisième pour *Architecture Review* ! Plus qu'un simple amoureux, Ferdinand a trouvé en Jacques Brunius un véritable avocat. Et son entêtement paie ! Pablo Picasso accompagné de Paul Éluard se rend au Palais en 1937 ainsi qu'André Jean*, qui fera paraître la même année un petit essai sur les relations du Facteur Cheval à l'écriture, *Le Palais Idéal du Facteur Cheval à Hauterives (Drôme).* À l'instar de Breton, Picasso est si ébloui qu'il réalise, dès août 1937, douze dessins sur le sujet. À la suite de sa première visite, il ne pourra plus se passer de faire un détour par le Palais à chaque fois qu'il descendra sur la Côte d'Azur par la fameuse nationale 7. Comme le dit Françoise Gilot (sa compagne de 1944 à 1953), le Facteur Cheval faisait « presque partie de la famille », et on lui rendait visite « comme à un vieil oncle »[4].

En 1938, Brunius récidive et publie un article pour *Match.* L'année suivante, Max Ernst et Leonora Carrington se rendent sur place. Le Palais est devenu *the place*

* Sans doute est-ce là le pseudonyme de Marcel Jean, proche de Breton et participant à ce mouvement du surréalisme.

to be de tous les surréalistes. De retour chez lui, Max Ernst peindra un tableau qu'il intitulera « Facteur Cheval » et qui, à ce jour, faute d'avoir pu être acheté par la commune, appartient à un collectionneur privé. En 1939, c'est au tour de la poétesse américaine Gertrude Stein de visiter le Palais. La même année, Brunius réalise *Violons d'Ingres,* un documentaire consacré à des artistes hors normes et dans lequel le Facteur Cheval a la place d'honneur.

Toujours en 1939, les frères alsaciens Burrus, tous deux partis vivre en Suisse, tentent d'acquérir le Palais Idéal ainsi que le château Figuet situé non loin, en vue de faire un… parc d'attractions ! Peu ou prou au même moment, Alice Lardant est approchée par un couple d'Américains qui souhaitent acheter le Palais et le faire transporter chez eux, dans l'Oregon, morceau par morceau !

Au moins la Seconde Guerre mondiale présente-t-elle l'avantage d'avoir mis fin à ces deux projets.

Durant tout le conflit, le temps s'arrête et les visites se font rares. En 1941, dans l'un des numéros de *Sciences et voyages*, André Léjard s'inquiète de l'avenir du Palais. N'appartenant à aucune tradition architecturale connue, le site est devenu quelque peu douteux aux yeux du pouvoir. N'a-t-il pas, de plus, été acclamé par ces surréalistes que le gouvernement de Vichy exècre ? Le photomontage réalisé en 1943 par André Breton et dans lequel ce dernier n'hésite pas à utiliser une image du Palais – photographie ou carte postale –, pour réaliser un montage visible dans *Tragic, à la manière des Comics*, achève de rendre l'œuvre de Cheval suspecte. Dans cette image, conservée au musée du Palais Idéal, un personnage invisible lance dans un phylactère, du haut de la Tour de Barbarie du Palais : « NON, C'EST VRAI, TU T'EN VAS ? » pendant qu'une dame en crinoline descend l'escalier. Elle clame : « La terre fait eau de toutes parts. La mousse vit aux dépens des mots d'amour. Ce soir le vent porte mes couleurs. J'ai laissé la clé sur la cheminée… »

À l'exception d'un article en 1944 [5] et d'un texte publié en 1949 [6], les années de la fin de la guerre et de l'immédiat après-guerre dédaignent le Palais. Il faut attendre les années 1950-1960 pour, à nouveau, voir les journaux lui offrir leurs colonnes, la télévision ses ondes, les photographes leurs objectifs : dès les années 1950, Brassaï, Doisneau et Ehrmann feront partie de ceux qui prendront des clichés du Palais.

Dès lors, les films, les articles, les publications pleuvent, les uns criant au génie, les autres à l'imposture. Deux positions inconciliables qui, face à l'épineuse question du classement du Palais, vont bientôt s'opposer. Et avec quelle violence !

30

La bataille du classement

Tout semble commencer le 3 avril 1964. Ce jour-là, André Coumet, le sous-directeur des Monuments historiques, reçoit une note sur papier à en-tête du ministère des Affaires culturelles l'invitant à lire un article du *Jardin des arts* sur le Palais Idéal au sujet duquel, comme « vous savez », le Premier ministre (Georges Pompidou) a fait une demande de protection au titre de la loi de 1913 [1]. Aussitôt, on invite M. Hiriart, le conservateur régional des Bâtiments de France, à constituer un dossier pour la commission des Monuments historiques. Ce dernier n'a même pas le temps de se rendre sur place qu'il est assailli de courriers le pressant de se dépêcher. Sa hiérarchie l'a compris : un haut personnage de l'État joue et use de tout son réseau. Il faut faire vite, sinon les têtes vont tomber !

En mai, un certain L.B. ou I.B. donne son avis sur le Palais à Hiriart : « Le maire de Hauterives, écrit-il, vient d'acheter pour la commune un château du XVIIe siècle assez joli dans le bourg. Il m'a demandé s'il pourrait être inscrit ; il y a pour 10 millions de travaux dans les toitures [2]. » L'expéditeur de ce courrier a-t-il perdu la tête ?

Mais peut-être a-t-il confondu ou encore n'a-t-il pu croire, en découvrant le Palais, qu'il puisse s'agir de ce bâtiment-là ! En parallèle, le rapport de Louis Bernard, le délégué au recensement, arrive sur la table d'Hiriart : « Le tout est absolument hideux. Affligeant ramassis d'insanités qui se brouillaient dans une cervelle de rustre. Mieux vaut ne pas parler de "l'art" en question. Les visiteurs sont nombreux et partent émerveillés de toutes ces splendeurs [...]. C'est la traduction dans le ciment d'une sorte de cauchemar théosophique [...]. Ce sont des devises morales et des saluts au travail, au génie du facteur et de sa fidèle brouette [...]. Il y a aussi un tombeau "à la manière des rois Pharaons" pour Cheval lui-même, qui changera d'avis et se construisit un tombeau du mêmc acabit au cimetière [3]. » On peut aisément se figurer la tête d'Hiriart à la lecture de ces pages ! Comment, fichtre, allait-il pouvoir obtenir le feu vert de la commission face à un tel réquisitoire et comment, surtout, le Premier ministre allait-il le prendre ? À son plus grand désespoir, l'avis, en janvier 1965, de Jean-Claude Rochette, l'architecte des Monuments historiques, ne l'aide pas davantage : « Donner un avis est quelque peu déroutant pour un architecte. En effet, il ne s'agit pas, malgré le nom de "Palais Idéal" donné par son auteur, d'une œuvre architecturale à proprement parler mais plutôt d'un modelage concrétisant les obsessions du facteur [...]. Personnellement, et il m'a semblé n'être pas le seul de cet avis, l'œuvre est avant tout une accumulation d'éléments hétéroclites rappelant à la fois – par son échelle et son caractère cauchemardesque – les "galeries enchantées" ou "maudites" que l'on visite dans les foires et – par ses éléments de construction et d'esthétique – les grottes artificielles où [*sic*] les rocailles de banlieue du plus mauvais goût [4]. »

Hiriart se ronge les sangs. Avec deux avis aussi défavorables, jamais la commission n'obtempérera. Et que se passera-t-il alors ? *Quid* de son travail ? De son statut ? Dans une ultime tentative, il écrit une longue lettre à la direction de l'Architecture où, d'un côté, il prend note de la surprise et du rejet de M. Bernard et de M. Rochette face à l'œuvre de Cheval, de l'autre, s'étonne que ceux-ci n'aient pas vu combien cette architecture, certes non élaborée, entrait en résonance avec les œuvres d'un Bruno Taut, d'un Gropius, d'un Gaudí ou d'un Le Corbusier. « En ce sens, du point de vue de l'histoire, l'œuvre du Facteur Cheval pourrait être intégrée dans un "mouvement" qui possède d'illustres défenseurs et tendant la synthèse des arts dans l'acte de "bâtir" [5]. »

À sa plus grande déconvenue, la ruse ne prendra pas, et Hiriart n'a plus qu'à s'en remettre au destin.

Durant tous ces mois, il n'est pas le seul à subir une pression. Jullien, l'inspecteur général des Monuments historiques, a été fortement sollicité, lui aussi. N'aimant pas ces « manières », il prend tout son temps pour répondre. Mais, au bout de neuf mois, l'exaspération « d'en haut » est à son comble et, après avoir été rappelé à l'ordre on ne peut plus sèchement au mois d'août 1965, Jullien finit par s'exécuter en essayant, non sans quelques difficultés, de faire plaisir à tous : « Si certaines parties sont d'un effet plus que douteux, et que les statues, notamment, sont d'une exécution enfantine, on ne peut dénier à cet ensemble un aspect quelque peu monumental rappelant de loin les temples d'Extrême-Orient. » À se demander si nous ne sommes pas dans une pièce de Guitry, tant les arguments de Jullien confinent à l'absurde. Qu'à cela ne tienne. Jullien, lancé, s'enfonce : « Dans la galerie du rez-de-chaussée, il règne une ambiance presque religieuse. Il est difficile de décrire la manière dont est constitué cet ensemble. Il y a des parties en pierre, d'autres en béton, des incrustations de cailloux, de coquillages, etc. » Si avec ces lignes, Jullien pense faire plier la commission, on se demande s'il lui reste une once de lucidité. Mais allez, il n'est plus à un détail près et, quand on se noie, mieux vaut carrément couler : « Si ce Palais Idéal est ridicule par certains côtés, l'œuvre d'ensemble n'est pas dénuée de tout intérêt, et mérite, à notre avis, d'être conservée [6]. »

Un immense silence s'ensuit. Sans doute a-t-on trop ri ou n'y a-t-on pas cru.

Tout là-haut, toutefois, on commence à très sérieusement s'énerver. Le 30 septembre 1966, Gaëtan Picon, le directeur des Arts et des Lettres, prend lui-même sa plume pour presser Max Querrien, le directeur des Monuments historiques, de protéger « ce très intéressant monument d'art naïf [7] ». Or Picon – c'est de notoriété publique – est un proche de Malraux. Serait-ce lui qui, depuis bientôt deux ans, fait pression sur tous ses services ? Trois semaines plus tard, Querrien reçoit un courrier signé de la main d'Antoine Bernard, le directeur de cabinet de Malraux : « Le ministre souhaite qu'on protège aussi efficacement que possible la maison du Facteur Cheval qu'il considère comme un chef-d'œuvre de l'art naïf du XIXe siècle [8]. » Cette fois-ci, il n'y a plus de doute : l'ennemi, c'est Malraux. Lui, et encore lui ! « Il est évident que la plupart de nos architectes seront très réticents. Il faut donc choisir pour étudier cette affaire celui d'entre eux, s'il en est un, qui est d'accord pour une telle protection [9]. » On ne peut être plus clair, et Querrien n'est pas sot. Toutefois, où dénicher dans son service *le fameux pion de service* ?

Lorsqu'on découvre le nom de l'élu, on ne peut s'empêcher de lâcher un cri de surprise. Quoi, Rochette, l'architecte déjà mandaté et qui avait rédigé un rapport plus que négatif ? Mais, sans doute, tous les autres se sont révélés encore plus sceptiques, et Querrien n'a pas eu le choix. Toujours est-il que voilà notre Rochette filant, dès le mois de janvier 1967, évaluer le Palais. Un Palais dont il estime le coût des travaux de consolidation urgents à faire à seulement 20 000 F [10]. Un montant si dérisoire qu'on se demande s'il n'a pas été imposé à Rochette à l'avance afin d'apaiser les membres de la commission. Une façon de leur dire qu'il ne leur en coûtera rien s'ils daignent aller « dans le sens du courant ».

Mais, décidément, cette affaire ne plaît pas, et tous ont peur d'y laisser leurs plumes. Aussi, le 13 février 1967, la délégation permanente de la commission supérieure préfère ne pas trancher et demande « que cette affaire soit soumise à l'examen de la commission ». Une façon de se débarrasser du problème en refilant le bébé à plus haut que soi. Une commission supérieure qui, exaspérée par ces manigances, opposera, le 10 mars 1967, à la majorité de ses membres, un avis défavorable à la protection du Palais au titre de Monument historique.

Trois ans de manœuvres pour rien ! Comme quoi il ne suffit pas d'être Premier ministre. Quoique…

Le grand résistant Pierre Dalloz, ex-chef, très révéré, du service de l'architecture au ministère de la Reconstruction et de l'Urbanisme, essaiera bien, en septembre 1967, de défendre la cause du Palais auprès de Max Querrien en affirmant qu'il est une « construction de rêve […] débordante d'imagination poétique et plastique […] publiée dans le monde entier […]. Elle représente un exemple unique [11] ». Mais, pour Querrien, l'affaire est close. Inutile de tergiverser.

Le pauvre ! S'il savait ce qui va suivre.

Le 2 mai 1968, un article signé Jean Dutourd, « Le sublime Facteur Cheval », paraît à la une du *Figaro*. Et quel article ! Dès les premières lignes, Dutourd évoque l'existence, à Hauterives, d'un chef-d'œuvre en péril… Chef-d'œuvre entièrement construit de la seule main d'un facteur qu'il n'hésite pas à comparer à Saint-Simon, « c'est-à-dire un vieillard bougon emporté par une vocation d'artiste irrésistible ». Et d'ajouter : « De même qu'il était inconcevable au XVIIIe siècle à Paris qu'un duc et pair fût écrivain, il était scandaleux, à Hauterives, en 1900, qu'un employé des PTT bâtît une cathédrale dans son jardin. » Et de ne pas hésiter à affirmer : « Saint-Simon et Cheval ont édifié leurs œuvres pareillement gigantesques dans la solitude la plus complète et, pour ainsi dire, contre la société. » Malheureusement, écrit-il à l'attention de ses lecteurs, « ce Jérôme Bosch du ciment, ce Michel-Ange de la chaux lourde, ce Fra Angelico rustique va sombrer corps et biens ». De quoi réveiller le plus endormi des bourgeois, exalter pour de bon ses rêves de justicier, de visionnaire et de mécène ! Bien évidemment, Dutourd n'est pas un imbécile et « certes, avance-t-il en fin diplomate, on ne peut demander à l'administration des Beaux-Arts de mettre toute la France sous globe [...] mais enfin, il existe des choses uniques et irremplaçables ». Et, pour enfoncer définitivement le clou : « Cette Divine Comédie naïve et raffinée qu'on déchiffre avec émerveillement [...] vaut bien le *Céramic Hôtel* de l'avenue de Wagram que les Beaux-Arts ont classé en jubilant parce qu'il représente le style nouille dans toute sa splendeur [...], les entrées de métro 1900 que collectionne le musée d'Art moderne de New York. »

De telles lignes ne manquent pas de tomber entre les mains de Max Querrien qui, les lisant, n'en revient pas ! Combien de temps on va l'em... avec cette histoire. Oui mais... Non seulement l'article est lu et relu par des milliers d'aficionados du Palais mais, en plus, le 7 mai 1968, Jacques Marette, ex-ministre des PTT, frère de la psychanalyste Françoise Dolto et... gendre de Dutourd, prend le relais à l'Assemblée en écrivant à Malraux : « Il s'agit d'une œuvre d'art, curieuse, unique en son genre [...] infiniment plus riche et diverse que les sculptures baroques italiennes de la villa d'Este, de Bomarzo ou de la villa Borromée » ; une œuvre qui, si on ne s'en soucie pas, « ira de mutilations en mutilations et disparaîtra » [12]. La réponse de Malraux est des plus inattendues. La commission des Monuments historiques a donné un avis défavorable. Nous ne pouvons rien faire. Un aveu d'impuissance ou une manœuvre politique digne d'un

Machiavel ? En s'inclinant devant l'avis de la commission, Malraux désigne *les* coupables. Des coupables qui, désormais, doivent rendre compte à tous les Français et non plus au seul monde (bien rodé, bien fermé) de l'Hémicycle.

Au Sénat, le 20 novembre suivant, le sénateur de la Drôme Maurice Vérillon demande à Malraux d'expliquer sa volonté de classer le fameux Palais.

> Les rires de l'aréopage ministériel et de la commission sénatoriale apaisés, M. Malraux faisait la réponse suivante : « Qu'est-ce que le Palais Idéal ? C'est le seul exemple en architecture d'art naïf. L'art naïf est un phénomène banal, connu de tous, mais qui n'a pas d'architecture. Lorsque vous allez à la Biennale de Paris où sont exposées actuellement entre 600 et 1 000 tableaux, vous ne voyez de rassemblement que devant les œuvres d'art naïf. La vérité, c'est que l'art moderne en tant qu'art abstrait est à l'heure actuelle acquis. L'art non moderne en tant qu'art conventionnel n'est plus capable de véritable recherche. On trouve dans ce domaine des hommes du plus grand talent, mais ils ont 60 ou 70 ans. Il n'y a aucune recherche antimoderne chez les jeunes et il se trouve que, pour des raisons très mystérieuses, ce qui s'est appelé l'*art naïf* est aujourd'hui ce qui touche le plus profondément le grand public. Alors que, dans ma jeunesse, il n'y avait pas une exposition d'*art naïf* – on faisait un monde avec Henri Rousseau, qui est un génie, mais absolument unique – aujourd'hui, nous pouvons dire qu'il s'ouvre à Paris mais en France une quinzaine d'expositions par an [...].
>
> Le phénomène n'est pas français, il est mondial. Par conséquent, les Américains qui arrivent devant une architecture naïve, complètement stupéfaits, ne sont pas pour

m'étonner, car, s'ils l'avaient aux États-Unis, ils y courraient [...].

La réponse à votre question est donc très simple : en un temps où l'*art naïf* est devenu une réalité considérable, il serait enfantin de ne pas classer, quand c'est nous, Français, qui avons cette chance de la posséder, la seule du monde, et d'attendre qu'elle se détruise [13]. »

Il n'en fallait pas plus pour rendre Max Querrien fou de rage. N'en déplaise aux Français et à M. le ministre, *sa* commission a dit non. Et *non*, c'est *non* !

Avec certaines personnalités, et plus que tout avec un homme comme Malraux, Querrien va apprendre à ses dépens qu'il faut savoir user, jusqu'au bout, de la plus fine diplomatie. La réponse ne se fait guère attendre.

— Puisque ces imbéciles ne sont pas en mesure de comprendre ce qu'est l'art, moi, Malraux, je décide de passer outre leur avis.

Comment ça : outre ? Querrien a-t-il bien lu ? Oui, il a bien lu et c'en est désormais fini de « sa » bataille. « Je vous serai bien obligé, lui écrit le chargé de mission du cabinet de Malraux, de bien vouloir donner le plus rapidement possible les suites administratives que comporte cette décision et d'en tenir informé le cabinet [14]. » Trois semaines plus tard, le même Ramond renvoie un courrier confirmant que « la mesure de protection que demande le ministre en ce qui concerne le Palais Idéal du Facteur Cheval à Hauterives est le classement ». Le mot « classement » est rageusement surligné de cinq traits épais. On aimerait parfois être une souris pour assister à certaines scènes.

Il faut néanmoins attendre le 23 septembre 1969 pour obtenir l'arrêté de classement [15]. Le seul orgueil de ces messieurs de la commission justifie-t-il une aussi longue attente ? Et si ce retard était dû à une deuxième bataille ? Celle, beaucoup moins connue, des deux petites-filles de Cheval, qui ne veulent rien entendre de cette histoire de classement du Palais de leur grand-père. « Je précise que ce monument ne peut être considéré comme historique en raison de son édification relativement récente [...]. En tout état de cause, il s'agit d'un bien familial édifié par le grand-père de Mesdames Juveneton et Lardant et nous n'envisageons, en aucune façon, de l'aliéner au profit de qui que ce soit, en réservant la propriété entière à nos enfants et petits-enfants après nos décès [16]. »

Aïe, aïe, aïe ! En lisant cette réponse, Hiriart manque, une nouvelle fois de s'étrangler. Quand donc ce cauchemar va-t-il prendre fin ? Car enfin, il doit obtenir le feu vert de ces personnes pour en finir avec ce dossier.

Après trois mois d'échanges, Hiriart finira, non sans peine, par obtenir leur consentement. De toutes les façons, leur laisse-t-il entendre, le ministre veut le classement, et rien ne pourra aller contre sa décision. Aussi vaut-il mieux pour eux tous qu'ils s'inclinent. Ce qu'ils font !

Il sera beaucoup plus difficile cependant de convaincre les mêmes héritiers de classer le tombeau de leur grand-père. Si difficile même qu'après plusieurs années de débats et de courriers, Raymond Villermoz, le remplaçant de Hiriart aux Bâtiments de France, fera finalement classer le monument contre leur gré, le 12 décembre 1975.

La bataille du classement

On peut dire que la bataille fut rude et que, pour sauver le Palais et le tombeau, Malraux et ses troupes n'ont pas hésité à user de la machette. Leur façon d'agir n'aura pas été des plus démocratiques, mais, face au résultat, on ne peut qu'applaudir leur intransigeance et leur formidable intuition… N'en déplaise à ces messieurs de la commission et aux héritiers.

31

RESTAURATION

À la suite d'une enquête réalisée auprès des visiteurs du Palais Idéal par Josiane Meacci et Brigitte Tivollier du 26 décembre 1969 au 1er avril 1970, il est apparu que ce dernier est non seulement le site le plus visité de la Drôme au cours des dix dernières années, mais aussi de toute la région Rhône-Alpes. Parmi les amoureux les plus célèbres du Palais se trouve Niki de Saint Phalle, qui écrit en 1956 : « C'est à peu près à ce moment-là que j'ai rencontré Jean Tinguely. Je me rappelle lui avoir dit que je connaissais un sculpteur bien plus grand que lui. Comment s'appelle-t-il, m'a-t-il demandé ? Le Facteur Cheval, lui ai-je répondu. » Mais aussi Alexandre Vialatte en 1964 ; Pierre Simon en 1966, qui se dit « écrasé, bouleversé, son frère » ; Pablo Neruda en 1967 ; Jeanne Moreau en 1973 : « éblouie et touchée par ce rêve fantastique » ; Jean-Louis Trintignant en 1976 : « J'aime. » Catherine Deneuve en 1988 : « Une œuvre bouleversante, baroque et païenne. » Bernard Buffet en 1996 : « Une demi-heure de plaisir à chacun de nous pour 93 000 heures de travail : les visiteurs prendront leur temps avant d'égaler les efforts du Facteur Cheval. »

Les restaurateurs du Palais au travail.

Jacques Gamblin en 2017 : « Entrer dans la peau d'un mystère/ C'est ce que j'essaie de faire/ Merci Facteur/ De tout mon cœur » [1].

Malheureusement, dès les années 1970, le site est si menacé par l'érosion que certains pensent à le mettre… sous globe. De toutes parts, la chaux s'érode. Il faut cependant attendre encore dix ans pour recourir à une équipe de restauration dirigée par Pierre Constant [2]. « En 1981, je travaillais pour l'atelier de restauration Paul Mérindol en Avignon. Nous sommes venus en catastrophe parce que les colonnes de la façade ouest se détachaient. Elles tenaient avec du fil de fer, deux d'entre elles menaçaient de tomber là où il y a les niches de la Maison blanche et de la Maison carrée d'Alger. Le gérant de l'époque, M. Rebattet, les avait attachées avec du fil de fer. C'est la première fois que je mettais les pieds au

Palais. » Très vite, toutefois, une question le taraude : comment s'y prendre pour restaurer un tel monument ? À la différence d'une cathédrale ou d'un château, il s'agit ici d'une œuvre unique faite de la main d'un seul homme qui a minutieusement pensé chaque partie de son Palais. Des parties dont on ne trouve aucun exemple ailleurs dans le monde et qui, de ce fait, s'avèrent bien difficiles à recréer lorsqu'elles ont disparu. Comment, en effet, retrouver le geste de Cheval quand il ne reste plus rien ? Après de longs débats, il est alors décidé de ne reprendre que les ornementations et les fragments qui ont été photographiés* et dont il restait suffisamment de matière pour comprendre le procédé utilisé par Cheval pour les modeler. « Il faut disposer de documents assez précis pour reconstituer fidèlement un motif, et le processus doit être validé par l'architecte des Monuments historiques. Par principe, on s'interdit toute interprétation personnelle. Quand on ne sait pas ce qu'il y avait, on ne fait rien. »

Que de moments de doute, cependant ! « Pour rentrer dans l'univers de Ferdinand Cheval, il faut insister, ça ne se fait pas du jour au lendemain. […] Dans la galerie, le plafond est orné de partout, sauf au milieu. Il n'y avait pas de raison que Cheval, qui avait la manie de tout remplir, se soit arrêté tout d'un coup, mais on n'avait aucun document pour l'attester. Alors c'est resté vide. » En revanche, avec le bassin par lequel Cheval a commencé son monument, c'est une tout autre histoire :

* Les héritiers de Cheval les ont mises à disposition de l'équipe de restauration.

« Quand on est arrivé en 1981, il était rempli à ras bord de terre et de gravats qu'on a entrepris de nettoyer et de vider. On a découvert sur les parois de très beaux motifs d'oiseaux, toute une végétation, une faune qu'il a sculptée en bas-relief, très bien conservée dans la terre. En nettoyant, j'ai trouvé une pierre de grès allongée, avec une trace de mortier dessus, c'était une patte du chien disparu. Puis, petit à petit, on a retrouvé quelques griffes et le corps du chien, qu'on a identifié grâce aux photos d'époque. On n'a pas retrouvé la tête, donc elle a été entièrement remodelée d'après les photos, au mortier de chaux, comme le faisait Ferdinand Cheval, mais le cas reste exceptionnel. »

À toutes ces problématiques, il faut ajouter l'immense travail de nettoyage, de traitement, de consolidation générale, de ragréage et de patine auquel dut procéder l'équipe de restauration.

Dans un premier temps, celle-ci s'est évertuée à enlever toutes les végétations parasites. Puis, avant le nettoyage à l'eau, il a fallu pré-consolider certaines parties qui, sous l'effet de la pression de l'eau, même faible, pouvaient se fissurer. Dans un troisième temps, l'équipe a lavé chaque fragment à l'eau claire, parfois en passant la brosse le plus délicatement possible. Par la suite, il leur a fallu éliminer les lichens les plus résistants à l'aide de produits biocides appliqués au pinceau ou au pulvérisateur. Un vrai travail d'orfèvre !

Après cette première grande étape, l'équipe a dû raffermir les éléments les plus abîmés. Le mortier qu'utilisait Cheval n'était pas de la meilleure qualité et, à certains endroits, il était poudreux et sans tenue sur plusieurs centimètres.

De la même façon, l'équipe a dû combler toutes les microfissures apparues dans les cavernes par injection de chaux. Là encore, un travail exigeant une sacrée dose de patience.

Enfin, il leur faut recréer les bouts manquants, tels les feuillages ou les languettes lancés à la truelle. Ici, l'équipe travaille en s'appuyant sur des agrandissements photographiques des plaques de l'époque prêtées par les héritiers de Cheval. Idem pour les figures qu'ils doivent reconstituer, mais toujours à partir d'un fragment original. Tel fut le cas de la patte dégradée du chien de la fontaine. Et idem pour la barbe de Socrate, ainsi que pour une multitude de vases, de pics, de tours, de soldats, d'oiseaux, de pèlerins, de fruits, de vasques. Pour la patine, il a fallu retrouver un épiderme au plus proche de celui qu'utilisait Cheval.

« La première restauration a duré douze ans, de 1981 à 1993. On a travaillé par tranches, en commençant par les *Figuiers de Barbarie* sur la façade est, au-dessus des colonnes barbaresques. Une seconde restauration a débuté en 2007 par la façade sud, qui commençait à présenter des fissures inquiétantes. En 2010, on a travaillé sur la façade nord qui est la plus exposée aux intempéries et aux mousses. On a continué par le *Tombeau égyptien* jusqu'à l'arc situé sur la terrasse côté ouest. En 2013, on a restauré le *Tombeau druide* et la *Niche à la brouette* et on a terminé par là où l'on avait commencé en 1982, avec la *Tour de Barbarie*. »

Aujourd'hui, le Palais et le tombeau apparaissent à certains, après restauration, comme trop neufs. Difficile de contenter tout le monde. « Certes, il faut trouver un bon équilibre entre les parties restaurées et l'ancien. Mais il faut que la restauration soit visible. Si on se met à vieillir ce qu'on a restauré, le vieillir tellement que ça ressemble à l'état de ruine dans lequel on l'avait trouvé, alors ça ne sert à rien. »

Entre-temps, Alice Lardant meurt le 26 juin 1984. Après une longue réflexion*, elle fait, par testament, son légataire universel la commune de Hauterives qui, du coup, hérite du tiers des droits qu'elle possédait sur le Palais Idéal. Dix ans plus tard, sa sœur décède à son tour, vendant sa part du Palais à la commune qui, de fait, en devient propriétaire en 1994.

Durant toutes ces années, l'équipe de restauration a continué d'œuvrer et parfois dans des conditions bien difficiles. C'est que, depuis la mort de Ferdinand, le Palais n'a eu de cesse d'attirer toujours plus de visiteurs. Plus de 175 000 en 2017, venus du monde entier ! Un chiffre qui n'étonne guère Pierre Constant, qui éprouve une reconnaissance et un amour sans borne pour le sculpteur Cheval : « C'est de la sculpture d'une modernité incroyable. D'ailleurs, les quelques surréalistes qui sont passés par là ne s'y sont pas trompés. C'est extrêmement moderne, parfois abstrait, parfois figuratif, ça

* Elle a un moment pensé à léguer ses biens à la Société des Amis du Palais, ce qui aurait changé le cours de l'Histoire. Il faut saluer ici son notaire, Me Pelloux, à qui l'on doit la décision finale de sa cliente. Une décision dont nous profitons tous !

évoque des mouvements. Dans la salle sud de la galerie, je vois des rondes, des gens qui dansent, qui se tiennent la main, des rondes effrénées. Petit à petit, on entre dans la danse, on y est entraîné ! »

175 000 visiteurs : un chiffre, tout de même ! Et qui, là-haut, doit très certainement ravir un certain Ferdinand ainsi qu'Alice, Philomène, Cyrille, Cadier, Malraux et tous ceux qui, si ardemment, ont défendu sa cause.

Sa toute féerie.

ANNEXES

Les « frères » de Cheval

Par « art brut », le peintre Jean Dubuffet entendait : « Les ouvrages exécutés par des personnes indemnes de culture artistique, dans lesquels donc le mimétisme, contrairement à ce qui se passe chez les intellectuels, ait peu ou pas de part, de sorte que leurs auteurs tirent tout (sujets, choix des matériaux mis en œuvre, moyens de transposition, rythmes, façons d'écriture, etc.) de leur propre fond et non pas des poncifs de l'art classique ou de l'art à la mode [...]. De l'art donc où se manifeste la seule fonction de l'invention, et non, celles, constantes dans l'art culturel, du caméléon et du singe [1]. » En plus d'être l'inventeur de ce concept*, Jean Dubuffet s'en est fait, dès les années 1920, l'un des plus fervents collectionneurs et défenseurs. Après avoir exposé quelque 200 œuvres à la galerie Drouin en 1949, il s'expatria aux

* Depuis son invention, ce concept d'art brut n'a eu de cesse d'être questionné par un grand nombre de chercheurs ou d'artistes qui, selon leur école, vont lui préférer les concepts d'art spontané, d'art aléatoire, d'art médiumnique, d'art hors norme, d'art naïf, etc. – chacun correspondant à une vision et une interprétation précises de l'acte de créer.

États-Unis. De retour en France en 1962, il exposera sa collection au 137, rue de Sèvres. Honnissant les « musées » qui, à ses yeux, propagent « l'art officiel », il refuse toute invitation de leur part. Les choses cependant changèrent lorsque son grand ami, François Mathey, devint le conservateur du musée des Arts décoratifs. À sa demande, il consentira à lui prêter 700 pièces (parmi les 5 000 qu'il possède !) en vue d'une grande exposition qui aura lieu en 1967.

Cette dernière a joué un rôle majeur dans la reconnaissance de l'art brut. Quatre-vingts articles de presse tombent, les uns provenant de revues spécialisées, les autres de la presse parisienne, de la presse régionale ou encore de la presse étrangère. Dès lors, les publications se multiplient et l'art brut, réservé jusqu'ici à quelques initiés, se fait connaître du grand public. Que la volonté de classer le Palais du Facteur Cheval naisse au même moment n'est donc pas le fruit du seul hasard. Quelque chose, dans le milieu de l'art, était en train de changer. Un quelque chose qui a insufflé à tous ceux qui réclamaient le classement du Palais une énergie redoutable.

Ainsi, en plus des André Lacroix, des Bordas, des Émile Lepage, des Émile Roux-Parassac, de Cadier, des J. Brunius, des André Breton, des Pablo Picasso, des Max Ernst, des André Malraux, des Maurice Vérillon, des Jean Dutourd, Ferdinand doit beaucoup également à Jean Dubuffet… Sans lui et sa bataille pour faire connaître ce qu'il désignait par « art brut », il est fort probable que son Palais Idéal aurait sombré dans l'oubli.

Voici quelques « frères » de Cheval dont on peut encore voir les œuvres en France [2] :

Émile Damidot, ermite de 1878 à 1910, dit « frère François » : contemporain de notre ami Cheval, cet ermite a créé dans la commune de Saint-Cyr-au-Mont-d'Or, située au nord de Lyon, un jardin de rocailles scandé d'une grotte à passage souterrain, de statues et d'un belvédère de 12 mètres de hauteur. On peut visiter le site aujourd'hui.

M. Nesme, voisin de l'ermite François : jaloux de l'œuvre de son voisin, l'ermite François, M. Nesme décida en 1890 d'édifier une tour pleine de 15 mètres de haut dotée d'un double escalier hélicoïdal (l'un pour monter, l'autre pour descendre).

Victor Édouard Paysant, dit l'abbé Paysant (1841-1921) : contemporain, lui aussi, de Cheval, ce curé n'eut de cesse, entre 1873 et 1921, de décorer son église « vivante et parlante » de Ménil-Gondouin (Orne). Restaurée en l'an 2000, on peut la voir aujourd'hui.

L'abbé Fouré (1839-1910) : à l'âge de cinquante-cinq ans, en 1894, et jusqu'en 1907, il sculpte à Rothéneuf (Ille-et-Vilaine) plus de trois cents statues monumentales à même la roche granitique. Le site est aujourd'hui privé, l'entrée est payante (les sculptures sont érodées).

Raymond Isidore, dit Picassiette (1900-1964) : cantonnier puis balayeur pour la ville de Chartres, Picassiette a construit de ses mains une maison qu'il a parée de mosaïques de faïence et de verre coulées dans le ciment. On trouve, à l'intérieur, une multitude de fresques. Aujourd'hui encore, on peut visiter la maison Picassiette dans le quartier de Saint-Chéron, à Chartres.

Pierre Avezard, dit Petit Pierre (1909-1922) : né difforme à Vienne-en-Val, dans le Loiret, « Petit Pierre » exerce tour à tour les métiers de berger puis de vacher. En 1955, son patron lui fait don d'une maisonnette dotée d'un bout de terrain sur lequel, au fil des années, Petit Pierre construit un manège animé par toutes sortes de figures extraordinaires, dont une tour Eiffel de 23 mètres de haut ! On peut le visiter aujourd'hui au musée de la Fabuloserie, dans l'Yonne.

Danielle Jacqui (née en 1934) : après avoir arrêté ses études en seconde, s'être mariée, avoir eu quatre enfants, elle divorce en 1970 et devient brocanteuse. À partir de ces années, elle n'a eu de cesse de recouvrir sa maison de mosaïques, de peintures et de broderies. Aujourd'hui, on peut visiter la maison de « Celle qui peint » à Roquevaire (Bouches-du-Rhône), sur rendez-vous uniquement.

Enfin, le Bois aux créatures de Pierre Rapeau à Abjat-sur-Bandiat, dans le Périgord, et le Jardin de pierres de Georges Maillard (facteur lui aussi !), à Osny, dans le Val-d'Oise [3].

Quelques frères du Facteur Cheval dont les œuvres ont, à ce jour, disparu mais dont nous avons retrouvé la trace grâce à des cartes postales [4] :

Les grottes d'Alcide Teynac.

La maison sans fenêtre de Pierre Dange à Rogny-les-Sept-Écluses, dans l'Yonne.

La maison des Fleurs du Dr Chevreux à Montbard, en Côte-d'Or.

Le musée de plein air du Castel Maraîchin de l'ancien Saint-Gilles-Croix-de-Vie, en Vendée.

Le musée de curiosités Robinson-Mille-Mottes de Camille Jamain, à La Croix-en-Touraine (Indre-et-Loire).

Les « frères » de Cheval

Le cul-de-jatte des « petits châteaux » de Sévérac, en Loire-Atlantique.

Le Carrousel savoyard de bois trouvés dans la nature de Sixt-Fer-à-Cheval (Haute-Savoie).

QUELQUES PERLES DU LIVRE D'OR

19 septembre 1942 : « Il eût été plus compliqué d'être simple. » Anonyme.

23 octobre 1949 : « On est ahuries ! » Mesdames Laheure et Monod.

2 avril 1964 : « Quel boulot à faire tout ça : je plains sa femme… » Dominique.

1995 : « Ces fonctionnaires, quand même… » Anonyme.

1995 : « Le comble, pour un sage, c'est de paraître fou. » Guillaume.

1995 : « Nous sommes venus du Haut-Jura en vélo, peut-être reviendrons-nous en brouette… » Anonyme.

1995 : « Si les socialistes avaient travaillé comme ça, la France serait pas dans la merde. » Anonyme.

1995 : « Je vais faire la même chose dans ma chambre universitaire (9 m^2). » Anonyme.

1995 : « Je hennis de plaisir. » Anonyme.

1995 : « J'y étais. » Anonyme.

1995 : « Et ses femmes, vous y avez pensé à ses femmes, hein ? (Qui c'est qui le nourrit ?) » Anonyme.

1995 : « Ferdinand, tu seras bien le seul fonctionnaire à m'avoir bluffé. Merci. » Stéphane.

1996 : « En progrès au troisième trimestre. » Lucie.

1996 : « J'ai pas trouvé les WC. » Stéphanie, 8 ans.

1996 : « Dommage que cela ne se mange pas. » Loïc.

1997 : « Faut le fer à cheval… » Mylène.

1998 : « Qu'est-ce que cela donnera avec les 35 heures ? » B.

1998 : « Why ? » Anonyme.

1998 : « Ce palais ne peut pas nous laisser de pierre. » Yvan.

1999 : « Pourquoi tant de monde ici, tout est normal. » Thomas.

2000 : « C'est une superbe œuvre, mais où est la boîte aux lettres ? » Un ch'ti.

2000 : « Nous, on aimerait bien le colorier maintenant. » Aline et Dédé.

2000 : « Je me demande où il mettait ses meubles car les pièces sont vraiment petites. » Laure.

2000 : « Le Palais est très beau. » Clarisse.

2000 : « Je suis une Anglaise et j'aime beaucoup ce château et la France. Où est le toilette ? » Lucy.

2000 : « Y a-t-il des stages pour apprendre à pratiquer l'Art Naïf ? » Anonyme.

2000 : « Pour M. Cheval, le "facteur temps" n'existait pas. » Philippe.

2000 : « Enfin quelqu'un qui a des idées aussi folles que moi. Merci. » Anonyme.

2000 : « Bravo pour la façade nord et ses superbes colonnes de clafoutis. » Anonyme.

2000 : « Je voulais en faire un pareil, mais j'ai laissé tomber. J'aurais pas fait mieux. » Philippe.

Genèse d'un film

L'idée du film n'est pas venue de moi mais de la productrice Alexandra Fechner. Après avoir vu mon film *De toutes nos forces*, elle avait très envie de travailler avec moi. C'est elle qui m'a proposé d'écrire un film sur le Facteur Cheval à partir d'un très beau texte écrit par Fanny Desmares, qui venait de recevoir le prix Beaumarchais. Il s'agissait de 30 pages extrêmement bien documentées qui narraient la vie du facteur d'un point de vue historique. Alexandra avait eu du flair. À peine avais-je terminé ma lecture que je me suis précipité à Hauterives pour découvrir le Palais Idéal (que je n'avais jamais vu !). Une fois sur place, j'ai été bouleversé d'apprendre le temps que Cheval avait passé dessus. Trente ans, c'est incroyable, non ? D'autant plus que son Palais ne sert à rien ! On ne peut pas y dormir, il n'y a pas de cuisine, ce n'est pas un hôtel, ce n'est pas un château mais plutôt un immense terrain de jeux d'enfant. C'est là que le déclic s'est fait car, à mes yeux, un homme capable de passer trente ans à bâtir un terrain de jeux pour enfants devait forcément avoir quelque chose de magnifique dans la tête. Des fleurs, oui. Des tonnes de fleurs. C'est d'ailleurs ce qu'il dit lui-même quand il laisse entendre que le vent, les oiseaux, les arbres l'ont aidé à construire son Palais.

À mon retour, j'ai relu le texte et j'ai immédiatement ressenti le film que je voulais réaliser. Un film extrêmement romantique, débarrassé de toute scorie dogmatique : une fresque historique, familiale, qui serait une *success story*, un *feel-good movie*, un film gagnant, quoi ! Parce que la vie du Facteur Cheval, c'est tout sauf celle d'un poète maudit qui termine sa vie dans l'ombre, mais bien plutôt celle d'un Billy Elliot qui finit auréolé de gloire. Cette manière d'aborder les choses a enchanté Alexandra Fechner, et c'est ainsi qu'avec mon coscénariste, Laurent Bertoni, je me suis lancé dans l'écriture du scénario.

La trame

Le sujet du film est l'histoire d'un homme qui a un mal fou à se positionner dans son environnement social et qui, tout autiste qu'il est, parvient à s'accomplir grâce à la liberté qu'il trouve dans son art. Je trouvais très beau de mettre cela en scène, de raconter cette histoire-là. Celle d'un homme qui, à force de suivre ses envies les plus profondes, sans chercher à se mentir ni à mentir à son entourage, gagne sur le regard que les gens lui portent.

Mais mon film, c'est aussi et surtout l'histoire d'un homme qui, acceptant d'être aimé de son enfant et de l'aimer, va trouver la force d'aller jusqu'au bout de ses rêves. L'histoire d'un homme qui, au départ, ne sait pas comment se comporter avec les enfants et qui, petit à petit, trouve par lui-même le chemin pour rejoindre sa fille, pour devenir un vrai père. Avec un sacré temps d'avance sur son époque, il est tout ouïe et sans jugement face à Alice, nouant avec elle une relation d'égal à égal. Une position ultramoderne, quand on y pense, et qui me fait trouver Cheval encore plus génial. Non seulement il a appris tout seul à devenir un formidable artiste, mais également à inventer une figure de « père » qui prendra des dizaines d'années pour commencer à voir le jour.

Images

En termes de colorimétrie, je me suis beaucoup inspiré des peintures de Fantin-Latour, qui a vécu peu ou prou à la même époque que Cheval. Comme dans tous ses tableaux, je voulais que l'image du film paraisse extrêmement naturelle, alors qu'en réalité elle est extrêmement travaillée, à l'extrême même.

Dans le film, par exemple, je donne l'impression qu'on est en plein jour avec une simple petite lampe à pétrole, ce qui est parfaitement impossible. J'ai également fait artificiellement ressortir dans certains plans une couleur précise : là, le rouge du mouchoir, là, le blanc d'un vêtement, là, le vert d'un pot, alors qu'à la lumière naturelle ces couleurs seraient passées inaperçues. D'ailleurs, à y regarder de près, les ombres au sol, dans beaucoup de plans, ne correspondent en rien à la lumière recréée. Partout, comme dans les tableaux de

Fantin-Latour, il y a des aberrations colorimétriques qui, au final, subliment le réel. Tout au long du tournage, j'ai attaché beaucoup d'importance à la poétique de cette lumière. Pour moi, en effet, le merveilleux devait partout transparaître. Un merveilleux indécelable qui, l'air de rien, envoûte. Nous y avons passé des mois avec mon chef opérateur, mon chef décorateur et mon chef costumier. Chaque teinte de mur, chaque couleur de vêtement a été longuement mûrie, choisie. L'image du film devait être à l'égal de la beauté intérieure de Cheval.

Les acteurs

J'avais déjà travaillé avec Jacques Gamblin et je voulais absolument retravailler avec lui. Je le considère, en effet, clairement comme l'un des meilleurs acteurs français actuels. Le Facteur Cheval n'est pas un homme qui use des mots pour se présenter, et il me fallait un acteur capable d'être avec son corps avant de prononcer un mot. Jacques est l'un de ceux-là. Il sait, d'un regard, d'un geste, faire passer une foule d'émotions. Mais il fallait également qu'il soit en mesure de jouer l'évolution du facteur. Une évolution qui, peu à peu, grâce à la reconnaissance qu'il acquiert, va lui faire oser la parole sur ses pensées, sur ses actes, sur la vision qu'il a du monde.

Sur le tournage, j'ai été rassuré dès que j'ai entendu Jacques rire de son personnage. Ce jour-là, j'ai su que c'était gagné pour lui. Le défi n'était pas des moindres. Jacques devait, en effet, constamment faire attention à ne pas basculer dans le burlesque tout en restant

« décalé ». Un geste, un tic de trop et on faisait un film de Jacques Tati. Même si j'adore Tati, ce n'était pas l'idée ! À juste titre, Jacques a eu peur de cela au début et il s'en est formidablement tiré. Jusqu'au bout, « son » facteur reste à la marge avec une superbe émotion. Une vraie prouesse.

Le choix de Laetitia Casta est venu après. J'ai trouvé qu'avec elle il y avait un pari intéressant à prendre. En plus d'être une très belle femme, je lui trouve une très grande élégance dans le regard. Quand elle pose ses yeux sur quelque chose, on sent tout à la fois quelque chose de distant et de formidablement terrien dans son regard. C'est cette dualité qui m'a intéressé chez elle. La capacité qu'elle a d'être, à la fois, physiquement très proche tout en restant lointaine.

Avec elle, j'ai été pleinement rassuré dès que j'ai vu l'amour qu'elle portait à son personnage. Un amour dont elle a su magnifiquement user pour faire transparaître celui, absolu, qu'elle éprouve pour son mari. Dans chaque plan, elle fait passer une telle acceptation d'aimer, d'être au service de l'autre qu'on ne la sent jamais dominée, humiliée. Laetitia a été brillante là-dessus parce qu'elle a accepté un rôle en tout point opposé à un rôle moderne type *Women's Lib.*

La femme du Facteur Cheval, c'est une femme qui, envers et contre tout, a aimé un homme très particulier et qui a gagné. C'est aussi grâce à elle, grâce à l'offrande qu'elle fait d'elle-même, que Cheval a pu prendre confiance en lui et construire cette œuvre démente. Et ça, c'était une notion très maline de la part de Laetitia.

C'est : j'aime un homme, je me dévoue pour lui sans que cela n'entame en rien mon autonomie et ma beauté intérieure. On est très loin ici du schéma de la femme contemporaine. À l'époque, la place de la femme était radicalement différente et il est certes difficile de faire la moindre comparaison. Le résultat n'en est pas moins formidable.

Le talent, l'implication et la générosité de Laetitia et de Jacques font partie des plus beaux cadeaux de ce tournage.

L'autre chose que je leur dois à tous les deux, c'est d'avoir accepté de vieillir. Si l'histoire du Facteur Cheval, c'est celle d'un homme qui construit un Palais pour sa fille, c'est aussi l'histoire d'amour d'un couple qui perdure sur une période de cinquante ans. Une des gageures du film était donc de faire vieillir les acteurs, de faire vieillir leur manière de parler, leur manière d'être, leur manière de marcher. Laetitia comme Jacques ont parfaitement joué le jeu. Tous les acteurs ne l'auraient pas fait.

Le tournage

Parmi les moments magiques qu'il y a eu sur le tournage, je me souviens de cette scène où Jacques devait tenir Alice « bébé », dans ses bras. À peine avais-je lancé le « moteur ! » que le bébé s'est mis à gesticuler et à crier. Nullement décontenancé, Jacques a entrepris de lui murmurer l'histoire de ce Palais qu'il allait lui construire. Et, peu à peu, la magie a opéré. Non seulement le bébé s'est calmé, mais il a fini par tourner la tête vers Jacques, le fixer et… lui adresser un beau sourire ! C'était juste magnifique. Nous étions tous bouleversés.

Le point de départ

Quand on fait un film sur quatre-vingts ans d'une vie, c'est vrai qu'il faut faire des choix. J'aurais pu effectivement commencer le film à la naissance du Facteur Cheval, le suivre dans ses pérégrinations jusqu'à Lyon, évoquer son retour au village, sa relation avec son frère, avec ses parents, avec sa première femme. Mais il aurait alors fallu faire plusieurs films, tant la matière était riche. Or ce que j'avais le plus envie de montrer à l'image, c'étaient les deux ou trois éléments déclencheurs qui ont poussé Cheval à enfin oser son Palais. Je tenais aussi absolument à filmer toutes les étapes de la construction de son œuvre. Je voulais montrer ses mains au travail. Montrer sa fatigue. Son endurance. Son abnégation. Sa folie. C'est évidemment cette part-là de sa vie qui me fascine le plus et qui fascine tout le monde. Certes, son enfance et son adolescence n'en demeuraient pas moins passionnantes, mais elles étaient plus faites pour être racontées dans un livre que pour être montrées dans un film, d'où cette biographie. Dans les quarante-trois ans qui précèdent la construction du Palais, il n'y avait pas d'éléments visuels suffisamment forts pour m'intéresser en tant que metteur en scène. Pour moi, c'était une évidence, le film devait commencer peu de temps avant ce moment si magique qui précède la naissance d'une œuvre, pour ensuite suivre, pas à pas, l'accomplissement hors norme de cet incroyable destin.

Notes bibliographiques

Prologue

1. Louis Bernard, délégué au recensement des Monuments historiques, rapport daté de mai 1964.
2. *Idem.*
3. *Idem.*
4. Jean-Claude Rochette, architecte des Monuments historiques, courrier du 16 janvier 1965.
5. *Idem.*
6. Pierre Dalloz, ex-chef du service architecture au ministère de la Reconstruction et de l'Urbanisme, courrier à Max Querrien, directeur de l'Architecture, 21 septembre 1967.
7. Gaëtan Picon, directeur des Arts et des Lettres, 30 septembre 1966.
8. Arrêté ministériel de classement du Palais Idéal du 23 septembre 1969, notifié à M. le Préfet de la Drôme le 7 janvier 1970 et publié au bureau des hypothèques de Valence le 8 janvier 1970, volume 6744, n° 13.
9. Jean Dutourd, « Le sublime Facteur Cheval », *Le Figaro*, 2 mai 1968.
10. *Idem.*
11. *Idem.*

Naissance

1. Acte notarié de mariage du 24 décembre 1833, Archives de Me Thome, Peyrins, Archives départementales de la Drôme (ADD-9 M45).

2. Avis de décès de Marie Brenier au 31 octobre 1833 (ADD-registre de l'état civil).

3. Avis de décès de l'enfant Marie Froisine au 7 novembre 1833 (ADD-registre de l'état civil).

4. Acte notarié de mariage du 24 décembre 1833, doc. cit.

5. Anfos Martin (inspecteur de l'enseignement primaire à Montélimar), *Le Bassin du Rhône. Revue scolaire et populaire d'histoire et de géographie locales*, 1912-1913.

La France d'alors

1. Georges Duby et Armand Wallon (dir.), *Histoire de la France rurale*, Paris, Seuil, 1986-1987 (4 vol.).

2. *Idem.*

3. Paul Leuilliot, « Les crises économiques du XIXe siècle en France : de la disette de 1816-1817 à la famine du coton, 1867 », *Annales, Économies, sociétés, civilisations*, n° 2, avril-juin 1957.

4. Gabriel de Broglie, *La Monarchie de Juillet, 1830-1848*, Paris, Fayard, 2011.

Les premières années

1. Acte de baptême de Joseph Ferdinand Cheval daté du 20 avril 1836, Archives diocésaines de Valence (ADV).

2. Citations tirées de : Marie-Charlotte Delmas, *Dictionnaire de la France mystérieuse : croyances populaires, superstitions, sorcellerie, rites magiques*, Paris, Éd. France loisirs, 2017.

3. Nicolas Delacroix, *Statistique du département de la Drôme*, Valence, 1835.

4. Honoré de Balzac, *Le Médecin de campagne*, Paris, Le Livre de Poche, 1999 [1833].

5. Alice Joisten, *Êtres fantastiques en Dauphiné et Savoie, la collecte de Charles Joisten*, Texte écrit à l'occasion des rencontres « Chanter d'ici », CMTRA/Musée Dauphinois, sd.

6. Jean-Pierre Jouve, Claude L. Prévost, Clovis Prévost, *Le Palais Idéal du Facteur Cheval : quand le songe devient réalité*, Paris, Éditions du Moniteur, 1981.

Les années d'école

1. Pierre Albertini, *L'École en France, du XIXe siècle à nos jours : de la maternelle à l'université*, Paris, Hachette, 2006.

2. Registre des délibérations du conseil municipal de Charmes, 10 novembre 1841, 8 mai 1848, 16 novembre 1851 (ADD-9M45).

3. Jean-Pierre Jouve, Claude L. Prévost, Clovis Prévost, *op. cit.*

4. « Prix et salaires au XIXe siècle », *Le blog de Mme Stauner, Documents d'Histoire et Géographie à l'usage de mes élèves et de mes collègues du Collège Hennequin de Gannat et Blaise de Vigenere de Saint-Pourçain (Allier)* (en ligne), 28 octobre 2008.

5. *Écoles de Charmes au XIXe siècle* (ADV).

6. Lettres de Jean Debos, instituteur : « à Messieurs les Membres du conseil municipal de Charmes », 18 juin et 11 août 1844 (ACC).

7. Lettre de P. Nier, instituteur communal à Charmes, 14 février (ACC).

8. Lettres de Jean Debos, doc. cit.

9. Pierre Albertini, *op. cit.*

10. Lettres de Jean Debos, doc. cit.

11. P. Lorain, *Tableau de l'instruction primaire en France, d'après les documents authentiques et notamment d'après les rapports adressés au ministre de l'Instruction publique par les 490 inspecteurs chargés de visiter toutes les écoles de France, à la fin de 1833*, Paris, Hachette, 1837.

12. Ernest Lavisse, *Souvenirs*, Paris, Calmann-Lévy, 1912.

13. Cahier de J.-F. Cheval, 1911, Archives du Palais Idéal (API).

14. Camille Bachasson de Montalivet, « 60. 2 novembre 1831. Circulaire sur le choix des livres pour les écoles primaires », in *L'Enseignement du français à l'école primaire – Textes officiels. Tome I : 1791-1879*, Paris, Institut national de recherche pédagogique, 1992. pp. 97-99. (*Bibliothèque de l'histoire de l'éducation*, 5.)

15. Laurent de Jussieu, *Simon de Nantua, ou le marchand forain*, Paris, L. Colas, 1818.

Premier deuil

1. *Courrier de la Drôme et de l'Ardèche,* 1er janvier 1845.
2. *Ibid.*, 7 janvier 1845.
3. *Ibid.*, septembre 1846.
4. *Idem.*
5. *Idem.*
6. Matrices cadastrales : La Griotte, parcelle C III, maison commencée en 1846, achevée en 1848, imposable en 1851, imposée en 1851. Françoise-Rose Sibert y décède à quarante ans le 17 avril 1847 (ACC-folio 82).
7. Claudie Baran, « Les Pénitents, ces dévots de Dieu », *Le Figaro*, 25 octobre 2013.
8. « L'influence de M. Offant avait été manifeste dans l'éveil de vocations. Il avait maintenu longtemps la confrérie des Pénitents », Note sur l'abbé Joseph-Antoine Offant (ADV-1D7).
9. « Démission de l'instituteur Jean Debos le 11 juin 1847 », État des écoles primaires de la Drôme, arrondissement de Valence, Charmes, 1845, (ADD-10T22/2).
10. Acte notarié de mariage du 30 décembre 1848, Archives de Me Frandon, Saint-Donat (ADD).

Notes bibliographiques

Le clan des hommes

1. Note sur l'abbé Joseph-Antoine Offant, doc. cit.
2. *Idem.*
3. Cahier de J.-F. Cheval, 1911, doc. cit.
4. Acte de baptême de Victorine Rosalie Cheval, 26 novembre 1854 (ADV).
5. Jean-Pierre Jouve, Claude L. Prévost, Clovis Prévost, *op. cit.*

Gagner son pain à la ville

1. Actes notariés du 22 février 1855, Archives de Me Frandon à Saint-Donat, et du 17 mars 1856, Archives de Me Ferlay à Peyrins (ADD).
2. Actes notariés du 11 septembre 1855, Archives de Me Frandon à Saint-Donat (ADD).
3. Actes notariés du 17 mars 1856, Archives de Me Ferlay à Peyrins (ADD).
4. « N° d'ordre 6. Cheval Joseph-Ferdinand résidant à Valence, profession garçon-boulanger inscrit d'office tirage au sort n° 37 », *Tableau de recensement des jeunes gens de la classe de 1856, commune de Charmes, certifié le 31 décembre 1856* (ACC).
5. *Idem.*
6. Jean-Pierre Jouve, Claude L. Prévost, Clovis Prévost, *op. cit.*
7. *La misere des garçons boulangers de la ville et fauxbourgs de Paris*, Troyes, chez la veuve Garnier (imprimeur-libraire), 1739-1754.
8. Augustin Rollet, *Mémoire sur la meunerie, la boulangerie et la conservation des grains et des farines*, Paris, Carilian-Gœury et Von Dalmont, 1846.
9. J.-M. Roland de La Platière, *Descriptions des arts et métiers faites ou approuvées par messieurs de l'Académie royale des sciences de Paris*, Tome XI, Neufchâtel, Impr. de la Société typographique, 1783.
10. Paul Sébillot, *Légendes et curiosités des métiers*, Marseille, Laffitte, 1981.

11. Actes notariés du 2 juillet 1857, Archives de Me Frandon à Saint-Donat (ADD).

12. Actes notariés du 4 août 1857, Archives de Me Frandon à Saint-Donat (ADD).

PREMIER AMOUR

1. Lucien Sage et Marcelle Sage, « Un village du Bas-Dauphiné : Saint-Jean-d'Avelanne. Folklore (suite et fin) », *Le Monde alpin et rhodanien. Revue régionale d'ethnologie*, n° 1-2/1976, pp. 10-84.

2. *Idem.*

3. Acte de mariage entre Joseph Ferdinand Cheval et Mlle Rosalie Revol, 20 mai 1858 (ADD-actes civils XIX).

4. Actes des 30 octobre et 7 décembre 1858, Archives de Me Ferlay à Hauterives (AMH).

5. Marie-Charlotte Delmas, *op. cit.*

6. Acte notarié du 19 janvier 1859, Archives de Me Ferlay à Peyrins (ADD).

7. Acte notarié daté du 9 novembre 1859, Archives de Me Ferlay à Hauterives (AMH).

8. Jugement n° 703 du tribunal civil de Valence, 5 novembre 1860 (ADD).

9. Jugement n° 703 du tribunal civil de Valence, octobre 1860 (ADD).

10. Quittance du 15 décembre 1860, Archives de Me Ferlay à Hauterives (AMH).

11. *Annuaire Officiel pour le département de la Drôme pour 1857*, publié avec l'autorisation de Me Ferlay, préfet du département, Valence, 1857 (ADD).

12. « Le château de l'impossible », *Le Hérisson*, 19 janvier 1967.

Père !

1. Actes notariés traitant de la succession Revol, 29 octobre 1863, Archives de Me Ferlay à Hauterives (AMH).

2. Yves Rinnaudo, « Un travail en plus : les paysans d'un métier à l'autre (vers 1830-vers 1950) », *Annales*. Économies, Sociétés, Civilisations, n° 2, 1987, pp. 283-302.

3. Frédéric Mistral, *Mémoires et récits*, Paris, F. Grégoire, 1937.

4. Martine Sadion, *La Drôme autrefois*, Le Coteau, Horvath, 1989.

5. Lettre de Victor Faure à André Lacroix, 22 février 1863, in Jean-Pierre Jouve, Claude L. Prévost, Clovis Prévost, *op. cit.*, chapitre 3.

6. Acte de baptême de Victorin Joseph Ferdinand Cheval, 11 novembre 1864 (ADV).

7. Lettre de J.-A. Offant, curé de la paroisse, au maire de Charmes, 8 juin 1866 (ACC).

8. Acte de sépulture de l'enfant Victorin Joseph Cheval, 29 octobre 1865, registre de catholicité de Hautervies, Archives municipales de Hauterives (AMH).

9. Marie-José Gérard, « Le musée imaginaire du Facteur Cheval », *Le Jardin des arts*, novembre 1956.

10. Michel Friedman, *Les Secrets du Facteur Cheval*, Paris, J.-C. Simoën, 1977.

11. « Le château de l'impossible ou 10 000 jours de travail et 10 000 nuits de rêve… » *Le Hérisson*, 19 janvier 1967.

Facteur !

1. *Instructions générales sur le service des postes*, Imprimerie impériale, 1868, articles 37, 1289, 1290, 603.

2. Pierre Zaccone, *La Poste anecdotique et pittoresque*, Paris, A. Faure, 1867.

3. Discours prononcé par le député Stéphen Liégeard au cours de la séance du Corps législatif, 21 juillet 1868.

4. *Le Journal des Postes,* novembre 1868.

5. Lettre du directeur des Postes au maire de Hauterives, 15 janvier 1868 (AMH).

6. Lettre de Ferdinand Cheval à Émile Lepage datée du 15 mars 1905.

7. Registre des délibérations du conseil municipal de Hauterives, 1866-1868 (AMH).

8. *Idem.*

9. Rapport de l'ingénieur ordinaire des Ponts et Chaussées, 20 mai 1869, approuvé par le préfet, à Valence, le 26 mai 1869, (ADD-26S/62).

Le deuil

1. Acte de décès de Rosalie Revol, 7 avril 1873 (ADD-registre de l'état civil).

2. *Le Magasin pittoresque*, novembre 1839.

3. F. W. J. Hemmings, « Émile Zola devant l'Exposition universelle de 1878 », *Cahiers de l'Association internationale des études françaises*, 1972, n° 24, pp. 131-153.

4. Armand Lanoux, *Bonjour, Monsieur Zola*, Paris, Grasset, 1978.

Révélation, naissance

1. Registres des délibérations du conseil municipal de Tersanne et de Hauterives du 2 septembre 1871 et du 16 juillet 1872.

2. *Idem.*

3. Cahier de J.-F. Cheval, 1911, doc. cit.

4. Témoignage de Lucia Paquien, in Jean-Pierre Jouve, Claude L. Prévost, Clovis Prévost, *op. cit.*

5. Voir à ce propos : Véronique Moulinié, « D'une architecture l'autre : Les habitants paysagistes et le Musée d'art moderne de Lille-Métropole, à Villeneuve-d'Ascq », Programme interdisciplinaire de recherche « Art, architecture, paysage », France, Ministère de la Culture, sessions 2004-2005.

6. Acte de mariage entre Marie-Philomène Richaud et Joseph Ferdinand Cheval, 28 septembre 1878 (ADD-registre de l'état civil).

7. Recensement pour 1881 de la population de Hauterives (ADD-35/M/146).

8. « 3 août 1874 : J.-F. Cheval prête 700 F » ; « 14 septembre 1877 : J.-F. Cheval, représenté par le clerc de notaire, prête 300 F » ; « 26 décembre 1877 : J.-F. Cheval prête 700 F » ; « 10 avril 1878 : J.-F. Cheval prête 100 F » ; donation entre vifs, 2 octobre 1878 : « J.-F. Cheval laisse à son épouse l'usufruit de tous les biens qui composeront sa succession », Archives de Me Ferlay à Hauterives (AMH).

9. « 23 janvier, acquisition d'une parcelle de pré de 4 ares 16 centiares au quartier du Moulin pour 240 F », Archives de Me Ferlay à Hauterives (AMH).

10. État de la propriété du Facteur Cheval en 1888 ; plan de Hauterives, in Jean-Pierre Jouve, Claude L. Prévost, Clovis Prévost, *op.cit.*

11. Lettre de Ferdinand Cheval à André Lacroix, 1897 (API).

12. Cahier de J.-F. Cheval, 1911, doc. cit.

13. Lettre de Ferdinand Cheval à Émile Lepage, 15 mars 1905 (API).

14. Cahier de J.-F. Cheval, 1911, doc. cit.

15. Lettre de Ferdinand Cheval à André Lacroix, 1897 (API).

16. Lettre de Ferdinand Cheval à Émile Lepage, 15 mars 1905 (API).

Un palais, une princesse…

1. Cahier de J.-F. Cheval, 1911, doc. cit.

2. Lettre de Ferdinand Cheval à Émile Lepage, 15 mars 1905 (API).

3. « Les grottes de Buontalenti », *Le Magasin pittoresque,* 1842.

4. Dialogue tiré de : Fanny Desmares, Nils Tavernier, Laurent Bertoni, *Facteur Cheval*, Fechner Films, 2018.

5. Acte de naissance d'Alice Marie Philomène Cheval, 11 octobre 1879 (ADD-registre de l'état civil).

6. Acte de baptême d'Alice Marie Philomène Cheval, 12 octobre 1879 (ADV).

Éclosion d'un artiste

1. Réponse inspirée du cahier n° 3 de J.-F. Cheval, 1911, doc. cit.

2. Tirade inspirée de l'interview du petit-fils de M. Joly, ami du Facteur Cheval, par Pierre Pelloux, 21 décembre 1991.

3. Voir : Maurice Vérillon, « Le Palais Idéal du Facteur Cheval », *La Gazette des Beaux-Arts*, 1976, pp. 159-184, photographies de Lucien Hervé, et Michel Friedman, *op. cit.*

4. Acte de baptême d'Alice Marie Philomène Cheval, 12 octobre 1879 (ADV).

5. Maurice Verillon, *op. cit.*

6. Témoignage de Pierre Constant, sculpteur attitré pour la rénovation du monument (API).

7. J.-F. Brandeth, « How I built my Dream Palace as told by F. Cheval and set down », *Wide World Magazine*, 1919.

8. *Idem.*

9. Cahier de J.-F. Cheval, 1911, doc. cit.

10. Lettre de Ferdinand Cheval à André Lacroix, 1897 (API).

11. Expression formidable que j'emprunte à Claude L. Prévost et Clovis Prévost, *op. cit.*

12. Pierre Chazaud, *Le Facteur Cheval, un rêve de pierre*, Veurey, Éd. Le Dauphiné, 2004.

13. Jean-Pierre Jouve, Claude L. Prévost, Clovis Prévost, *op. cit.*

Un artiste… architecte

1. Cahier de J.-F. Cheval, 1911, doc. cit.

2. Antoine Marie d'Hozier de Sérigny, Anselme Dimier (introduction, traduction et notes), *Un grand seigneur dauphinois humble moine*

cistercien. La vie du vénérable Amédée d'Hauterives, moine de Bonnevaux (manuscrit du XIIIe), Bourgoin-Jallieu, 1968, pp. 17, 52, 54.

3. Image d'un buste antique de Socrate au Louvre, in *Le Magasin pittoresque,* 1839, 1843, 1853.

4. *Les Mille et Une Nuits,* traduction d'Antoine Galland, Beyrouth, Samir, 2015 [1846].

5. Lettre de Ferdinand Cheval à Émile Lepage, 15 mars 1905 (API).

6. Lettre de Ferdinand Cheval à André Lacroix, 1897 (API).

7. Lettre de Ferdinand Cheval à Émile Lepage, 15 mars 1905 (API).

8. Lettre de Ferdinand Cheval à André Lacroix, 1897 (API).

9. Théophile Gautier, *Le Roman de la momie,* Paris, Hachette, 1858.

10. Cahier n° 3 de Ferdinand Cheval, 1911, doc. cit.

11. *Idem.*

12. *Idem.*

13. Joseph Bordas, *Souvenirs d'un pèlerinage à Notre-Dame-de-Châtenay à Lens-Lestang, canton du Grand Serre (Drôme),* Valence, Imprimerie valentinoise, 1886.

14. Acquisition de la parcelle 728, 6 novembre 1888, Archives de Me Rivoire à Hauterives (AMH).

15. Lettre de Ferdinand Cheval au Préfet de la Drôme, 13 mars 1889 (API).

16. Acquisition de la parcelle 733, 30 juin 1889, Archives de Me Rivoire à Hauterives (AMH).

Le temps de l'audace

1. Lettre de Ferdinand Cheval à André Lacroix, 1897 (API).

2. *Idem.*

3. Dialogue tiré de : Fanny Desmares, Nils Tavernier, Laurent Bertoni, *Facteur Cheval,* Fechner Films, 2018.

4. Henri Dontenville, *Mythologie française,* Paris, Payot, 1973.

5. *Le Magasin pittoresque,* 1873.

6. *Le Magasin pittoresque*, 1839.
7. *Le Magasin pittoresque*, 1838.

L'IRRÉMÉDIABLE PERTE

1. Dialogue tiré de : Fanny Desmares, Nils Tavernier, Laurent Bertoni, *Facteur Cheval*, Fechner Films, 2018.
2. *Idem.*
3. Acte notarié du 10 juin 1894, Archives de Me Rivoire à Hauterives (AMH).
4. Dialogue tiré de : Fanny Desmares, Nils Tavernier, Laurent Bertoni, *Facteur Cheval*, Fechner Films, 2018.
5. Notes historiques sur l'abbé Offant (ADV-1D7).
6. Toutes les informations sur Cadier proviennent des archives de Mme Sandell et M. Richard Cadier, in Jean-Pierre Jouve, Claude L. Prévost, Clovis Prévost, *op. cit.*

TRAVAILLER OU MOURIR

1. Interview du petit-fils de M. Joly, doc. cit.
2. Michel Friedman, *op.cit.*
3. Acte notarié du 8 mars 1896, Archives de Me Dubost à Hauterives (AMH).
4. Interview du petit-fils de M. Joly, doc. cit.
5. Cahier de Ferdinand Cheval, 1911, doc. cit.
6. Nicolas Delacroix, *Statistique du département de la Drôme*, Valence, Imprimerie de Borel, 1835.
7. Interview du petit-fils de M. Joly, doc. cit.
8. Interview de Julia Achard née Micoud, réalisée le 11 septembre 1978, in Jean-Pierre Jouve, Claude L. Prévost, Clovis Prévost, *op. cit.*, chapitre 3.
9. Lettre de Ferdinand Cheval à Émile Lepage, 15 mars 1905 (API).
10. Dialogue tiré de : Fanny Desmares, Nils Tavernier, Laurent Bertoni, *Facteur Cheval*, Fechner Films, 2018.

11. Lettre de Ferdinand Cheval à André Lacroix, 1897 (API).
12. André Lacroix « Le Tramway de Galaure », *Bulletin départemental d'archéologie de la Drôme*, 1896.
13. Véronique Moulinié, art. cit.

À LA RECHERCHE DE L'ÉDEN...

1. Lettre de Ferdinand Cheval à M. André Lacroix, 10 mars 1897 (API).
2. Jacques Joly, « Le tourisme britannique en Savoie et en Dauphiné », *Revue de géographie alpine*, tome 51, n° 1, 1963, pp. 43-107.
3. Cahier de J.-F. Cheval, 1911, doc. cit.
4. Alexandre Vialatte, « Le palais de Ferdinand Cheval », *Le Spectacle du monde*, juillet 1964.
5. Joseph Bordas, *Souvenirs d'un pèlerinage à Notre-Dame-de-Châtenay à Lens-Lestang, canton du Grand Serre (Drôme), op. cit.*
6. Lettre de Ferdinand Cheval à Émile Lepage, 15 mars 1905 (API).
7. Lettre de Ferdinand Cheval à M. André Lacroix, doc. cit.
8. *Idem.*

FAÇADE OUEST

1. Interview de Julia Achard née Micoud, doc. cit.
2. J.-F. Brandeth, « How I built my Dream Palace as told by F. Cheval and set down », *Wide World Magazine*, 1919.
3. Cette citation et toutes les suivantes, jusqu'à la fin du chapitre, sont issues du cahier de J.-F. Cheval, daté de 1911, doc. cit.

FOISONNEMENT ÉCLECTIQUE

1. Cahier de J.-F. Cheval, 1911, doc. cit.
2. Jean-Pierre Jouve, Claude L. Prévost, Clovis Prévost, *op. cit.*

Trois belles récompenses

1. Lettre d'Émile Lepage à J.-F. Cheval, 11 mai 1904 (API).

2. Brouillon de réponse de J.-F. Cheval à Émile Lepage, sd [1904] (API).

3. « Émile Roux-Parassac vu par Me Escallier », *Bulletin de la Société d'études des Hautes-Alpes*, 1990.

4. Émile Roux-Parassac, dans le *Bulletin de la société dauphinoise d'ethnologie et d'anthropologie*, tome IX, n° 1, avril 1902.

5. « [...] Les siècles béniront ce temple de la vie/ Et ton geste vainqueur saura braver la mort/ Tu laisses bienheureux ta noble âme assouvie/ Loin de la basse faim de la gloire et de l'or./ Lorsque nous reviendrons dans ce palais étrange/ Bercés par le passé, nous lirons ta louange/ Sur chacun des cailloux que cisela ta main/ Et devant ton labeur à l'idéal superbe/ Tous en te bénissant t'offrirons une gerbe/ Où vivra la beauté de ton riant chemin. » Inscriptions de J.-F. Cheval sur son palais, labyrinthe sud, Galerie intérieure.

6. Jean-Pierre Jouve, Claude L. Prévost, Clovis Prévost, *op.cit.*

7. F. Durtein, « Le château du Facteur dans le Dauphiné », *Chronique alpine*, 11 décembre 1904.

Le début de la gloire

1. Lettre de M.-J. Imbert à J.-F. Cheval, début janvier 1905 (API).

2. Lettre de J.-F. Cheval à M.-J. Imbert, 18 janvier 1905 (API).

3. Lettre de M.-J. Imbert à J.-F. Cheval, début janvier 1905, et lettre de J.-F. Cheval à M.-J. Imbert, 18 janvier 1905, doc. cit.

4. Lettre d'Émile Lepage à J.-F. Cheval, 10 mars 1905 (API).

5. Lettre de J.-F. Cheval à Émile Lepage, 15 mars 1905 (API).

6. « Les grottes du Facteur », *Gazette d'Annonay*, mai 1905.

7. Acte notarié de vente, 27 juin 1905, Archives de Me Pestre à Hauterives (AMH).

8. Réponse d'André Lacroix à Ferdinand Cheval, lettre datée du 8 juillet 1905, in Jean-Pierre Jouve, Claude L. Prévost, Clovis Prévost, *op. cit.*

Notes bibliographiques

L'APOGÉE

1. Lettre du journaliste Arthur Ullyet à J.-F. Cheval, 20 septembre 1905, in Jean-Pierre Jouve, Claude L. Prévost, Clovis Prévost, *op. cit.*

2. Lettre de H. Defontaine à J.-F. Cheval, 17 octobre 1905, *ibid.*

3. Lettre de H. Defontaine à J.-F. Cheval, 1er septembre 1905, *ibid.*

4. Véronique Moulinié, *op. cit.*

5. Jean-Pierre Jouve, Claude L. Prévost, Clovis Prévost, *op. cit.*

6. « Le "Palais Idéal" d'Hauterives et son architecte », *La Vie illustrée*, 10 novembre 1905.

7. *Idem.*

ACCEPTER D'ÊTRE UN GRAND

1. Interview du petit-fils de M. Joly, doc. cit.

2. « L'œuvre d'un facteur qui ne faisait pas de bicyclette », *Factor, Revue Mensuelle de Cyclisme*, mars 1906.

3. Jugement rendu par le tribunal de Valence entre lesdits J.-F. Cheval et Louis Charvat, 9 juin 1906 (ADD).

4. « Jurisprudence photographique : le droit de reproduction des propriétés immobilières », *Photo Revue*, n° 18, 5 mai 1907.

5. Procès-verbal du jugement de Valence entre lesdits J.-F. Cheval et Louis Charvat, 15 mars 1907 (ADD).

UNE PETITE BONNE

1. Interview de Julia Achard née Micoud, doc. cit.

2. « Excentriques confrères de nos artistes », *Lecture pour tous*, juin 1907.

3. Interview de Julia Achard née Micoud, doc. cit.

4. *Idem.*

5. *Idem.*

6. Dialogue inspiré de l'interview de Julia Achard née Micoud, doc. cit., et de l'interview du petit-fils de M. Joly, doc. cit.

Quand le rêve prend fin

1. Victor Eugène Ardouin-Dumazet, *Voyage en France 57, Bas-Dauphiné, Comtat Venaissin*, Paris, Berger-Levrault, 1911.
2. *Idem.*
3. Cahier de J.-F. Cheval, 1911, doc. cit.
4. Acte notarié : vente maison de J.-F. Cheval, 31 janvier 1912, Archives notariales de Me Pestre à Hauterives (AMH).
5. Cahier de J.-F. Cheval, 1911, doc. cit.
6. Poème de Gherasim Luca sur le Palais Idéal du Facteur Cheval.

Le tombeau de la dernière heure

1. Cahier de J.-F. Cheval, 1911, doc. cit.
2. Dialogue tiré de : Fanny Desmares, Nils Tavernier, Laurent Bertoni, *Facteur Cheval*, Fechner Films, 2018.
3. Philippe Ariès, *L'Homme devant la mort*, Paris, Seuil, 1977, chap. XI : « La visite au cimetière ».
4. Notes manuscrites rédigées par Me Auguste Pestre, sd, in Jean-Pierre Jouve, Claude L. Prévost, Clovis Prévost, *op. cit.*, chapitre 3.
5. *Idem.*
6. *Idem.*
7. Jean-Pierre Jouve, Claude L. Prévost, Clovis Prévost, *op. cit.*
8. Interview du petit-fils de M. Joly, doc. cit.
9. J.-F. Brandeth, « How I built my Dream Palace as told by F. Cheval and set down », art. cit.
10. Maurice Vérillon, art. cit.
11. Acte notarié du 4 mars 1923, Archives de Me Pestre, Hauterives (AMH).

12. Cahier de J.-F. Cheval, 1911, doc. cit.
13. Registre de catholicité de la paroisse de Hauterives (AMH).

VOUS AVEZ DIT SURRÉALISTE ?

1. Maurice Vérillon, art. cit.

2. Propos de Robert Rebattet, qui fut gardien du Palais avec sa femme, cités dans : Jean-Louis Roy, « Dans le Palais Idéal », *Continents sans visa,* Radio Télévision Suisse, 31 octobre 1968.

3. Voir : André Thirion, *Révolutionnaires sans révolution*, Paris, Robert Laffont, 1972 ; Maurice Nadeau, *Histoire du surréalisme*, Paris, Seuil, 1964 ; *Histoire du surréalisme : documents surréalistes*, Paris, Seuil, 1948. Trois recueils de la revue *Variétés* sont conservés dans la réserve de la Bibliothèque royale sous la référence B 2510 L.P.

4. *André Breton et Pablo Picasso, supporters du marathon-man Cheval* (API).

5. Pierre Hermange, « Le Poème de pierre du Facteur Cheval », *Les Allobroges. Organe du Comité de l'Isère*, 31 mars 1949.

6. *Anthologie de la poésie naturelle*, documents réunis et présentés par Camille Bryen et Alain Gheerbrant ; huit photographies de Brassaï, Paris, K éditeur, 1949.

LA BATAILLE DU CLASSEMENT

1. Lettre datée du 3 avril 1964 de CB ou CR à André Coumet, sous-directeur des Monuments historiques, Archives de la DRAC de Lyon, in Véronique Moulinié, art. cit.

2. Dossier sur le Palais Idéal demandé d'urgence, daté du 20 mai 1964, transmis à M. Hiriart de la part d'un certain L.B. ou I.B., Archives du ministère de la Culture, in Véronique Moulinié, art. cit.

3. Rapport du mois de mai 1964 de Louis Bernard, délégué au recensement, sur le Palais Idéal, Archives du ministère de la Culture, in Véronique Moulinié, art. cit.

4. Avis donné le 16 janvier 1965 sur le Palais Idéal par Jean-Claude Rochette, architecte des Monuments historiques, Archives du ministère de la Culture, in Véronique Moulinié, art. cit.

5. Courrier du 23 janvier 1965 de M. Hiriart, conservateur régional des Bâtiments de France à la direction de l'Architecture, Archives du ministère de la Culture, in Véronique Moulinié, art. cit.

6. Avis sur le Palais Idéal du mois d'août 1965 de M. Jullien, inspecteur général des Monuments historiques, Archives du ministère de la Culture, in Véronique Moulinié, art. cit.

7. Lettre du 30 septembre 1966 de Gaëtan Picon, directeur des Arts et des Lettres, à Max Querrien, directeur des Monuments historiques, Archives du ministère de la Culture, in Véronique Moulinié, art. cit.

8. Courrier du 24 octobre 1966 d'Antoine Bernard, directeur de cabinet de Malraux, à Max Querrien, directeur des Monuments historiques, Archives du ministère de la Culture, in Véronique Moulinié, art. cit.

9. *Idem.*

10. Évaluation du Palais Idéal datée du 19 janvier 1967, de J.-C. Rochette, architecte des Monuments historiques, pour Max Querrien, directeur des Monuments historiques, Archives du ministère de la Culture, in Véronique Moulinié, art. cit.

11. Courrier daté du 21 septembre 1967 de Pierre Dalloz à Max Querrien, Archives du ministère de la Culture, in Véronique Moulinié, art. cit.

12. Lettre du 7 mai 1968 de Jacques Marette à André Malraux, Archives du ministère de la Culture, in Véronique Moulinié, art. cit.

13. Maurice Vérillon, art. cit.

14. Lettre du 3 juillet 1968 de M. Ramond, chargé de mission du cabinet Malraux, à Max Querrien, Archives du ministère de la Culture, in Véronique Moulinié, art. cit.

15. Arrêté ministériel de classement du Palais Idéal du 23 septembre 1969, notifié à M. le Préfet de la Drôme le 7 janvier 1970 et publié au bureau des hypothèques de Valence le 8 janvier 1970, volume 6744, n° 13 (ADD).

16. Courrier du 29 juillet de Mesdames Juveneton et Lardant, du mari de Mme Lardant adressé à M. Hiriart, conservateur régional des Bâtiments de France, Archives DRAC de Lyon, in Véronique Moulinié, art. cit.

RESTAURATION

1. Citations tirées du *Livre d'or des visiteurs*, (API).

2. Toutes les citations proviennent de : « Entretien entre Aurélien Froment et Pierre Constant, sculpteur restaurateur, à Bonnieux, le 22.02.14. », *Journal de l'exposition. Tombeau Idéal de Ferdinand Cheval*, Paris, Frac Île-de-France (Fonds régional d'art contemporain).

ANNEXES

1. Jean Dubuffet, « L'art brut préféré aux arts culturels », in *Prospectus et tous écrits suivants*, Paris, Gallimard, 1967.

2. Vous en trouverez une centaine d'autres dans le superbe livre de Bruno Montpied, *Le Gazouillis des éléphants : tentative d'inventaire général des environnements spontanés et chimériques créés en France par des autodidactes populaires, bruts, naïfs, excentriques... pour le plaisir de leurs auteurs et de quelques amateurs de passage*, Saint-Loup-de-Naud, Éditions du Sandre, 2017.

3. C'est à Clovis et à Claude Prévost que nous devons la découverte de ce « facteur » actuel qui vous ouvre la porte de son jardin avec joie.

4. Cartes postales conservées, en partie, par Raymond et Jacqueline Humbert, et leur collaboratrice, Marie-José Drogou du musée rural des Arts populaires de Laduz (Yonne). On peut également trouver de très belles cartes postales d'architectures d'art brut dans les n°s 24, 27 et 34 de la revue *Gazogène*, disponible au musée d'Art naïf à Paris. Signalons, enfin, que des cartes postales de la collection de Jean-Michel Chesné ont été récemment publiées dans la revue *Raw Vision* (n° 61, hiver 2007, article : « Lost in time ») ; si le sujet vous passionne, allez absolument jeter un coup d'œil sur son blog.

REMERCIEMENTS

Marie-José Georges, ex-conservatrice du Palais Idéal, sans laquelle cette biographie n'aurait pas pu voir le jour. Après nous avoir magnifiquement accueillis pour le tournage, elle m'a donné accès aux précieuses archives du Palais.

Merci pour son intelligence, sa générosité, sa bienveillance.

Claude et Clovis Prévost qui ont photographié et récupéré mille documents auxquels je n'aurais pu avoir accès, et qui ont formidablement aidé à la rédaction de ce livre. Pour leur hospitalité, leur extraordinaire érudition, leur intelligence, leur générosité sans faille. Maître Georges Pelloux qui s'est démené pour me trouver des documents. Pour sa mémoire et sa générosité sans limites. Pierre Pelloux, son fils, grâce auquel j'ai pu avoir accès à un document sonore absolument inédit à ce jour, et pas le moindre ! L'interview de M. Joly dont le grand-père était l'un des plus proches amis de Cheval et qui lui a vendu la dernière parcelle qui a permis la construction de la façade ouest et la prolongation de la façade nord !

Françoise et Yves Chardon, antiquaire et menuisier à Hauterives, qui m'ont accueilli avec chaleur et m'ont ouvert leur collection de cartes postales, ainsi que les portes de l'ex-mine de lignite. En plus de leur métier, ils ont une maison d'hôtes absolument formidable !

Le service des archives diocésaines de Valence et plus particulièrement Angélique Berruyer qui, en plein déménagement, est parvenue à rassembler de multiples actes de mariage, de baptême, de funérailles sans lesquels cette biographie serait incomplète.

Christophe Bonin, ex-directeur du Palais, qui m'a chaleureusement accueilli et longuement parlé de l'aventure du Palais et de son très cher facteur.

Les filles de l'accueil du Palais Idéal, Raphaëlle et Julie, qui se sont toujours pliées en quatre pour m'aider (avec le sourire !).

Pierre Constant et l'équipe de restauration du Palais, et plus particulièrement Damien et Dominique qui m'ont tant appris sur la difficulté du travail en cours ! Pardon de les avoir tant dérangés avec mes dates de tournage et merci à eux tous de s'être montrés si souples !

MON PALAIS

Auteur de l'œuvre du génie
Qu'avec plaisir nous contemplons
Oh ! dis nous par quelle magie,
Tu fis ce que nous admirons

Pour faire cet œuvre sublime,
Tout le monde est émerveillé
Poussé par une ardeur intime,
Vingt-sept années j'ai travaillé.

Le matin, dès que l'alouette,
Entonnait son joyeux refrain,
Poussant ma fidèle brouette
Je partais chercher mon bien.

Réunissant pierre sur pierre,
Je fis ce palais sans égal,
Décoré par la France entière
Du nom de « Palais idéal »

L'Auteur du Palais

HAUTERIVES (Drôme)
Palais Idéal
(Façade Nord-Est)
duction interdite

Crédits photographiques

p. 4-5 : Collection Palais Idéal / Mémoires de la Drôme ; p. 20 : Collection particulière ; p. 68 : Collection Palais Idéal / Mémoires de la Drôme ; p. 88 : Collection La Poste / Musée de la Poste ; p. 106 : © BnF ; p. 110 : Collection Palais Idéal / Mémoires de la Drôme ; p. 111 : © Collection Kharbine-Tapabor ; p. 127 : Collection Palais Idéal / Mémoires de la Drôme ; p. 142 : Collection Palais Idéal / Mémoires de la Drôme ; p. 170 : Collection Palais Idéal / Mémoires de la Drôme ; p. 173 : Collection Clovis Prévost in *Le Palais Idéal du Facteur Cheval*, Clovis Prévost et Jean-Pierre Jouve, éditions Ariès 2015 ; p. 175 : Collection La Poste / Musée de la Poste ; p. 190-191 : Collection Palais Idéal / Mémoires de la Drôme ; p. 201 : © Fabian Da Costa ; p. 210 : Collection Palais Idéal / Mémoires de la Drôme ; p. 233 : Collection Palais Idéal / Mémoires de la Drôme ; p. 236 : © Michel Guillemot / Leemage ; p. 244 : Collection particulière ; p. 254 : Collection Palais Idéal / Mémoires de la Drôme ; p. 265 : Collection Palais Idéal © Emmanuel Georges ; p. 279 : © Association Atelier André Breton, http://www.andrebreton.fr ; p. 296 : Collection Palais Idéal © DR ; p. 342-343 : Collection Palais Idéal / Mémoires de la Drôme

Double-page précédente : Philomène et Ferdinand devant la façade nord du Palais.

Table des matières

Cet ouvrage a été mis en pages par

<pixellence>

Cet ouvrage a été achevé d'imprimer en octobre 2018
dans les ateliers de Normandie Roto Impression s.a.s.
61250 Lonrai
N° d'édition : L.01EHBN001000.N001
N° d'impression : 1803836
Dépôt légal : novembre 2018

Imprimé en France